中国私募股权投资基金
行业发展报告

2020

Annual Industry Development Report of Private Equity Investment Fund in China (2020)

 中国证券投资基金业协会 /编著
Asset Management Association of China

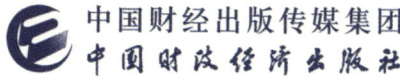

图书在版编目（CIP）数据

中国私募股权投资基金行业发展报告.2020／中国证券投资基金业协会编著.--北京：中国财政经济出版社，2020.10

ISBN 978-7-5223-0113-6

Ⅰ.①中… Ⅱ.①中… Ⅲ.①股权-投资基金业-研究报告-中国-2020 Ⅳ.①F832.51

中国版本图书馆CIP数据核字（2020）第192250号

责任编辑：胡 懿　　　　　封面设计：王 颖

中国财政经济出版社 出版

URL：http://www.cfeph.cn

E-mail：cfeph@cfeph.cn

（版权所有　翻印必究）

社址：北京市海淀区阜成路甲28号　邮政编码：100142

营销中心电话：010-88191537

天猫网店：中国财政经济出版社旗舰店

网址：https://zgczjjcbs.tmall.com

北京时捷印刷有限公司印刷　各地新华书店经销

787×1092毫米　16开　17.75印张　283 000字

2020年10月第1版　2020年12月第2次印刷

定价：85.00元

ISBN 978-7-5223-0113-6

（图书出现印装问题，本社负责调换）

本社质量投诉电话：010-88190744

打击盗版举报热线：010-88191661　　QQ：2242791300

编委会成员

主　编：何艳春

副主编：钟蓉萨　陈春艳

委　员：

中国证券投资基金业协会私募股权及并购基金专业委员会

赵令欢　吴尚志　张懿宸　王宏霞　安红军　邓　爽
胡章宏　厉　伟　梁信军　刘海峰　刘乐飞　王　巍
王晓波　熊晓鸽　杨向东　张日忠　张　维

中国证券投资基金业协会创业投资基金专业委员会

靳海涛　沈南鹏　汪潮涌　倪泽望　阎　焱　陈　浩
何小锋　林向红　刘廷儒　应文禄　郑伟鹤　朱　敏
卓福民　邝子平　宗佩民　王一军

中国证券投资基金业协会母基金专业委员会

王忠民　邓　爽　殷　哲　张小艾　赵及峰　沈正宁
单丽红　姜明明　刘澄伟　倪泽望　盛　今　唐　宁
王锦虹　唐雪峰　肖　枫　张永忠　周成跃　王雪松

编写组：

中国证券投资基金业协会部门

私募服务部：蒋海军　费文颖　张志杰　谭　浩　腾久森
　　　　　　朱　环　陈麓霖

信息技术部：张　勇　贾少伟

研究及风险监测部：张宣传　杜祖磊

承研机构

高瓴资本：李　艳　马圣杰　陈　亮　马连鹏

投中研究院：国立波　吴　浠　隋易霖

中关村并购研究院：王雪松　许　言

中金启元：黄　博　杨　真

前　言

2019年，全球经济仍然处于经济增长的长周期下行阶段，增速持续下滑，全球经济企稳的基础仍不牢固。国内经济在供给侧结构性改革和高质量发展中依旧保持韧性，"三大攻坚战"取得关键进展，金融风险得到有效防控，"十三五"规划主要指标进度符合预期，经济结构继续优化，新经济新动能保持较快增长。

过去一年，资本市场改革不断向纵深推进、私募基金行业继续砥砺前行。新《证券法》通过修订、注册制逐步推行、科创板正式开市等利好政策进一步拓宽了私募股权投资基金退出渠道；中国证券投资基金业协会（以下简称协会[①]）发布《私募投资基金备案须知》优化增量管理，建立私募基金管理人异常监测和注销机制，实现风险机构动态出清，并积极推出产品备案"分道制+抽查制"试点，多举措促进行业健康发展。

中国私募股权投资基金行业进入从"量的增长"到"质的发展"的重要调整期。行业规模增长日渐趋缓，截至2019年末，在协会登记的私募股权投资基金管理人数量为14 882家，较2018年末增长1.36%。在协会备案且正在运作的私募股权投资基金（含创业投资基金及FOF）36 455只，基金规模10.08万亿元，较2018年末分别同比增长8.22%和15.72%。进一步分析可以看出，私募股权投资基金行业在2019年呈现地域分布不均衡、行业集中度不断提升、行业尾部机构逐步出清、规模效应在中国市场上愈发凸显等特点。同时，也存在资金募集渠道不够通畅，退出渠道不够丰富，专业化水平待提升，以及以私募股权投资基金行业的税收体系为代表的营商环境有待进一步优化等问题。

为了及时反映私募股权投资基金行业的最新情况，总结行业发展特征、问题及趋势，给决策部门、行业机构及社会各界提供咨询参考，协会自2017年以

---

① 本报告中所用"协会"，如无特别说明，默认指中国证券投资基金业协会。

来依托私募投资基金各专业委员会，每年编撰发布上年度的中国私募投资基金行业发展报告。2020年是协会编撰中国私募投资基金行业发展报告的第四年，与往年相比，在拓展国际视野、紧扣行业需求、拓宽分析视角、进一步挖掘数据等方面都上了新的台阶。具体表现为：第一，在第1章行业发展环境中增加了对全球资管行业现状及趋势的分析，同时针对2019年经济金融环境变化及2020年新冠肺炎疫情影响，分析了私募股权投资基金行业面临的机遇与挑战。第二，在第5章我国私募股权母基金发展情况分析内容里补充了政府引导基金2019年的发展情况。第三，增加了全球私募股权市场现状分析及对国内私募基金管理人的启示（见附录）。第四，调研问卷的设计更加全面、系统和精细。第五，较往年更深化了对全行业当前阶段性特点和趋势的分析和总结，并在一些关键维度上进行了中外对比分析。

《中国私募股权投资基金行业发展报告（2020）》（以下简称本报告）的编写继续坚持以协会AMBERS系统数据来源为基础，必要时辅以问卷调查收集数据，同时进一步将国内相关行业监管机构、行业组织的官方数据，以及瑞银、CEIC全球经济数据库、Pitchbook等有影响力的市场机构数据纳入统计范围，进一步拓宽了数据来源和研究素材，体现了整合行业资源的要求。

本报告是协会在开展私募股权投资基金行业各细分领域课题研究工作成果基础之上，进一步统稿编撰完成。其中，私募股权投资基金课题研究工作主要依托私募股权及并购投资基金专委会开展，由高瓴资本牵头组建课题组承研；创业投资基金课题研究工作主要依托创业投资基金专委会开展，由投中信息牵头组建课题组承研；并购基金课题研究工作主要依托私募股权及并购投资基金专委会开展，由中关村并购研究院牵头组建课题组承研；私募股权投资母基金课题研究工作主要依托母基金专委会开展，由中金启元牵头组建课题组承研。

2020年是全面建成小康社会和"十三五"规划的收官之年。私募基金行业在疫情冲击和内外不确定性、复杂性交织的环境中，将度过不平凡的一年。真诚期待本报告的观点能给行业的平稳发展以客观引领，给市场机构迎接机遇和挑战带来新的启迪和思考！虽然报告已广泛征求各专委会、行业机构、高校专家学者和协会相关部门的意见建议，但仍有诸多不足之处，敬请读者批评指正。

中国证券投资基金业协会

2020年9月

《中国私募股权投资基金行业发展报告（2020）》基本概念内涵及其相互关系、数据统计口径说明

在协会 AMBERS 系统进行登记备案管理实际工作中，创业投资基金与私募股权投资基金（含并购基金、上市公司定增基金、房地产基金、基础设施基金和其他基金等）是两个并列关系的概念；而在本报告中，私募股权投资基金作为更上位的概念使用，与私募证券投资基金相对应，采用了更广义的内涵，其中除了包含并购基金、上市公司定增基金、房地产基金、基础设施基金以及其他私募股权投资类基金外，还明确把创业投资基金包括在内，这样各种细分种类私募股权投资基金的数据统计仍然与目前协会 AMBERS 系统统计口径范围保持一致。

一、私募投资基金，指根据《中华人民共和国证券投资基金法》等相关法律法规规定，通过非公开方式面向特定合格投资人募集资金而设立，由基金管理人管理，为投资人利益进行投资活动的投资基金，按照投资标的主要在一级市场，还是主要在二级市场，可分为私募证券投资基金和私募股权投资基金。

私募股权投资基金，指主要投资于证券一级市场的私募投资基金。统计范围包含了协会备案的创业投资基金、并购投资基金等私募股权投资类基金，以及相应 FOF（含母基金和单一资管计划）。为了体现其中创业投资基金、并购投资基金和母基金的发展现状、特点及对实体经济的重要作用，本报告设了专门章节分别进行重点分析。其中，主要基金概念及统计口径如下：

（一）创业投资基金，是指向处于创建或重建过程中的未上市成长性企业进行股权投资，通过股权转让获得资本增值收益的私募股权投资基金。统计范围包括截至统计时点在协会备案的产品类型为创业投资基金或者创业投资类 FOF 的私募基金。

（二）并购基金，指主要对企业进行财务性并购投资的股权投资基金。统计范围包括截至统计时点在协会备案的产品类型为并购基金的私募基金。

（三）私募股权投资母基金，指主要投资于私募股权投资基金的基金。统计范围包括截至统计时点在协会备案的产品类型为私募股权投资类FOF、创业投资类FOF（不含单一资管计划）的私募基金。

二、私募投资基金管理人，指根据《基金法》《私募投资基金监督管理暂行办法》等法律法规在中国证券投资基金业协会登记的管理运作私募基金的投资机构。

私募股权投资基金管理人，指主要运作协会已备案的创业投资基金、并购投资基金等私募股权投资类基金，以及相应FOF的管理人。统计范围覆盖协会登记的私募股权、创业投资基金管理人。

因报告研究分析的需要，在私募股权投资基金管理人的大范围里，又增加了关于创业投资基金管理人、并购基金管理人和母基金管理人的分类统计，这三类管理人在协会登记备案工作体系中并未体现，均是在已有管理人数据基础上设定了一些限定性条件而产生。具体统计口径如下：

（一）创业投资基金管理人，指截至统计时点协会登记的管理正在运作创业投资基金（含FOF）的私募股权、创业投资基金管理人，不含未确认机构类型的管理人。

（二）并购基金管理人，指截至统计时点协会登记的管理正在运作并购基金的私募股权、创业投资基金管理人，不含未确认机构类型的管理人。

（三）私募股权母基金管理人，指截至统计时点协会登记的管理正在运作私募股权投资类FOF、创业投资类FOF（不含单一资管计划）的私募股权、创业投资基金管理人，不含未确认机构类型的管理人。

需要说明的是，本报告数据主要来源于中国证券投资基金业协会，引用的第三方数据均已在报告中标明。涉及问卷数据主要来自在协会登记的相关私募投资基金管理人，其中针对私募股权投资全行业、创业投资基金、并购基金、私募股权投资母基金的调研分别收集有效问卷1 777份、820份、140份和101份。

目 录

第1章 行业发展环境 ... 1
1.1 国内外宏观经济金融环境 ... 3
1.2 国内外资管行业环境 ... 12
1.3 行业监管自律及发展环境 ... 22

第2章 私募股权投资基金行业发展整体情况 ... 29
2.1 行业发展规模及整体情况分析 ... 31
2.2 管理人发展情况分析 ... 36
2.3 基金从业人员情况分析 ... 42
2.4 募资情况分析 ... 47
2.5 投资情况分析 ... 51
2.6 投后管理情况分析 ... 63
2.7 退出情况分析 ... 65

第3章 创业投资基金发展情况 ... 73
3.1 管理人发展情况分析 ... 75
3.2 募资情况分析 ... 81
3.3 投资情况分析 ... 87
3.4 投后管理情况分析 ... 96
3.5 投资退出情况分析 ... 102

第4章 并购基金发展情况 ... 109
4.1 管理人发展情况分析 ... 111
4.2 募资情况分析 ... 115
4.3 投资情况分析 ... 121

4.4	投后管理情况分析	132
4.5	投资退出情况分析	134

第 5 章　私募股权母基金发展情况　143

5.1	母基金管理人情况分析	145
5.2	备案及募资情况分析	149
5.3	投资情况分析	157
5.4	投后管理分析	167
5.5	投资退出情况分析	170
5.6	政府引导基金发展情况	174

第 6 章　私募股权投资基金行业发展特征、趋势与挑战　183

6.1	私募股权基金行业发展阶段性特征	185
6.2	当前私募股权基金行业发展面临的主要挑战	202
6.3	私募股权基金行业未来发展趋势	209

附录　221

附录 1	全球私募股权市场发展现状及启示	223
附录 2	中国私募股权投资基金行业发展情况调查问卷	232
附录 3	中国私募股权投资母基金发展情况调查问卷	263

后记　272

第1章　行业发展环境

1.1 国内外宏观经济金融环境

1.1.1 全球宏观经济金融环境变化及影响

2019年以来，全球经济金融形势表现出以下四个特点：

1.1.1.1 世界经济增速下行

受新一轮革命性科技创新的突破进展相对缓慢，叠加人口结构变化、关税与贸易摩擦升温、民粹主义上升、地缘政治不确定性增加等因素共同影响，全球经济增长创下2008年金融危机以来的最低增速。美国、欧洲、日本等主要发达经济体经济进一步放缓（见图1.1.1），多数新兴经济体经济增长速度也出现放慢迹象。在贸易保护主义不断抬头的背景下，2019年全球产业链遭到破坏，制造业景气度快速下滑（见图1.1.2），贸易表现低迷，全球贸易量自2009年以来首次下跌。全球经济增长动能存在下降趋势，经济社会面临的风险点显著增多。

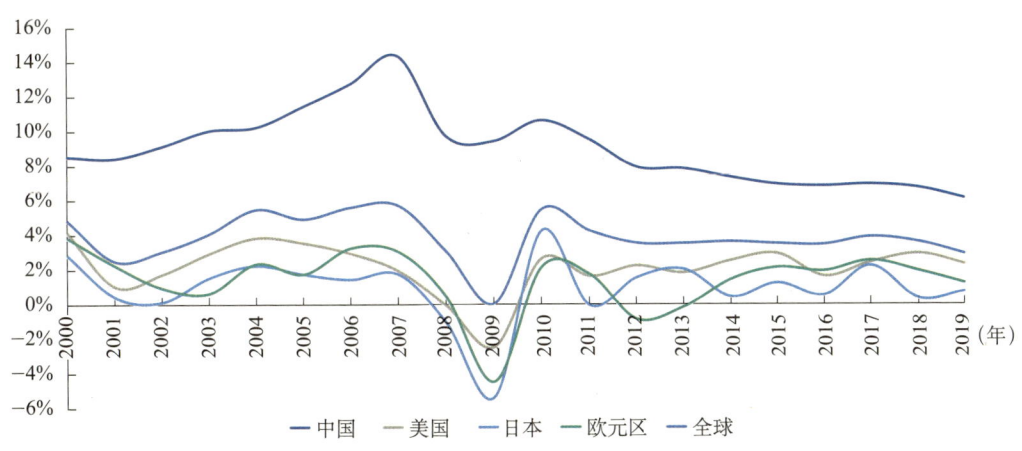

图1.1.1 2000—2019年主要经济体GDP增速（年度，以不变价计算）

资料来源：Wind。

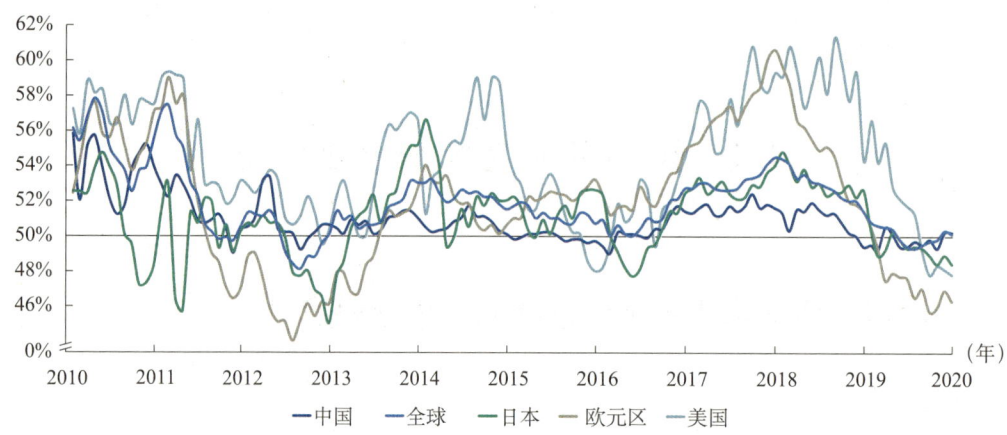

图 1.1.2　主要经济体采购经理指数（PMI）变化情况

资料来源：Wind。

1.1.1.2　为应对经济下行，各国普遍采取货币宽松政策

除美联储3次降息外，印度央行先后降息5次，幅度为135个基点；巴西央行连续降息4次，幅度为200个基点；俄罗斯央行也先后5次降息；马来西亚、新西兰和菲律宾等多国央行更是开启了2016年以来的首次降息。据统计，2019年全球宣布降息的央行已超过40家（见表1.1.1）。

表1.1.1　全球货币宽松周期持续，2019年世界各国普遍降息

序号	国家	事项	序号	国家	事项
1	加纳	1月28日，利率下调100bp	8	冰岛	5月22日，利率下调50bp；6月27日，再次下调25bp
2	印度	2月7日、4月4日、6月6日、8月7日、10月6日分别下调利率25bp、25bp、35bp、35bp和25bp	9	斯里兰卡	5月31日，利率下调50bp
3	哈萨克斯坦	4月15日，利率下调25bp	10	澳大利亚	6月4日、7月2日、10月1日下调利率，均为25bp
4	乌克兰	4月25日，利率下调50bp；7月18日，再次下调100bp	11	智利	6月8日，利率下调50bp
5	阿塞拜疆	4月26日，利率下调25bp	12	俄罗斯	6月14日，利率下调25bp；9月6日，再次下调25bp
6	马来西亚	5月7日，利率下调25bp	13	韩国	7月18日，利率下调25bp；10月16日，再次下调25p
7	菲律宾	5月9日，利率下调25bp；8月8日，再次下调25bp	14	印度尼西亚	7月18日、8月22日和10月24日下调基准利率，幅度均为25bp

续表

序号	国家	事项	序号	国家	事项
15	南非	7月18日,利率下调25bp	22	墨西哥	8月15日,利率下调25bp
16	土耳其	7月25日,利率下调425bp;9月12日,再次下调325bp	23	巴拉圭	8月21日,利率下调25bp
17	美国	7月31日、9月18日和10月31日下调基准利率,幅度均为25bp	24	埃及	8月22日,利率下调150bp
18	巴西	7月31日、9月18日、10月31日和12月12日下调基准利率,幅度均为50bp	25	欧洲央行	9月12日,利率下调10bp
19	阿拉伯联合酋长国	7月31日,利率下调25p;9月19日,再次下调25bp	26	丹麦	9月12日,利率下调10bp
20	沙特阿拉伯	7月31日,利率下调25p;9月19日,再次下调25bp	27	约旦	9月19日,利率下调25bp
21	泰国	8月7日,利率下调25bp	28	中国	11月5日,1年期MLF下调5bp

1.1.1.3 美联储货币政策转向,2019年各大类资产收益均超出预期

股票市场,美国各大股票指数连创历史新高,欧洲各国、日本、韩国等其他股市收益多数较大幅度上涨(见图1.1.3)。

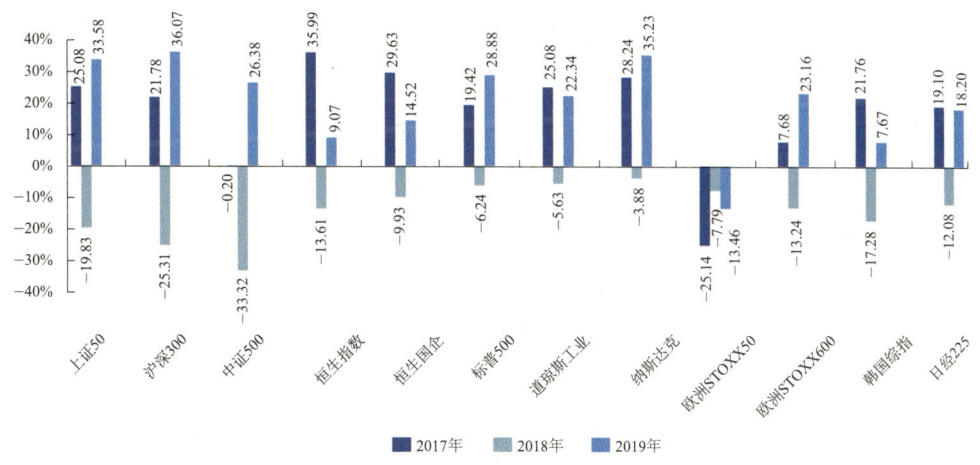

图1.1.3 全球主要股票指数年度收益率

资料来源:Wind。

债券方面,由于利率曲线扁平化,全球及各区域核心债券指数均有较大增幅(见图1.1.4)。

商品全收益指数方面，除农产品微弱下跌以外，全球主要商品及指数年度收益率均上涨，其中原油及贵金属涨幅较大（见图1.1.5）。

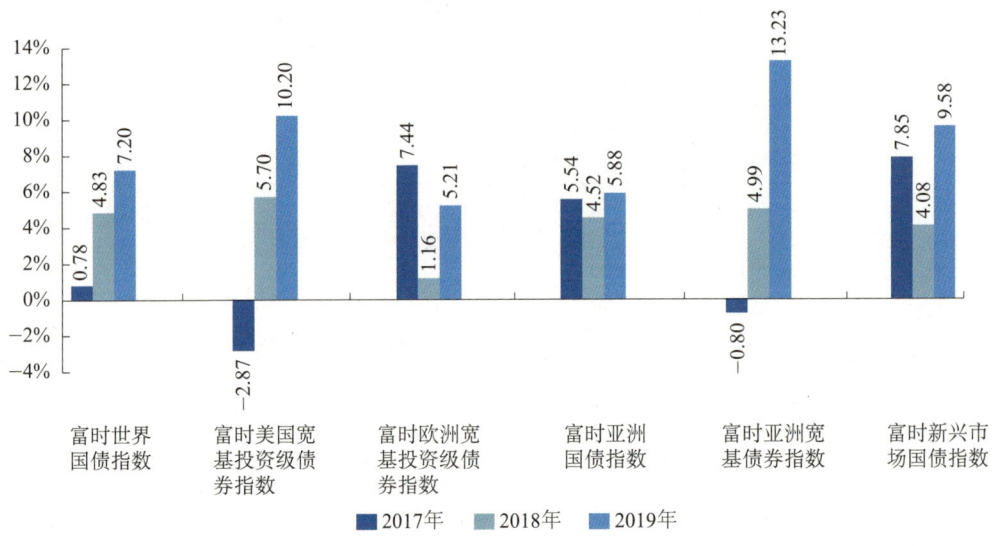

图1.1.4　全球核心债券指数年度收益率

资料来源：Wind。

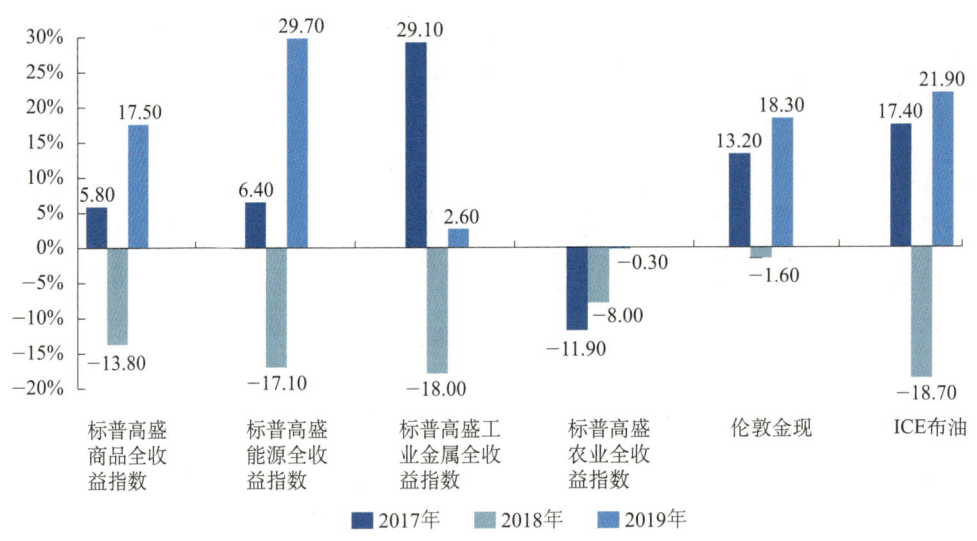

图1.1.5　全球主要商品及指数的年度收益率

资料来源：Wind。

1.1.1.4 在传统制造业不景气的背景下,数字经济、产业互联网、生命科学等新经济领域快速发展

从新经济来看,截至 2019 年末,全球独角兽公司①数量创出新高,达到 441 家。其中,医疗健康和人工智能领域独角兽公司数量快速增长,金融科技、电子商务、网络软件与服务领域独角兽公司数量处于领先地位。从地域分布来看,数量排名前五的依次为美国、中国、英国、印度和韩国,分别为 205 家、122 家、22 家、19 家和 12 家。中美两国"独角兽"数量占比高达 75.00%。2019 年当年全球新生"独角兽"共 129 家,美国、中国和印度居前三位,分别为 70 家、18 家和 7 家(见图 1.1.6)。

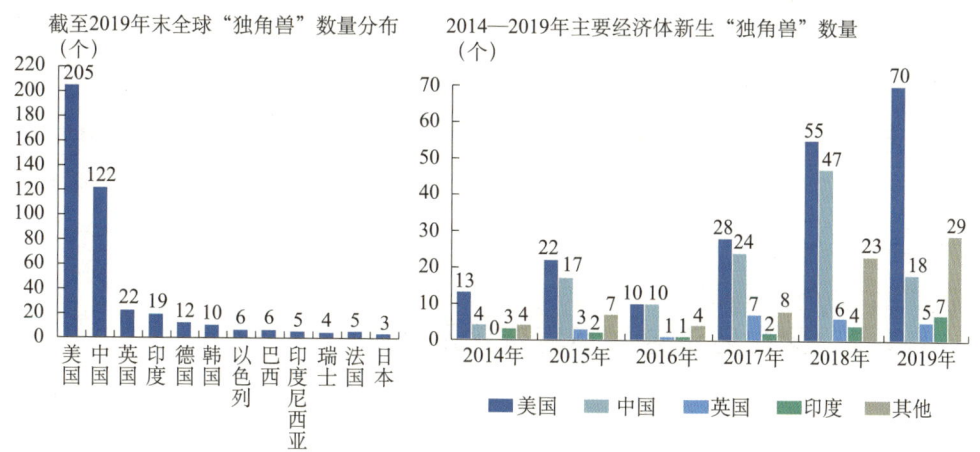

图 1.1.6 全球主要经济体"独角兽"数量分布

注：图中"中国"数据包括中国大陆和香港地区"独角兽"数量,不含澳门和台湾地区数量。

资料来源：CB Insights。

2019 年的全球宏观经济金融环境,一方面加深了私募股权投资行业的整体复杂性,但另一方面也孕育了一些结构性投资机会。对私募股权投资行业的影响主要有以下两大方面：

从积极的方面来看,一是受宽松货币政策与负利率的影响,私募股权市场管理规模预计将持续提升。在负利率的市场环境下,全球大型机构投资者如养

---

① 独角兽公司一般是投资界对于 10 亿美元以上估值,并且创办时间相对较短(一般为 10 年内)还未上市的公司的称谓。

老金、主权基金等必须寻求高收益资产以满足长期收益率的要求,对私募股权投资的配置比例预计进一步提升。二是在波动的经济环境中投资将更加回归价值投资本源。在全球产业链不断重构的背景下,聚焦一定区域市场、建立稳健和柔性供应链体系、形成完整商业模式和盈利模式的企业,将获得更多私募股权投资机构的青睐。三是在人口结构变化、经济结构转换的背景下,经济发展的新动能领域将成为新的投资主题,如数字经济、新材料新能源行业,或生命健康、新消费等与人口老龄化、新兴消费群体密切相关,抗周期性较好的行业。四是如估值波动背景下的行业并购整合类投资、高质量分拆等结构性投资机会正在孕育。

从消极方面来看,一是募资端的"二八分化"现象将更为严峻;二是投资端的竞争加剧将导致优质项目的价格持续攀升,私募股权投资机构需通过额外的价值创造来与企业建立深度连接以争取投资机会;三是私募股权投资机构的投资策略和决策流程将在不确定的行业发展环境中变得更为保守,如决策判断将更加谨慎,对项目的考察周期将会延长,对商业模式的评估需更加完善等。

1.1.2 国内经济金融环境变化及影响

2019 年,国内经济金融形势表现出以下 3 个特点:

1.1.2.1 经济金融在供给侧结构性改革和高质量发展中保持韧性

从全年来看,"三大攻坚战"取得关键进展,"三驾马车"中出口和投资略升,消费企稳,金融风险得到有效防控,"十三五"规划主要指标进度符合预期,通胀表现温和,就业保持稳定,人均 GDP 突破 1 万美元,经济结构继续优化,新经济、新动能保持较快增长。

1.1.2.2 GDP 增速处于预期目标范围内

2019 年,GDP 增长 6.10%,较 2018 年增速回落 0.60 个百分点。第三产业对 GDP 增长起主要拉动作用,第一、第二和第三产业对 GDP 增长的贡献率分别为 3.80%、36.80% 和 59.40%。固定资产投资同比增速为 5.40%,较 2018 年下降 0.40 个百分点。伴随着中国经济的增速换挡和产业结构化调整，产业并购整合将出现新的发展机遇。

1.1.2.3 金融市场运行平稳，各项改革措施稳步推进

2019 年，中国 M2 和 M1 增速双双回升，货币信贷保持适度增长，信用环境从收缩逐渐转向中性，流动性适度宽裕，实体经济融资状况有所改善。债券市场全年呈现"W 形"震荡。股票市场整体趋于震荡上行，上证指数从 2 497.88 点上升到 3 050.12 点，涨幅达 22.10%。2019 年 6 月 13 日科创板正式开板，2019 年 6 月 17 日"沪伦通"正式通航，2019 年 9 月 10 日合格境外机构投资者（QFII）和人民币合格境外机构投资者（RQFII）投资额度限制被取消，外资流入明显加快，一系列对外开放措施紧锣密鼓推进。

整体来看，2019 年国内经济稳中向好的基本面没有变，改革开放积累的物质技术基础没有变，发展潜力和空间没有变。当前的经济金融环境对中国私募股权投资行业主要产生以下 3 个方面的影响：

一是在国内经济结构调整、全球产业链重塑等复杂环境下，私募股权投资将更加聚焦国内市场、更看重项目的商业模式。在不确定性显著增强的经济环境下，内需提振成为促进市场主体发展的重要驱动因素。私募股权投资机构更倾向于支持现金流预期稳定、抵御风险能力强以及供应链较为完整的国内企业。

二是全球及国内经济下行趋势将进一步影响投资人信心，人民币市场整体募资环境仍然严峻。国内私募股权基金管理人需要寻求更多类型的机构投资者，如政府引导基金、家族办公室、高净值个人、捐赠基金等；长期资金、机构投资者对私募股权投资行业的参与比重有待进一步提升。

三是经过十多年的发展，中国正在从价值套利的时代向价值创造的时代转化，企业并购投资迎来重大机遇。在经济下行周期中，许多行业将迎来内部整合与淘汰阶段，头部企业在行业中的角色将变得更加重要，私募股权投资将更为关注行业的长期结构性变化，这将为国内私募股权基金管理人与被投企业提供更多通过科技赋能、兼并收购、逆周期扩张的绝佳机会。

1.1.3 新冠肺炎疫情下私募股权投资基金管理人面对的机遇与挑战

2020 年初暴发的新冠肺炎疫情给全球经济带来了巨大影响。全球经济前景取决于各国对疫情的公共卫生控制措施以及政府经济政策的有效性，何时回归疫情前水平仍充满不确定性。

中国政府及时采取了财政、货币及信贷政策工具应对，并发力"新基建"与"新消费"提振经济。在财政政策上，通过减免交通运输、餐饮日用等增值税，延长亏损结转年限，延期缴纳社保福利及特定行业（如航空、医疗等）的直接支持等扶持企业；在货币政策上，人民银行注入 3 万亿元人民币流动性并下调利率、设立专项再贷款基金支持企业与银行走出困境；在信贷政策上，各银行提供信贷支持并对中小企业提供针对性扶持。2020 年 3 月 4 日，中共中央政治局常务委员会召开会议，明确将深入部署"新基建"与"新消费"，预计"新消费""新基建"的发展将会进入"快车道"，产业数字化进程不断加速。

新冠肺炎疫情背景下，私募股权基金管理人正面临着新的机遇与挑战，主要有以下几个方面：

1.1.3.1 疫情催生新的投资主题与热点行业

政府投资和社会需求拉动"新基建"与"新消费"，带来如新零售电商、医疗健康、企业服务、在线教育、5G 等多个新兴投资主题。例如，在新零售领域，从供应链的智能化、营销中的直播经济，到物流环节的无人配送，都成为私募股权基金管理人关注的热点；在企业服务领域，帮助企业实现在线协作、全域营销等功能的各类数字化工具也获得高度关注；在医疗健康领域，在线问诊、远程药房等商业模式在疫情中持续增强发展动力。

1.1.3.2 私募股权基金管理人需要注重投资时机的把握

疫情重新调整了中国乃至全球的经济周期，私募股权基金管理人需要重新找到最佳投资时机。例如，根据疫情影响程度不同与各省市的干预政策差异，各省市地区可能呈现不同的恢复速度与周期，值得私募股权基金管理人深入研究。同时，疫情带来的经济震荡创造了挖掘价值投资的绝佳机会，但通常在危机后的一年内市场将出现惜售情绪，私募股权基金管理人需敏锐把握市场情绪、把握最佳投资时机。

1.1.3.3 危机突显投后管理的价值创造

疫情对企业的竞争力提出了更高的要求，尤其体现在敏捷能力与数字化能力方面。私募股权基金管理人需更重视投后管理团队的组建，采用科学系统的方法论提升被投企业的运营能力，加速其融入后疫情时代的数字化生态。专业的投后团队可以帮助企业建立系统化的支持机制，从组织架构、人才培育、企业文化、精益运营等环节帮助被投企业进行敏捷与数字化能力建设，从根本上赋能企业，帮助其适应新的行业形态、迎接转型挑战。

1.1.3.4 风险管理变得更加重要

面对如疫情等不可抗力因素的影响，中国私募股权投资中较为常见的对价与对赌条约易引发纠纷，私募股权基金管理人调整投资组合的主动权会减弱。一方面，私募股权基金管理人需要提升法务管理能力，以更好地支持法律诉讼程序；另一方面，在未来投资决策时，私募股权基金管理人需要增加应对突发大型危机事件的情境分析，重视压力测试。此外，私募股权基金管理人更应以第一手的行业观察与投资经验与出资人及时沟通，积极应对可能的投资损失，维持出资人持续出资的信心。

1.1.3.5 私募股权行业面临结构调整，私募股权基金管理人应积极应对

管理人在面临基金融资困难、投资标的倒闭、二级市场估值缩减等诸多挑战之下，更应该积极采取预防措施以应对外部环境的不确定性。例如，重新评估基金投资策略、减少周期性资产配置、降低杠杆率、积极剥离受影响的资产等；设立危机应对方案与专项资金辅助被投企业，根据被投企业在如流动性风险、地域考量、短期供应链风险、长期挑战及机遇等多个维度表现，科学分配投后团队与资金支持力度，以帮助被投企业在危机中平稳过渡。

1.2 国内外资管行业环境

1.2.1 2019年全球资产管理行业现状及发展趋势

过去10年是全球资产管理行业的黄金10年。自2008年金融危机以来，全球总资产管理规模已增加两倍，由2007年的近50万亿美元增长至2019年末的近100万亿美元，其中有近60%的增长来自市场业绩的提升，其余则来自净流入资金。

亚洲，尤其中国成为全球资产管理规模（AUM）增长的核心。美洲仍是全球最大的资管市场，2019年资管规模占据全球一半体量，达52.56万亿美元，其次为欧洲及亚太地区，2019年资管规模分别为28.90万亿美元和11.00万亿美元。但从增速上来看，中国的资管规模增长领先全球，2016—2019年复合增速为11.08%，高于全球8.92%的平均增速。此外，中国的增长主要由资本净流入驱动，其贡献了10.09%的增长，大幅领先于全球其他地区；而在市场表现方面，由于2018年的市场震荡，抵消市场增长，业绩表现仅贡献了0.99%的增长（见图1.2.1）。

中国资管市场预计未来将继续领跑全球资管市场的增长，在全球占比将持续提高。主要有三方面的驱动因素：一是不断增长的个人及机构财富；二是在全球化与金融深化开放的背景下，预计全球资金将增加对中国市场的直接配置；三是中国稳定的经济发展带来的市场收益。

回顾2016—2019年全球资金向各类资产类别的流动方向（见图1.2.2），中国资管市场的增长主要由另类投资与货币市场驱动，全球其他地区资管市场增长则是被动投资增长带动。全球除中国外其他地区被动投资为净流入最多的资产类别，被动投资净资本流入为1.14万亿美元；另类投资净资本流入却有所下降，为0.15万亿美元，主要原因是全球私募市场[①]已募待投资金达到历史高位，

[①] 私募市场资产类别是另类投资的子集，包括主要非公开交易的资产，在本报告中特指私募股权（含风险投资、成长型基金、并购基金等）、房地产基金、私募债务、基础设施和自然资源五大类别；后同。

根据2019年预测数据（2019E），按地区划分的2016—2019年管理规模和净资本流入和业绩表现

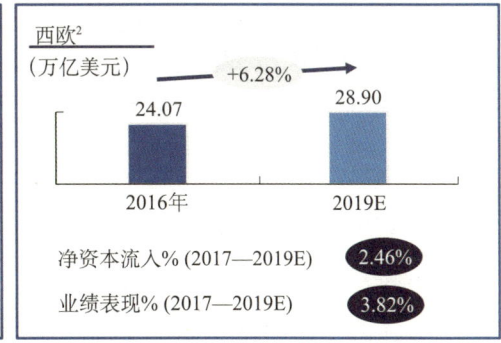

图 1.2.1　2016—2019 年全球各主要地区资产管理规模及增长因子拆解

注：1. 此处美洲包括美国、加拿大、巴西和墨西哥。

2. 此处西欧包括奥地利、法国、德国、意大利、荷兰、西班牙、瑞士、英国、瑞典、挪威、丹麦、芬兰和中东地区。

3. 此处亚太包括澳大利亚、中国香港地区、印度、日本、新加坡、韩国、中国台湾地区、印度尼西亚、马来西亚和泰国。

资料来源：麦肯锡绩效透视全球增长立体模型。该模型提供客户视角的资产管理规模，仅包括产生费用的委托管理资产，其数据来自40多个国家和地区，占全球 AUM 的99%，2019 年数据为最新测算数据（下同）。

另类资产和货币市场，净资本流入分别为 0.69 万亿、0.73 万亿美元。

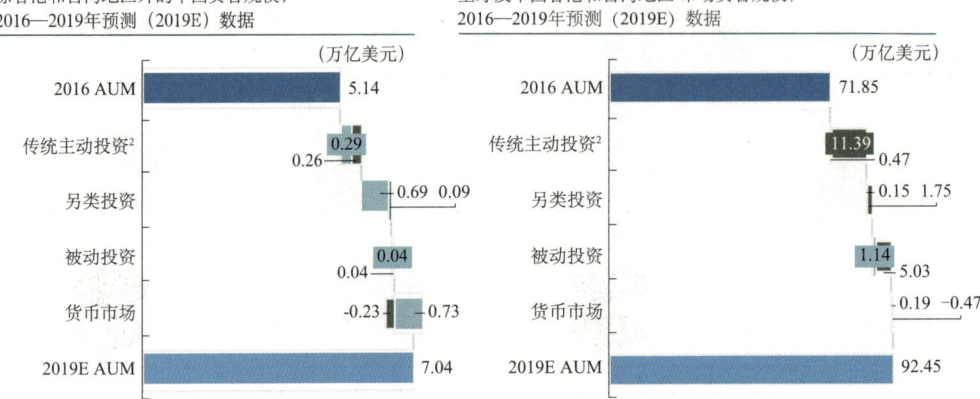

图 1.2.2　2016—2019 年中国与世界其他地区资产管理规模按资产类别分解

注 1. 此处数据包括美国、加拿大、巴西、墨西哥、奥地利、法国、德国、意大利、荷兰、西班牙、瑞士、英国、瑞典、挪威、丹麦、芬兰、中东地区、澳大利亚、中国香港地区、印度、日本、新加坡、韩国、中国台湾地区、印度尼西亚、马来西亚和泰国的数据。

2. 传统主动投资包括主动权益、主动固定收益与主动平衡/多资产策略。

资料来源：麦肯锡绩效透视全球增长立体模型。

全球资产管理市场的行业结构呈现三大特点。一是规模效应凸显。全球前三大资管公司占全球前十大资管公司总管理规模的比例从 2007 年的 36.08% 提升至 2018 年的 52.41%（见图 1.2.3）。二是另类资产公司的崛起。随着另类资产的崛起，也出现了越来越多的大型另类管理机构，从资本市场估值角度看，另类资产管理公司现已占据前十五大资管公司总估值的 40.07%（见图 1.2.4）。三是传统资管公司与另类资产管理公司的边界越发模糊。受益于对公开市场的长期跟踪和对行业的深度洞察，覆盖公开市场投资的资管机构往往拥有独辟蹊径的视角和扎实系统的研究能力，并以此来判断各个行业的成长空间和各类资产的本质属性，相比专注早期投资的另类资管机构，这类机构具备更强的资产管理延展能力，能够从公开市场投资平稳拓展到私募股权市场，甚至更早期投资阶段。目前，全球排名前十的资产管理公司均已布局另类投资领域。

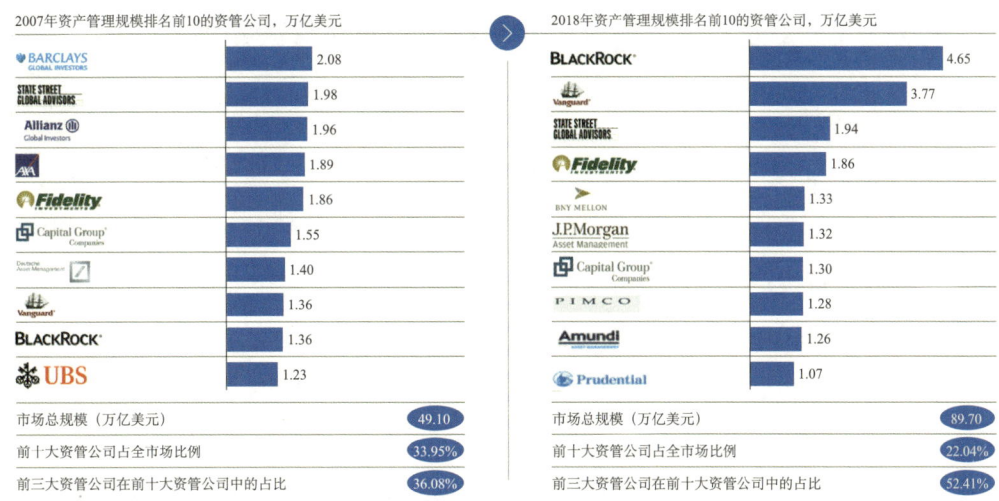

图 1.2.3　2007—2018 年全球前十大资管公司相对市场份额分析

资料来源：P&I Watson Wyatt/P&I Towers Watson，Top Global Money Managers，麦肯锡绩效透视全球增长立体模型（反映 41 个国家/地区情况）。

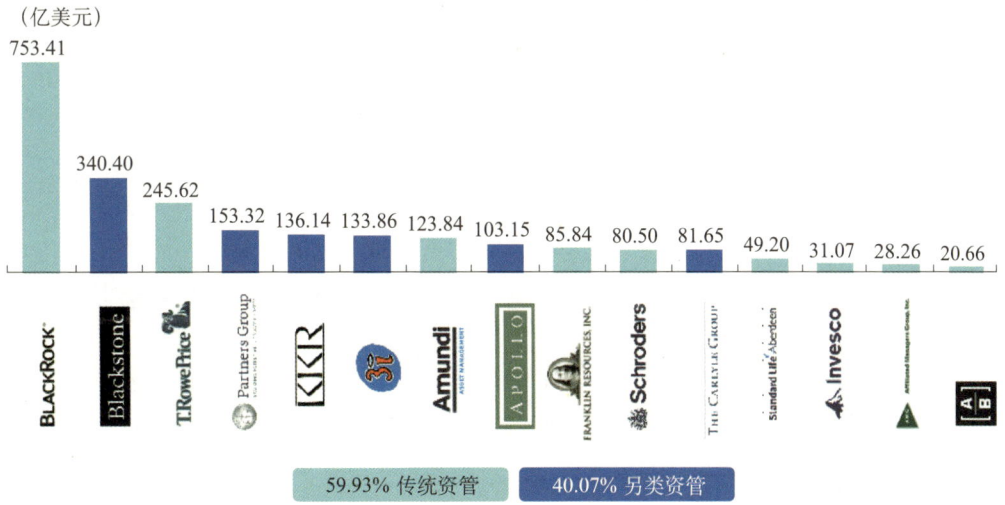

图 1.2.4　全球前十五大上市资管公司市值分析

注：图中为截止到 2020 年 5 月 13 日的数据。

资料来源：Capital IQ。

1.2.2　2019 年中国资产管理行业状况及发展趋势

2019 年是资产管理行业持续深化改革、各项监管细则不断落地之年，整体发展环境经历了五大关键变革：

1.2.2.1 建立了以注册制为代表的资本市场基本制度

2019年7月科创版正式开市，2019年12月新《证券法》①正式审议通过，2020年4月创业板注册制改革启动，标志着以"注册制"为核心的资本市场基础性制度的逐步落地，中国资本市场有望迎来转型"拐点"。科创板及创业板注册制改革将实现资产端常态化供给，将带来四大变化：一是监管思路及行为的变化。监管思路转向适度调控，从控制发行供给的量、质与价，转变为合规性审查，并放宽盈利要求。科创板的平均审核周期控制在3—6个月，明显低于A股IPO的审核周期。二是定价估值逻辑变化。伴随注册制的推出与退市制度的配套执行，预计二级市场估值将回归基本面，市场价值加速分化，预计小盘股流动性降低。预计未来科创板破发将常态化，上市公司将出现整合与分化。三是上市公司行为变化。伴随注册制逐步落地，科技型企业不必远赴海外上市；同时随着市场估值回归理性，上市不再具有盲目吸引力。部分估值低、流动性差的企业将被并购，并购重组市场有望更加活跃，逐步向欧美成熟市场看齐。四是投资者结构与行为变化。二级市场投资者结构将更加机构化与国际化，投资行为将逐步回归价值投资。二级市场的估值回归理性有望带动一二级市场估值价差缩小，促使私募股权投资机构专注于价值发现与价值创造。

1.2.2.2 建立了以"资管新规"为代表的募资、投资基础制度

2018—2019年是金融监管政策的密集落地之年（见表1.2.1）。2018年4月《关于规范金融机构资产管理业务的指导意见》（以下简称"资管新规"）正式发布，消除监管套利，"去通道、去杠杆、打破刚性兑付、净值化"。此后，银行理财子公司、券商资管、信托等各类资管机构的配套规定陆续推出，监管"拼图"日臻完善，主要体现在以下4个方面：一是推动银行设立理财子公司开展资管业务，强化风险隔离；二是加强过渡期内信托监管工作，明确过渡期内允许老资金信托投资新资产等要求；三是完善私募券商资管的产品分类，规范投资运作，强化流动性管理要求，提高合规水平；四是确定保险资管的产品性

---

① 本报告中的新《证券法》指2019年12月28日经全国人大审议通过修订的《中华人民共和国证券法》。新《证券法》于2020年3月1日起实施。

质为私募产品,将销售门槛、投资范围、非标限制等规定与理财对齐。

表 1.2.1　　　　　　　　2018 年以来资管新规相关实施细则

颁布时间	机构	领域	文件
2018-01	中国银监会	银行	《商业银行大额风险暴露管理办法(征求意见稿)》
2018-01	中国银监会	银行	《商业银行股权管理暂行办法》
2018-01	中国银监会	银行	《商业银行委托贷款管理办法》
2018-01	中国银监会	银行	《中国银监会关于进一步深化整治银行业市场乱象的通知》
2018-04	"一行三会"	大资管	《关于规范金融机构资产管理业务的指导意见》
2018-07	人民银行	大资管	《关于进一步明确规范金融机构资产管理业务指导意见有关事项的通知》
2018-09	中国银保监会	银行理财	《商业银行理财业务监督管理办法》
2018-10	中国证监会	券商资管	《证券期货经营机构私募资产管理业务管理办法》
2018-10	中国证监会	券商资管	《证券期货经营机构私募资产管理计划运作管理规定》
2018-12	中国银保监会	银行理财	《商业银行理财子公司管理办法》
2019-02	中国银保监会	信托	《信托公司资金信托管理办法(征求意见稿)》
2019-09	中国银保监会	银行理财	《商业银行理财子公司净资本管理办法(征求意见稿)》
2019-10	央行	大资管	《标准化债权类资产认定规则(征求意见稿)》
2019-10	国家发展改革委	大资管	《关于进一步明确规范金融机构资产管理产品投资创业投资基金和政府出资产业投资基金有关事项的通知》
2019-11	中国银保监会	保险资管	《保险资产管理产品管理暂行办法(征求意见稿)》
2020-05	中国银保监会	信托	《信托公司资金信托管理暂行办法(征求意见稿)》

资料来源:编写组根据文献检索整理得出。

对市场来说,一方面"资管新规""堵偏门、开正门",解决了市场资金端"水"的问题。数十万亿级别的资金未来需要从"刚兑"性质产品、非标产品和通道产品中流出。另一方面,当前很多非标资产、通道业务的底层资产未来将不再满足监管要求,短期市场会出现资产供应短缺的局面。长期来看,资本市场将成为吸纳资金的蓄水池,促进直接融资的发展。

"资管新规"进一步杜绝了资管机构投资于不符合投资者风险偏好的资产。根据资金募集情况,大资管领域公募、私募、机构委外 3 个领域边界愈发清晰,伴随竞争加剧,对机构的主动管理能力和差异化竞争力提出更高要求。

1.2.2.3　加大对外开放力度,在引入资金的同时参考成熟市场的商业逻辑

2019 年中国资本市场开放全面提速,2019 年 7 月,国务院金融稳定发展委

员会办公室推出 11 条金融业进一步对外开放的政策措施，标志着中国金融业开放进入新阶段，主要包括以下两个方面：一是加大境外资金的流入，A 股国际化持续推进。重要国际指数纳入 A 股和债市、沪深港通每日额度扩大 4 倍、取消 QFII 和 RQFII 投资额度限制、沪伦通正式启动，这些新趋势均有望为境内市场引入增量资金，不断加深中国资本市场的国际化程度。境外资金的流入一定程度优化了投资者结构，对促进国内资本市场成熟度有积极作用。二是放宽外资主体从业限制。将原定 2021 年全面取消证券、基金和期货公司外资股比限制的时点提前到 2020 年。允许外资参股银行理财子公司或控股银行理财二级子公司等。在此背景下，全球大型资管公司纷纷加速布局中国市场。目前，全球排名前二十名的资产管理公司有 11 家在积极探索布局中国业务，其中 9 家已有资管相关牌照。外资机构的加速入场有利于激活行业竞争格局，提高全市场专业化运作水平（见图 1.2.5）。

1.2.2.4　新业务密集试点，资管机构迎来多元化与长期发展机遇

私募基金管理人类型增加"私募资产配置类管理人"，使得国内私募产品类型和结构更加完善，能够实现真正意义上的大类资产配置和风险分散，吸引更多长期资金。基金投资顾问业务与养老三支柱等业务试点等为资管机构探索新业务模式带来机遇。2019 年 10 月，中国证监会发布了《关于做好公开募集证券投资基金投资顾问业务试点工作的通知》，行业期待已久的公募基金投资顾问业务试点将正式落地。此后，基金、第三方基金代销、银行与券商相继获得试点牌照，意味着可以实现对客户账户管理式的买方投顾并收取服务费，为资管机构对标成熟市场模式、探索财富管理业务延伸提供基础。养老保险第三支柱改革也在积极探索，自 2018 年 5 月以来开始推出税收递延养老险试点，有望在 2020 年推动个人养老金税收递延账户模式，将公募基金等多类产品纳入账户投资范围。养老三支柱的发展有望为中国资本市场带来中长期资本，优化投资者结构。

1.2.2.5　数字化浪潮加速席卷中国资管行业

一方面，中国消费者消费的数字化程度全球领先，中国的电商与移动支付规模均为全球第一，已培育了数字设备使用与购买习惯，消费者对利用数字化渠

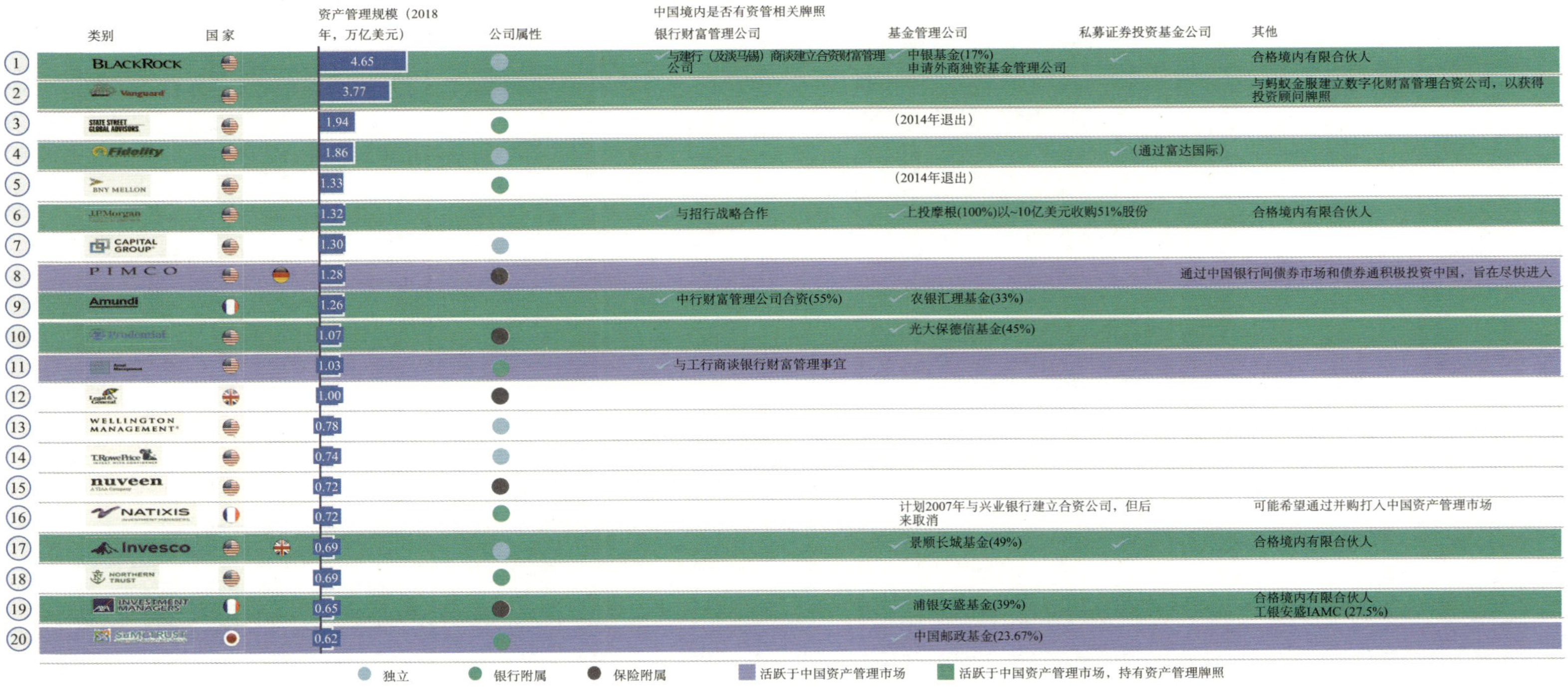

图1.2.5 全球前二十大资管公司在中国资管行业布局概览

资料来源：IPE，各公司年报，根据文献检索整理。

道购买金融产品、尝试智能投顾等新兴模式接受度高。另一方面，领先的资产管理机构也开始在利用数字化手段再造业务流程，涉及资管行业全价值链，即产品、分销、客户受理、投资、过户代理及风险管控。在中国，多家基金公司开始探索建立 D2C（Direct-to-consumer）直销渠道。资管行业的数字化趋势也逐步延伸到私募股权投资行业，如建立内部数据分析团队深度调研与追踪被投企业，帮助被投企业推动数字化转型、提高数字化能力，进行自动化后台管理等。此次疫情也加速了数字化转型的趋势，如私募产品利用线上渠道进行推介，公募产品加速线上直销等。

整体上看，中国资管行业正在经历从规模增长到结构调优的阶段。从规模上看，2013—2017 年，中国大资管行业资产管理规模经历了黄金增长的 5 年，总资产管理规模从 33 万亿元人民币提升至 102 万亿元人民币，年增速达 33%。2018 年资管新规正式颁布，当年行业受到冲击，资产管理规模下降 7%，2019 年逐步企稳，整体资产管理规模维持在 96 万亿元人民币左右（见图 1.2.6）。

从结构上看，不同资管机构所受影响程度有所不同。整体而言，原有通道类业务为主的机构规模收缩，主动管理机构利好。一是银行非保本理财随着银行理财子公司的加速推进与新规产品的推出，在 2019 年止跌反弹达 24.81 万亿元人民币，同比增长 12.57%，预计未来净值化率将不断提升，保持强劲增长。二是非公募资管受到"去通道"影响最大，连续两年下降，从 2017 年的 30.87 万亿元下降至 2019 年的 19.84 万亿元人民币，随着底层非标资产转标的进一步推进，其未来资管规模可能进一步承压。三是公募基金逆市增长，2019 年资产管理规模达 14.77 万亿元人民币，同比增长 13.29%。四是信托业务受到的"去通道"影响仅次于非公募资管业务，其资产管理规模从 2017 年的 21.91 万亿元人民币下降至 2019 年的 17.94 万亿元人民币，在信托业务回归信托本源的转型时期，预计资管规模将进一步承压。五是保险资管在新规背景下投资优势凸显，尽管 2018 年也受到去通道影响，2019 年第三方管理规模恢复增长达 4.93 万亿元人民币。六是私募股权[①]与私募证券投资基金受益于主动管理保持强劲增长，2019 年资管规模分别增长 15.38% 与 13.99%，达 9.00 万亿元与 2.44 万亿元人民币。

---

① 这里私募股权基金不包括房地产基金、基础设施基金等，与第 2 章统计口径存在差异。

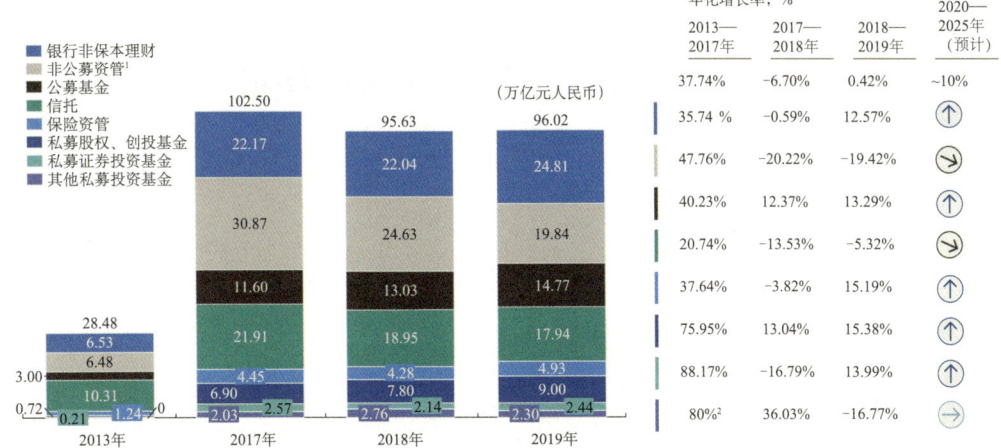

图 1.2.6　2013—2019 年中国整体资产管理市场规模

注 1. 非公募资管包括基金专户及其子公司私募基金、券商资管及其子公司私募基金、期货公司资管业务管理资产。

2. 其他私募证券投资基金数据从 2014 年开始披露，此处显示 2014—2017 年增速。

资料来源：中国人民银行、中国银保监会、中国证监会、基金业协会。

私募股权投资行业将长期受益于资本市场环境优化与资管新规，未来将持续吸引新的资金配置，保持良好增长。一方面，行业退出环境不断优化，科创板及创业板注册制的逐步落地有望缩短私募股权基金的退出周期，提升资金使用效率与投资回报率。另一方面，从需求端而言，在高收益固收类资产刚兑逐步打破的背景下，企业、富有家族及高净值个人需要寻求其他资产替代；长期机构基金如社会保障基金投资市场化股权基金的总体可投资比例不超过其总资产的 10%，而目前仅占 2%—3%，未来还有进一步提升配置的空间；保险资金方面，2010 年首次允许保险基金进入私募股权投资市场，2018 年中国银保监会颁布《保险资金投资股权管理办法（征求意见稿）》，进一步放宽了保险资金投资私募股权的可投行业范围及可投基金种类，长期看来在私募股权融资端将发挥更重要的作用。

在资管行业大变局背景下，私募股权投资机构需要立足非公开市场股权项目的投资经验，明确未来发展策略，围绕融资、投资、投后、退出全业务链条强化机构化运作能力，围绕组织人才、风险管理、信息科技领域建设支撑体系，方能在变局之中获得长期竞争优势。

1.3 行业监管自律及发展环境

1.3.1 行业监管环境

1.3.1.1 行业监管法律法规规章日益健全

（1）《中华人民共和国证券法》完成修订并施行

2019年12月28日，第十三届全国人大常委会第十五次会议审议通过了修订后的《中华人民共和国证券法》，于2020年3月1日起施行。这次修订进一步完善了证券市场基础制度，扩大了证券法的适用范围，将资产支持证券和资产管理产品写入证券法，授权国务院按照证券法的原则规定资产支持证券、资产管理产品发行、交易的管理办法，明确了资管产品的证券属性，这将为资管行业法律框架的完善提供支持。

（2）私募基金相关法规规章出台修订工作持续推进

2017年8月30日，国务院原法制办公室发布《私募投资基金管理暂行条例（征求意见稿）》，首次拟对私募基金概念及投资活动范围、私募基金管理人与托管人的职责、资金募集、投资运作、信息提供、行业自律、监督管理、法律责任做出系统性规定，并设专门章节对创业投资基金进行特别规定。2019年5月11日，国务院办公厅发布《关于印发国务院2019年立法工作计划的通知》，将《私募投资基金管理暂行条例》列入2019年立法工作计划，为《国务院2019年立法工作计划》已明确的55件立法项目中唯一由中国证监会负责起草的立法项目。

各方积极推动出台《私募投资基金管理暂行条例》、推进修订《私募投资基金监督管理暂行办法》相关工作仍在沟通协调之中。未来私募管理条例的出台，将弥补《基金法》对股权投资基金约束不清晰的缺憾。

（3）私募基金首次被纳入《市场准入负面清单2019》

2019年11月22日，国家发展改革委、商务部发布《市场准入负面清单（2019年版）》，在禁止准入类第四项"禁止违规开展金融相关经营活动"中新增了"基金管理";明确规定非金融机构、不从事金融活动的企业,在注册名称和经营范围中原则上不得使用"基金管理"字样[①];凡在名称和经营范围中选择使用上述字样的企业(包括存量企业),市场监管部门将注册信息及时告知金融管理部门,金融管理部门、市场监管部门予以持续关注,并列入重点监管对象。

(4)"资管新规"过渡期延长

人民银行、中国银保监会、中国证监会、国家外汇管理局于2018年联合印发了"资管新规"。"资管新规"虽未将私募基金纳入直接适用范围,但人民银行有关部门负责人在"资管新规"答记者问中指出,"资管新规"要求非金融机构不得发行、销售资管产品,国家另有规定的除外。这里的"国家另有规定的除外"主要指私募基金的发行和销售,国家法律法规另有规定的,从其规定,没有规定的,适用"资管新规"的要求。据此,"资管新规"对私募基金亦具有一定的规范作用,特别在明确私募基金销售规范、消除多层嵌套、限制通道业务、规范分级产品、打破刚性兑付等方面,有利于实现金融机构资产管理业务和私募基金业务之间规则的平等化,消除监管套利,引导行业规范发展。

按照原有安排,"资管新规"过渡期将于2020年底结束,2020年7月31日,为平稳推动"资管新规"实施和资管业务规范转型,经国务院同意,中国人民银行会同国家发展改革委、财政部、中国银保监会、中国证监会、外汇管理局等部门审慎研究决定,"资管新规"过渡期延长至2021年底。

(5)强化政府投资基金的监督管理

国有资本是我国股权投资市场的主要资金来源。2019年,政府投资基金监管政策也不断更新完善,旨在进一步规范政府投资基金运作,提高政府投资基金的投资效率。

2019年3月5日,财政部发布《关于2018年中央和地方预算执行情况与2019年中央和地方预算草案的报告》,提出强化政府投资基金、涉企财政资金、民生资金监督管理,推动财税政策有效落实,严肃财经纪律。

2019年4月14日,国务院发布《政府投资条例》,明确界定政府投资范围、政府投资的主要原则和基本要求,规范和优化政府投资决策程序,明确政府投资年度计划的相关要求,严格项目实施和事中事后监管。

---

① 此处的基金管理指从事私募基金管理业务的基金管理公司或者合伙企业。

2019年6月10日，中共中央办公厅、国务院办公厅印发《关于做好地方政府专项债券发行及项目配套融资工作的通知》，强调不得超越项目收益实际水平过度融资，要求地方政府将专项债券严格落实到实体政府投资项目，不得将专项债券作为政府投资基金、产业投资基金等各类股权基金的资金来源，不得通过设立壳公司、多级子公司等中间环节注资，避免层层嵌套、层层放大杠杆。

1.3.1.2 行业监管执法情况[①]

2019年，中国证监会坚决贯彻落实党中央、国务院关于打好防范化解重大风险攻坚战部署，持续加强私募基金监管力度，不断提升风险监测预警能力，严厉查处违法违规行为，切实保护投资者合法权益。上半年，中国证监会组织各证监局重点对497家私募机构的交易合规性、流动性风险，非法集资风险，跨区域经营私募机构的业务和资金往来，产品嵌套情况，业务隔离、风险隔离等制度的有效性，自融自担和利益冲突等情况进行了检查。针对专项检查发现的问题，中国证监会依法对相关198家私募机构采取行政监管措施，对18家私募机构立案稽查，将相关39家机构涉嫌违法犯罪线索移送公安部门或地方政府，同时将上述违法违规问题及采取的监管措施记入资本市场诚信档案。

1.3.2 行业自律环境

1.3.2.1 行业自律规则体系不断完善

2019年，协会参照"资管新规"相关精神，结合私募基金自身特点，以"7+2"[②]自律规则体系为基本框架，加快了对私募基金自律规则的研究和修订完善工作。

协会2018年发布《私募证券投资基金管理人会员信用信息报告工作规则（试行）》，截至2019年末，已累计发布7批次私募证券投资基金管理人会员信

[①] 资料来源：《中国证监会2019年法治政府建设情况》，2020年4月17日。
[②] "7+2"，指的是协会为落实《证券投资基金法》和《私募投资基金监督管理暂行办法》各项原则和规定而建立的9项自律规则体系，含7项"办法"，2项"指引"。

用信息报告，私募证券投资基金管理人会员相关信用信息报告查阅率达91.02%。2019年11月11日，协会发布了《私募股权、创业投资基金管理人会员信用信息报告工作规则（试行）》，明确信用报告指标体系含"一性三度"及"投资风格"5个考察维度、38个评价指标，并于2020年2月7日正式上线私募股权、创业投资基金管理人会员信用信息报告，进一步落实市场化信用约束机制，提升私募基金行业整体信用水平，树立行业社会公信力。在协会登记并已成为协会会员的私募股权、创业投资基金管理人日后可查询其"信用报告"，并可向合作机构展示。

2019年12月23日，协会正式发布《私募投资基金备案须知（2019版）》，对不予备案的情形、管理人职责、托管要求、备案前临时投资、过渡期安排等均做了详细要求。相较2018年版的备案须知，新版备案须知变动内容主要包括9个方面：①进一步明晰私募基金的外延边界；②厘清管理人、托管人职责；③重申合格投资者要求；④明确募集完毕概念；⑤规范基金封闭运作及例外情形；⑥设置基金存续期限要求；⑦细化投资运作要求；⑧从严规范关联交易；⑨差异化不同类型基金备案要求。

2020年2月7日起，协会对进入持续合规运行、信用状况良好机构范围的私募基金管理人试行采取"分道制+抽查制"方式办理私募基金产品备案，即通过资产管理业务综合报送平台（https：//ambers.amac.org.cn）提交私募基金备案申请后，次日可在协会官网以公示该私募基金基本情况的方式完成该基金备案。日后若抽查中发现该基金存在不符合法律法规和自律规则的情形，协会将要求管理人进行整改。

1.3.2.2 行业自律执纪情况

协会对私募基金行业实施自律管理，包括事前管理人登记和产品备案，以及对私募基金的行为进行事中、事后持续性的监督管理，保护投资者合法权益，促进行业规范可持续发展。协会构建了较为完善的自律管理执法体系，建立了投资者投诉处理机制和纠纷调解机制，制定了《自律检查规则（试行）》《纪律处分实施办法（试行）》，对私募基金进行自律检查并相应实施纪律处分。

截至 2019 年末，协会共办理 15 633 家私募基金管理人①的注销手续，其中主动申请注销的私募基金管理人 2 742 家，未按照《关于进一步规范私募基金管理人登记若干事项的公告》（以下简称"二五公告"）要求完成第一只私募基金产品备案被注销的私募基金管理人 12 199 家，因违反协会自律规则被注销的私募基金管理人 692 家。2019 年，协会办理 1 072 家私募基金管理人的注销手续，包括主动申请注销的私募基金管理人 479 家，未按照"二五公告"要求完成第一只私募基金产品备案被注销的私募基金管理人 97 家，因违反协会自律规则被注销的私募基金管理人 496 家。

按照《关于私募基金管理人在异常经营情形下提交专项法律意见书的公告》相关要求，截至 2019 年末，协会累计列入异常经营程序私募基金管理人 785 家，收到专项法律意见书 412 份，因异常经营被注销的私募基金管理人 232 家。其中，2019 年当年列入异常经营程序私募基金管理人 479 家，因异常经营被注销的私募基金管理人 222 家。

按照《关于建立"失联（异常）"私募机构公示制度的通知》及优化失联私募基金管理人自律机制相关公告要求，截至 2019 年末，协会已对外公告 32 批失联机构，涉及私募基金管理人 1 067 家，因失联被注销的私募基金管理人 417 家。其中，2019 年共对外公告 8 批失联机构，涉及私募基金管理人 558 家，因失联被注销的私募基金管理人 259 家。

根据"二五公告"及《关于加强私募基金信息披露自律管理相关事项的通知》相关要求，截至 2019 年末，被列入异常机构名单并对外公示的私募基金管理人 5 347 家，被列入异常机构名单并对外公示的私募基金管理人中，2 431 家已完成整改，整改率达 45.46%。异常公示制度为私募基金管理人履行持续信息报送义务发挥了切实的约束作用，私募基金管理人信息报送积极性和报送质量有较大提升。

截至 2019 年末，协会将 157 家不予登记申请机构及所涉 125 家律师事务所、277 名律师进行了公示，累计中止办理 546 家相关机构的私募基金管理人登记申请，不予备案私募基金 195 只。其中，2019 年协会将 18 家不予登记申请机构及所涉 15 家律师事务所、34 名律师进行公示，中止办理 534 家机构的私募基金管

---

① 这些私募基金管理人包括私募股权基金管理人、私募证券基金管理人等在协会登记的管理人。

理人登记申请，不予备案私募基金 1 只。

1.3.3　支持行业发展政策环境

1.3.3.1　创新创业营商环境不断改善

随着国务院《关于推动创新创业高质量发展打造"双创"升级版的意见（国发〔2018〕32 号）》的落地实施，我国创新创业环境和私募股权基金投资环境不断优化。世界银行发布的《全球营商环境报告 2020》显示，中国营商环境全球排名从 2018 年的第 46 位上升至 2019 年的第 31 位，并且连续两年被世界银行评选为全球营商环境改善幅度最大的 10 个经济体之一。

1.3.3.2　私募行业相关税收政策不断完善

为解决创业投资企业所得税问题，2019 年国家出台相关税收优惠政策，规范创投企业所得税的核算，进一步支持创业创投企业、创业投资基金和私募股权基金发展。2019 年 1 月 10 日，财政部、税务总局、国家发展改革委和中国证监会发布《关于创业投资企业个人合伙人所得税政策问题的通知（财税〔2019〕8 号）》，规定创业投资企业（以下简称创投企业）可以选择按单一投资基金核算或者按创投企业年度所得整体核算两种方式之一，对其个人合伙人来源于创投企业的所得计算个人所得税应纳税额。

1.3.3.3　金融及资本市场政策环境日益优化

2019 年，资本市场新的政策措施不断推出，有利于私募股权及创业投资基金发展的资本市场环境不断优化。

2019 年 1 月 28 日，中国证监会发布《关于在上海证券交易所设立科创板并试点注册制的实施意见》（证监会公告〔2019〕2 号），2019 年 3 月 1 日发布《科创板首次公开发行股票注册管理办法（试行）》（证监会令第 153 号）。上海证券交易所发布《关于发布〈上海证券交易所科创板股票发行与承销实施办法〉的通知》（上证发（2019）21 号），明确科创板试点注册制的总体原则，规定股票发行适用注册制，并以信息披露为中心、精简优化现行发行条件，针对科创板企业特点制定差异化的信息披露规则。科创板的正式设立及注册制改革的逐步落地为国内高新科技企业提供更为便利的直接融资渠道，有助于加速私募股权投资特别是早期投资从募资、投资到退出的全周期循环。

2019年3月15日，第十三届全国人民代表大会第二次会议通过《中华人民共和国外商投资法》；2019年6月17日，中国证监会和英国金融行为监管局发布联合公告，原则批准上海证券交易所和伦敦证券交易所开展互联互通存托业务，沪伦通正式启动；2019年7月20日，人民银行发布《关于进一步扩大金融业对外开放的有关举措》；2019年9月10日，国家外汇管理局宣布取消合格境外机构投资者（QFII）和人民币合格境外机构投资者（RQFII）投资额度限制。一系列扩大资本市场对外开放的措施标志着我国资本项目开放取得重要进展，为推进私募股权投资基金行业的对外开放创造了良好的外部环境。

2019年8月16日，人民银行发布《改革完善贷款市场报价利率（LPR）形成机制的公告》（央行公告〔2019〕第15号），通过改革完善LPR形成机制引导实体经济利率下行。新的LPR以中期借贷便利（MLF）利率为锚，将贷款利率与公开市场操作利率挂钩，有利于疏通货币政策传导机制。此次LPR形成机制改革有利于提高利率传导效率，有利于解决实体经济对利率下行感知不足的问题，有助于推动降低中小企业融资成本，从而提升创新创业和私募股权投资活力。

第 2 章　私募股权投资基金行业发展整体情况

2.1 行业发展规模及整体情况分析

2.1.1 私募股权投资基金[①]行业2019年度关键数据

2019年,在复杂的宏观经济环境下,中国私募股权投资市场进入从"量的增长"到"质的发展"的重要调整期。行业整体管理规模仍在保持较快增长,截至2019年末,在协会登记的私募股权基金管理人数量达到14 882家,较2018年末增长1.36%。私募股权基金产品规模达到10.08万亿元,较2018年末增长15.72%。但新备案基金数量、规模及投资数量均有所下降,行业整体融资和投资环境较为严峻。2019年新备案基金数量5 893只,较2018年的10 038只下降41.29%;新备案基金规模为7 191.92亿元,较2018年的17 753.43亿元下降59.48%;投资案例数量[②]17 606个,较2018年的20 333个下降13.41%;投资金额[③]12 850.24亿元,较2018年的13 009.71亿元微降1.23%。退出热度则有所增加,2019年退出案例数量8 207个,较2018年的5 783个增加47.50%,实际退出总额5 391.33亿元,较2018年的4 237.82亿元增加27.22%(见图2.1.1)。

2.1.2 私募股权基金数量及规模保持增长但增速下降

2019年,私募股权基金数量及管理规模仍保持增长。协会数据显示,截至2019年末,已备案私募股权基金36 455只,较2018年末增加2 772只,同比增长8.22%,增速下降20.34个百分点。私募股权基金产品总规模达到10.08万亿元,

---

① 协会关于中国私募股权投资基金的定义与国际市场上私募市场的定义类似,简称私募股权基金,包括创业投资基金、并购基金、上市公司定增基金、房地产基金、基础设施基金以及其他私募股权投资类基金(含成长期),具体包括截至统计时点在协会备案的私募股权投资基金、创业投资基金、私募股权投资类FOF基金以及创业投资类FOF基金。

② 投资案例数量按照私募股权基金管理人上报AMBERS系统的投资项目数计算,即多家私募股权基金投资同一项目按多个案例数计算,前述交易量按照企业融资案例数计算,即企业单次融资按1次计算。

③ 投资金额是指当期(如某一年或者某一季度)所管基金新增加的项目投资本金。

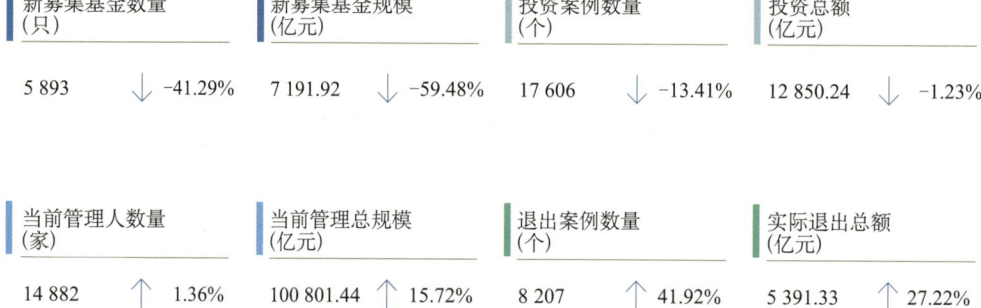

图 2.1.1　中国私募股权基金行业 2019 年度关键数据

资料来源：中国证券投资基金业协会 AMBERS 系统。

较 2018 年末增加 1.37 万亿元，同比增长 15.72%，增速下降 10.55 个百分点。按季度来看，自 2018 年第三季度以来，基金备案数量和备案规模环比增幅均在 5% 以下，与此前 10% 以上增幅相比有明显下降趋势（见图 2.1.2 与图 2.1.3）。

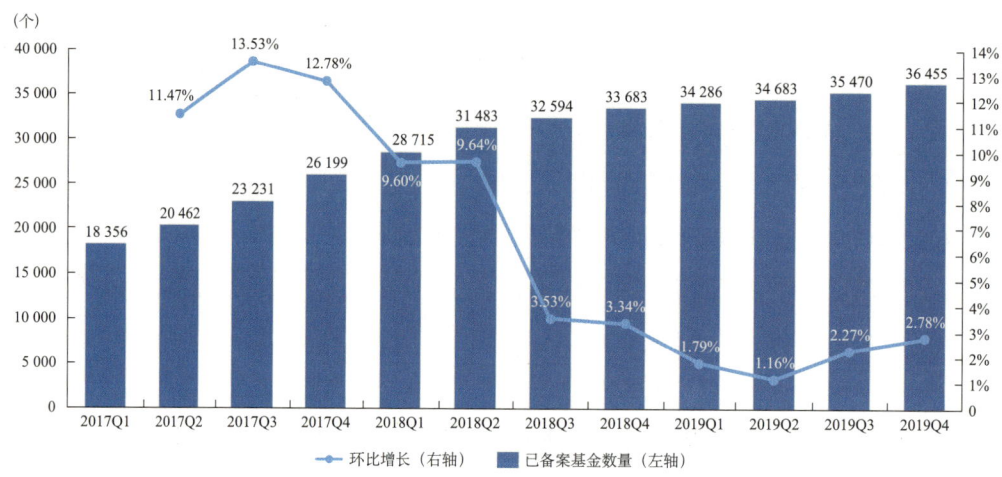

图 2.1.2　2017—2019 年中国私募股权基金备案基金数量

资料来源：中国证券投资基金业协会 AMBERS 系统。

从平均管理规模来看，截至 2019 年末，已备案私募股权基金平均管理规模为 2.77 亿元，较 2018 年末 2.59 亿元的平均管理规模有一定增长。

2.1.3　私募股权基金在社会资产管理规模占比持续上升

从社会资产管理占比来看，伴随着资产管理行业的平稳发展，不同类别的资产管理机构管理规模均保持一定增长，其中私募股权基金在社会资产管理规

图 2.1.3　2017—2019 年中国私募股权基金备案基金规模

资料来源：中国证券投资基金业协会 AMBERS 系统。

模占比持续上升。截至 2019 年末，中国资产管理总体规模达到 96.02 万亿元，与 2018 年基本持平。其中，私募股权基金规模占比达 10.50%，较 2018 年的 9.11% 增加 1.39 个百分点（见图 2.1.4）。

图 2.1.4　中国全社会资产管理规模、构成及私募股权基金占比

资料来源：《中国证券投资基金业年报（2019）》，中国证券投资基金业协会 AMBERS 系统。

2.1.4　私募股权基金是直接融资体系的重要资金来源

从社会融资规模来看，私募股权基金是中国直接融资体系重要的资金来源。由于受到全球经济环境和国内宏观调控政策等影响，中国 2019 年社会融资规模增量达到 25.6 万亿元，私募股权基金新增规模占社会融资规模增量[①]的比重连续两年下降，从 2017 年的 12.39% 下降至 2019 年的 5.31%（见图 2.1.5）。

从在 GDP 的占比来看，2016 年以来，中国 GDP 增速逐步放缓，私募股权基金规模占 GDP 比重逐年提升，从 2016 年的 5.57% 增长到 2019 年的 10.17%，在促进供给侧改革和经济结构调整、服务实体经济等作用日益增强（见图 2.1.5）。

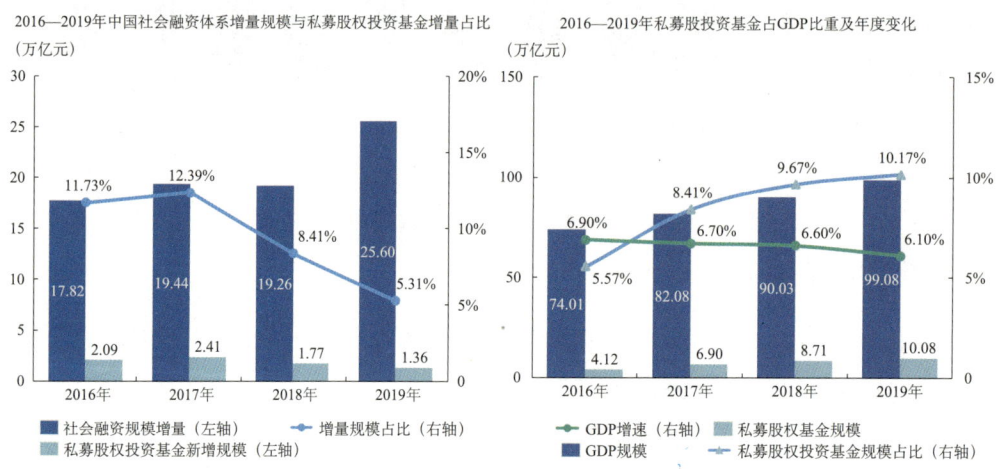

图 2.1.5　2016—2019 年中国私募股权基金增量占社会融资规模增量比重以及私募股权基金规模占 GDP 比重

资料来源：中国人民银行、国家统计局、中国证券投资基金业协会 AMBERS 系统。

2.1.5　私募股权基金中创投和并购基金占比较小

从内部结构来看，截至 2019 年末，私募股权基金中，创业投资基金（不含创投 FOF）管理规模为 1.04 万亿元，占比 10.31%，较 2018 年增长 1.2 个百分点，2017—2019 年复合增长率为 37.37%；并购基金管理规模 1.71 万亿元，占比 16.98%，较 2018 年下降 0.3 个百分点，2017—2019 年复合增长率为 20.54%；私募股权及创投类 FOF 基金（含母基金）管理规模为 1.43 万亿元，占比 14.16%，较 2018 年下降 0.06 个百分点，2017—2019 年复合增长率为 31.28%；定增基金管理规模 1 255.55 亿元，占比 1.25%，2017—2019 年复合增长率为 -5.25%；其他私募股权基金，即除上述基金类型之外的私募股权基金

---

① 社会融资规模增量是指一定时期内实体经济从金融体系获得的资金额。

管理规模 4.14 万亿元，占比 41.05%，与 2018 年相比占比保持不变，2017—2019 年复合增长率为 20.74%（见图 2.1.6）。创业投资基金增速明显高于行业平均增速，并购基金、其他私募股权基金增速与行业平均增速保持一致。

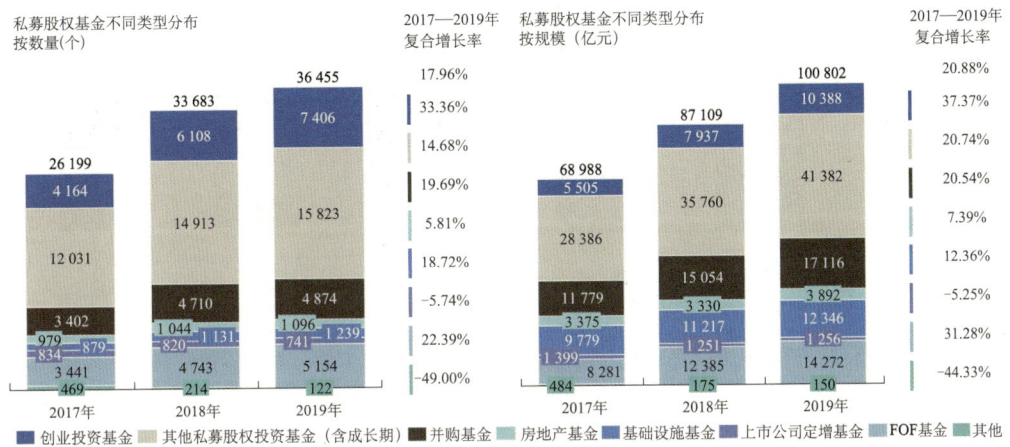

图 2.1.6　2017—2019 年中国私募股权基金不同类型数量分布和规模分布

资料来源：中国证券投资基金业协会 AMBERS 系统。

2.1.6　私募股权基金行业集中度更加显著

伴随市场的不断分化和加速出清，私募股权基金行业集中度发生明显变化。从私募股权基金管理规模的分布来看，剔除掉管理规模为 0 的 1 958 家私募股权基金管理人，在实际具有一定管理规模的 12 924 家私募股权基金管理人中，管理规模在 1 亿元以下的机构数量为 7 036 家，占比 54.44%，管理规模在 1 亿元以上的机构数量为 5 888 家，占比 45.56%，大体呈现 1 亿元以下和 1 亿元以上管理规模的机构数量"五五分"格局。管理规模在 100 亿元以上的机构规模占比为 42.90%，管理规模在 10 亿—100 亿元的机构规模占比 40.94%，管理规模在 10 亿元以下的机构规模占比 16.16%，大体呈现 100 亿元以上、10 亿—100 亿元和 10 亿元以下管理规模"四四二分"格局。

截至 2019 年末，管理规模在 10 亿元以上的私募股权基金管理人数量达到 1 631 家，占比 12.62%，高于 2018 年的 11.51% 和 2017 年的 11.42%；管理规模合计 8.56 万亿元，合计占比 82.79%，高于 2018 年的 82.82% 和 2017 年的 82.79%（见图 2.1.7）。行业呈现向头部机构、大型私募股权基金管理人集中的趋势。

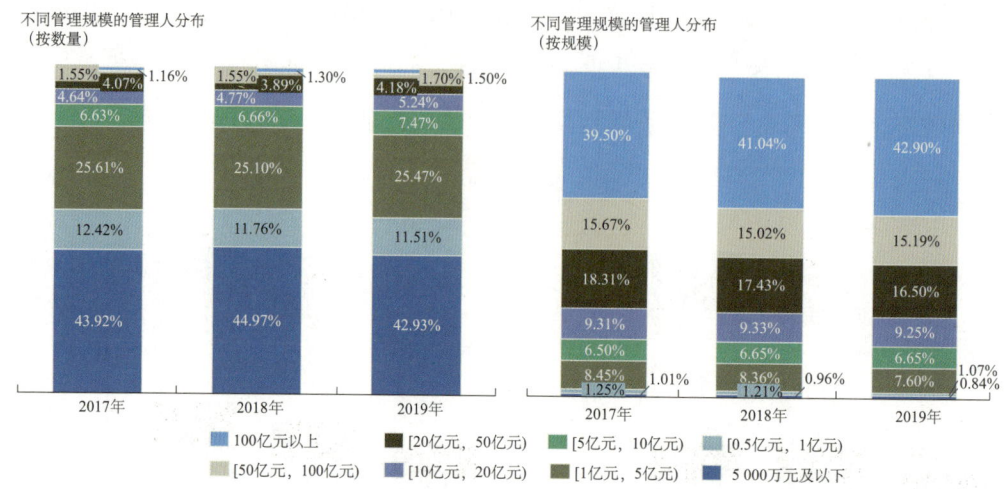

图 2.1.7　2017—2019 年中国私募股权基金管理人数量占比和对应管理规模占比

资料来源：中国证券投资基金业协会 AMBERS 系统。

2.2　管理人发展情况分析

2.2.1　管理人数量及规模增速进一步放缓

在行业竞争日益激烈和宏观经济形势较为复杂的情况下，中国私募股权基金管理人[①]面临更为严峻的挑战。2019 年，私募股权基金管理人数量及管理规模增长总体平稳，增速进一步放缓。截至 2019 年末，协会已登记私募股权基金管理人 14 882 家，同比增长 1.36%，增速下降 12 个百分点；管理基金规模达 10.22 万亿元[②]，同比增长 13.66%，增速下降 10.47 个百分点（见图 2.2.1）。2019 年当年，新登记私募股权基金管理人 808 家，较 2018 年新登记的 2 000 家大幅减少，私募股权基金管理人数量增长进入平稳期。

大部分私募股权基金管理人所管理的基金数量集中在 4 只及以下。截至

---

①　私募股权基金管理人是指截至统计时点在协会登记的管理人类型为私募股权、创业投资基金管理人的管理人，包括截至 2019 年 12 月末未确定自身机构类型，但在原登记备案系统中主要业务类型为私募股权投资基金或创业投资基金的管理人。

②　私募股权基金管理人管理基金规模是指管理正在运作的各类私募基金的净资产之和，包括私募股权基金管理人管理的其他类型基金规模，因此与前述私募股权基金产品总规模存在差异。

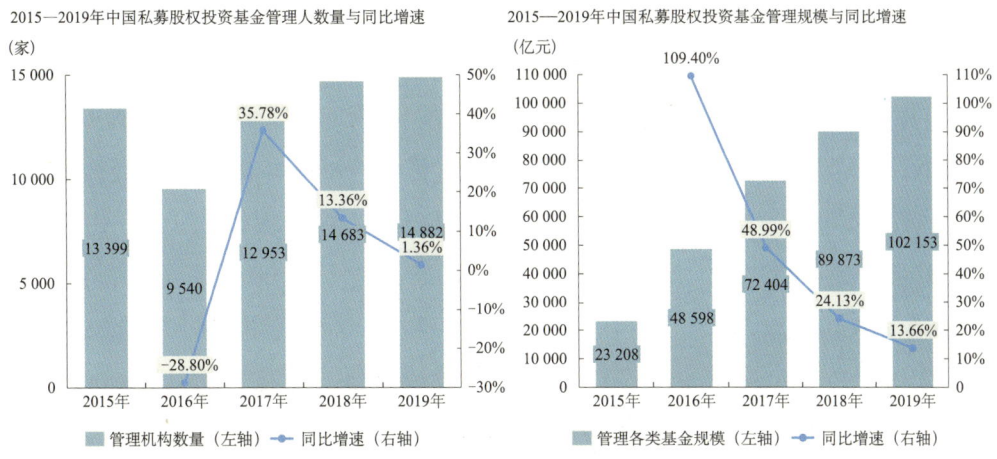

图 2.2.1　2015—2019 年中国私募股权基金管理人数量及管理规模

资料来源：中国证券投资基金业协会 AMBERS 系统。

2019 年末，管理基金在 4 只及以下的私募股权基金管理人 13 125 家，占比 88.19%，比例较 2018 年略有下降。管理基金在 5 只及以上的管理人 1 757 家，占比 11.81%，私募股权基金管理人数量 2017—2019 年平均增幅为 21.59%，其中管理基金在 10 只及以上的私募股权基金管理人达 598 家，2017—2019 年平均增速为 18.34%（见图 2.2.2）。总体上看，管理多只基金产品的大型私募股权基金管理人数量稳步增长。

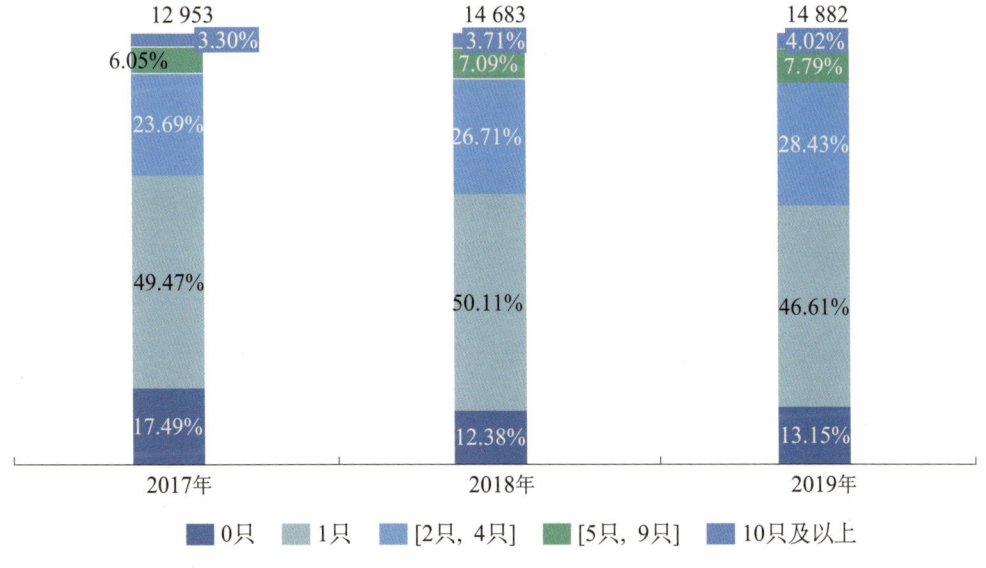

图 2.2.2　2017—2019 年中国私募股权基金管理人管理基金数量分布

资料来源：中国证券投资基金业协会 AMBERS 系统。

管理规模较大的私募股权基金管理人数量持续提升。截至2019年末，在所有已登记的私募股权基金管理人中，管理规模在2 000万元以下（含管理规模为0）的管理人数量合计5 783家，占比最高，为38.86%，较2018年下降1.78个百分点；管理规模在2 000万—1亿元（含1亿元，下同）的，数量合计3 211家，占比21.58%，较2018年下降0.17个百分点；管理规模在1亿—10亿元的，数量合计4 257家，占比28.60%，较2018年增长1.00个百分点；管理规模在10亿—100亿元的，数量合计1 437家，占比9.66%，较2018年增长0.78个百分点；管理规模在100亿元以上的，数量合计194家，占比1.30%，较2018年增长0.17个百分点；管理规模在500亿元以上的，数量合计13家，较2018年减少2家（见图2.2.3）。

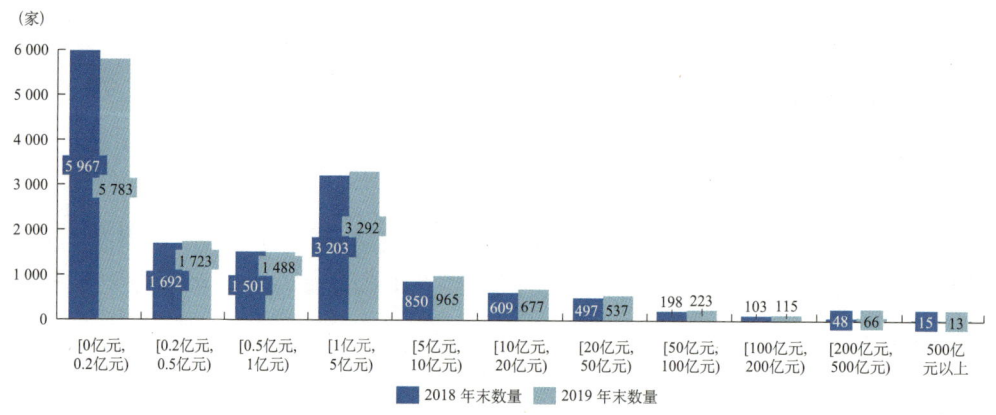

图2.2.3　中国私募股权基金管理人管理规模分布

资料来源：中国证券投资基金业协会AMBERS系统。

2.2.2　内资和民营性质私募股权基金管理人数量及管理规模占比较高

内资私募股权基金管理人平均管理规模增速明显。按照管理人股权中外性质划分（见图2.2.4），私募股权基金管理人主要分为内资企业、中外合资企业、外商独资企业。截至2019年末，已登记私募股权基金管理人中，内资企业14 647家，占98.42%；中外合资企业85家，占0.57%；外商独资企业148家，占0.99%，中外合作/政府机构2家，占0.01%。管理基金规模方面，内资企业管理规模9.89万亿元，占96.84%；中外合资企业管理规模0.13万亿元，占

1.26%；外商独资企业管理规模 0.195 万亿元，占 2%。从平均管理规模方面来看，在内资管理人平均管理规模增长的带动下，全行业各类管理人平均管理规模由 2017 年的 5.59 亿元增加至 2019 年的 6.86 亿元，增幅明显。

私募股权基金管理人的经济成分以民营为主，但平均管理规模较小。从不同控股类型的机构数量来看，截至 2019 年末，已登记的私募股权基金管理人以自然人及其所控制民营企业控股为主，数量 11 761 家，占总体的 79.03%，占比较 2018 年末下降了 0.47 个百分点。在其他控股主体中，国有控股 1 907 家，占 12.81%，社团集体控股 71 家，占 0.10%，外商控股 264 家，占 1.77%。

从基金管理规模来看，自然人及其所控制民营企业控股的私募股权基金管理人管理规模最大，为 5.06 万亿元，占行业总规模的 49.55%，与 2018 年占比基本持平；在其他控股主体中，国有控股的私募股权基金管理人管理各类基金规模较大，约为 3.52 万亿元，占比 34.42%，较 2018 年末增长 1.14%（见图 2.2.5）。

从平均管理规模来看，截至 2019 年末，协会已登记民营背景的私募股权基金管理人平均管理规模 4.30 亿元，国有背景的私募股权基金管理人平均管理规模 18.44 亿元，社团集体控股的私募股权基金管理人平均管理规模 12.89 亿元，外商控股的私募股权基金管理人平均管理规模 13.40 亿元（见图 2.2.6）。民营背景管理人数量较多，但平均管理规模较小，与国有、社团集体、外商等控股的管理人平均管理规模差距较大。

2.2.3 管理人区域分布集中在东部省市

私募股权基金管理人选择工商注册地址，通常综合考虑当地的经济发展程度、税收优惠政策、人才集中度、交通便利程度等。截至 2019 年末，已登记私募股权基金管理人中，注册地在北京、深圳、上海、浙江、江苏、广东（除深圳）[①] 的居多，数量合计占比达 75.28%。其中，北京、深圳、上海私募股权基金管理人注册数量依次列全国前三位，分别为 2 841 家、2 447 家、2 317 家，数量合计占比 51.09%，管理基金规模合计占比 54.07%，管理基金数量合计占比 54.52%（见图 2.2.7）。

---

① 按照中国证监会辖区分划，深圳、青岛、宁波、大连、厦门单独统计。

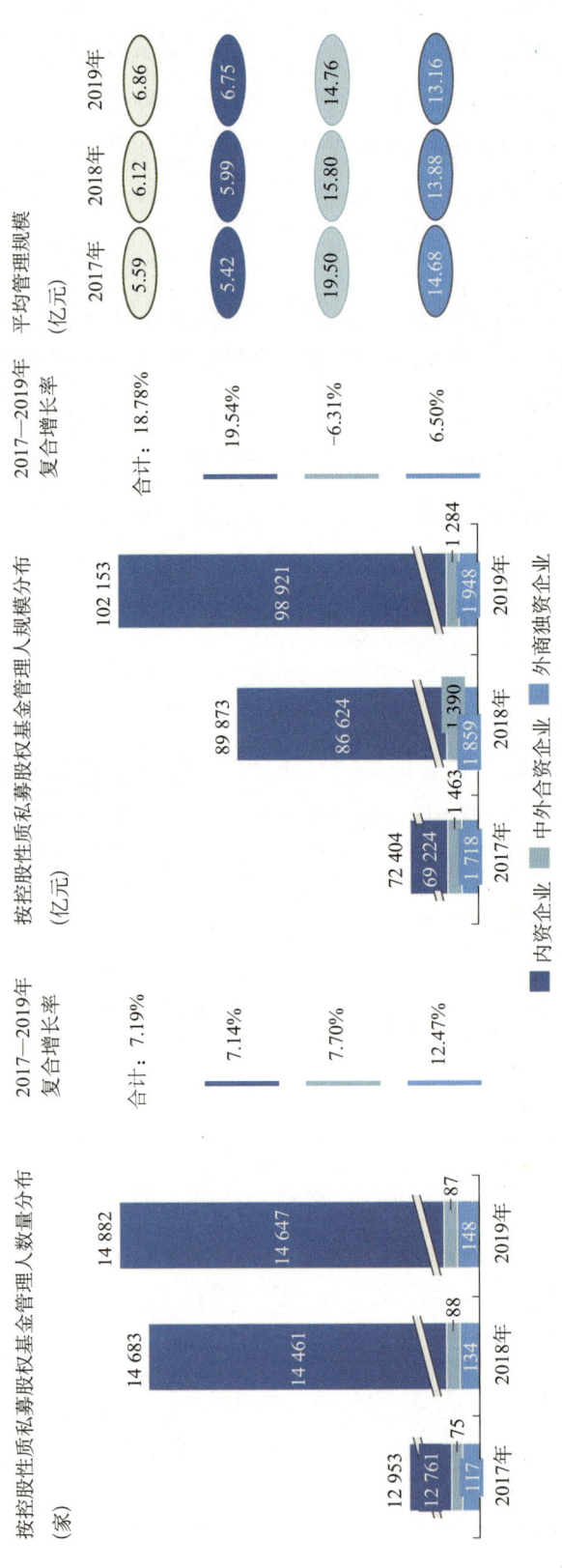

图2.2.4 中国私募股权中外性质数量及规模分布

资料来源：中国证券投资基金业协会AMBERS系统。

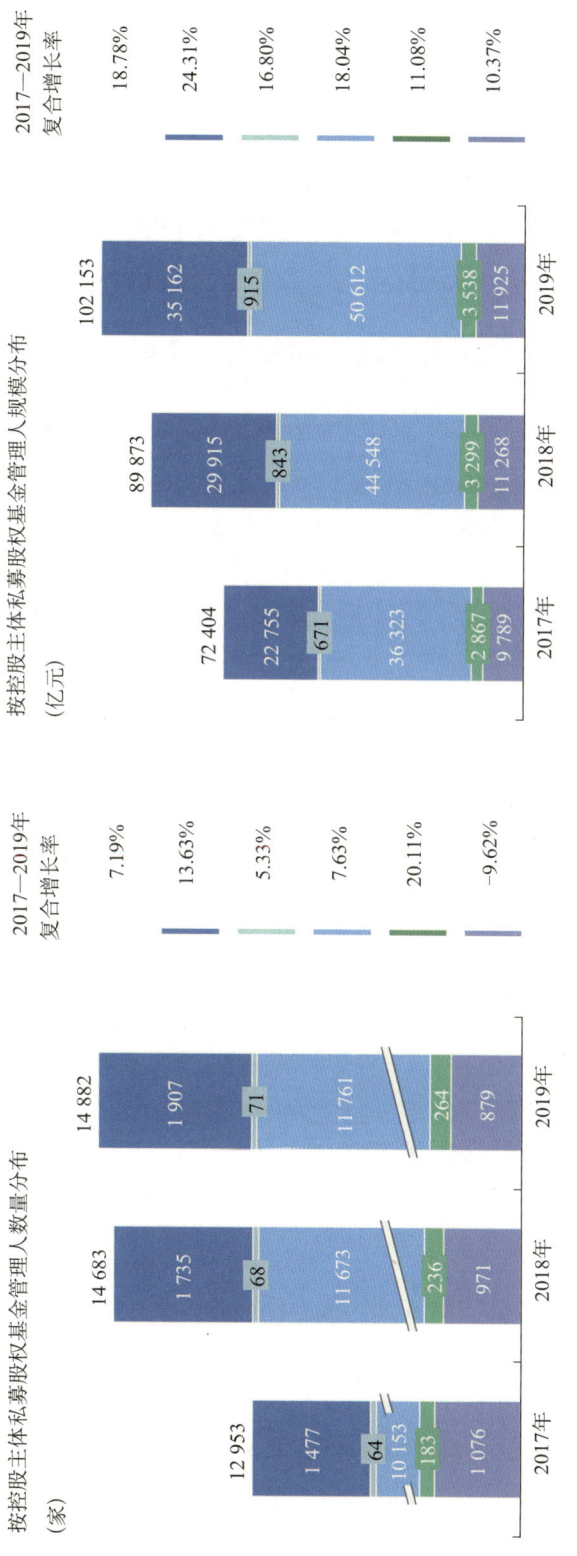

图2.2.5 中国私募股权基金经济性质数量及规模分布

按控股主体私募股权基金管理人平均管理规模变化
（亿元）

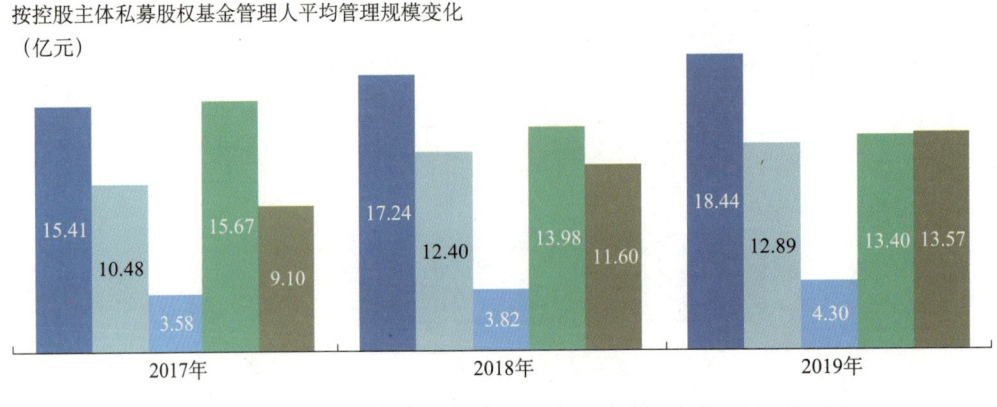

■ 国有控股　■ 社团集体控股　■ 自然人及其所控制民营企业控股　■ 外商控股　■ 其他

图 2.2.6　中国私募股权基金管理人控股主体平均管理规模分布

资料来源：中国证券投资基金业协会 AMBERS 系统。

#1 北京 | 2841	#4 江苏 | 856	#7 浙江 | 1226	#10 安徽 | 156
25 176.77 | 7 403	6 721.70 | 2 281	4 869.65 | 3 123	2 108.52 | 548

#2 上海 | 2317	#5 广东 | 921	#8 宁波 | 597
16 558.48 | 6 565	6 325.09 | 2 286	2 807.43 | 1 320

#3 深圳 | 2447	#6 天津 | 361	#9 西藏 | 153
13 503.34 | 6 317	5 063.39 | 2 286	2 232.60 | 678

#管理基金规模排名 | 管理人数量
管理基金规模（亿元）| 管理基金数量

图 2.2.7　中国私募股权基金管理人管理基金数量及规模分布（按管理基金数量前十大区域）

注：广东基金管理数量和规模不含深圳市，浙江基金管理数量和规模不含宁波市。

资料来源：中国证券投资基金业协会 AMBERS 系统。

2.3　基金从业人员情况分析

2.3.1　高管人员的学历水平与管理规模呈正相关关系

随着监管力度的加大和行业规范化运作标准的提高，私募股权基金管理人也不断提升内部管理水平和人员专业化程度。截至 2019 年末，协会已登记私募股权基金管理人从业人数 145 146 人[①]，与 2018 年人数基本持平。其中，高管人员 39 414 人，占总从业人数的 27.05%，与 2018 年基本持平，且 91.92% 的高管人员拥有大学本科及以上学历。从管理规模分布看，管理规模在 5 亿元及以下的高管人员大学本科学历占比最高，达 45.95%；管理规模在 5 亿元及以上的，硕士学历占比最高，且呈现管理规模越大高管人员中硕士及以上学历者占比越高的特点，凸显行业的专业性和高门槛（见图 2.3.1）。

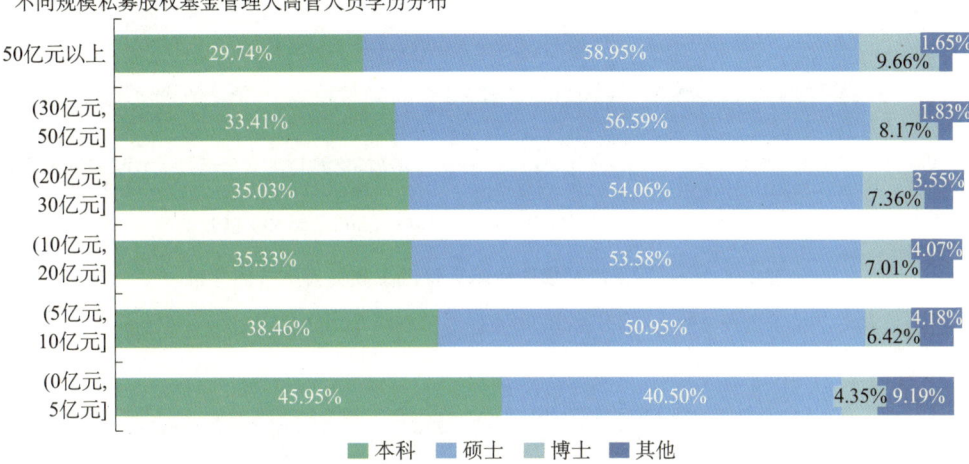

图 2.3.1　不同规模私募股权基金管理人高管人员学历分布

注："其他"项里数据包括未披露学历信息和学历低于大学本科的情况；另外，当一家机构同一人兼任多于一个高管职务时，只取其一。

资料来源：中国证券投资基金业协会 AMBERS 系统。

2.3.2　高管人员的从业年限和年龄与管理规模呈正相关关系

截至 2019 年末，数据显示，高管人员以 30—50 岁为主，占比 76.55%，从业年限[②]以 10 年及以上为主，占 75.71%。从管理规模分布看，机构的管理规模越大，40 岁以上、从业年限 10 年以上高管人员数量占比越高，反映行业对高管人员的从业经验和社会资源要求较高。其中，管理规模在 50 亿元以上的管理人

---

① 为保证本报告与 2019 年报告的可比性，本报告从业人员数量采用 AMBERS 系统数据，与从业人员系统数据存在一定偏差。

② 高管人员从业年限从高管人员从事第一份相关工作的起始时间算起。

高管人员年龄主要集中在40—50岁,从业年限10年及以上(见图2.3.2和图2.3.3)。丰富的从业经验,特别是跨经济周期的管理经验,将直接提升私募股权基金管理人的专业化水平。

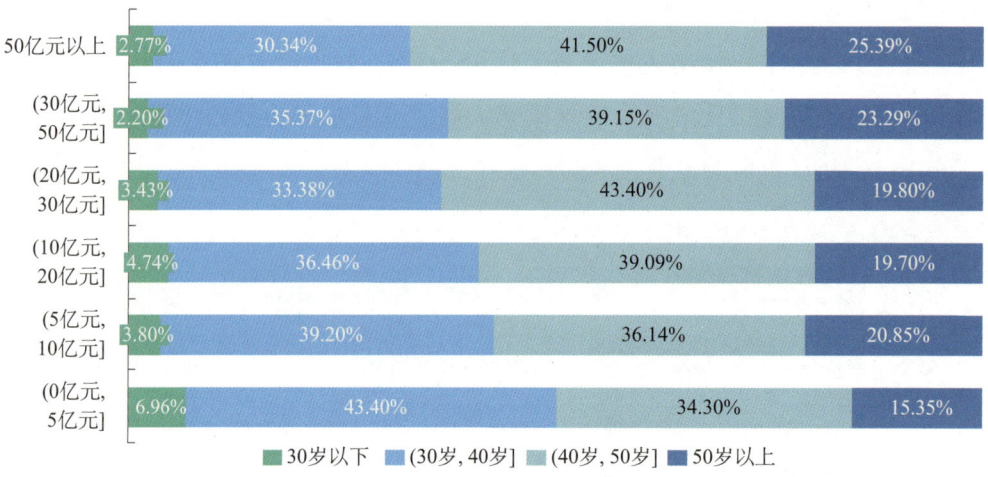

图 2.3.2　不同规模私募股权基金管理人高管人员年龄分布

资料来源:中国证券投资基金业协会 AMBERS 系统。

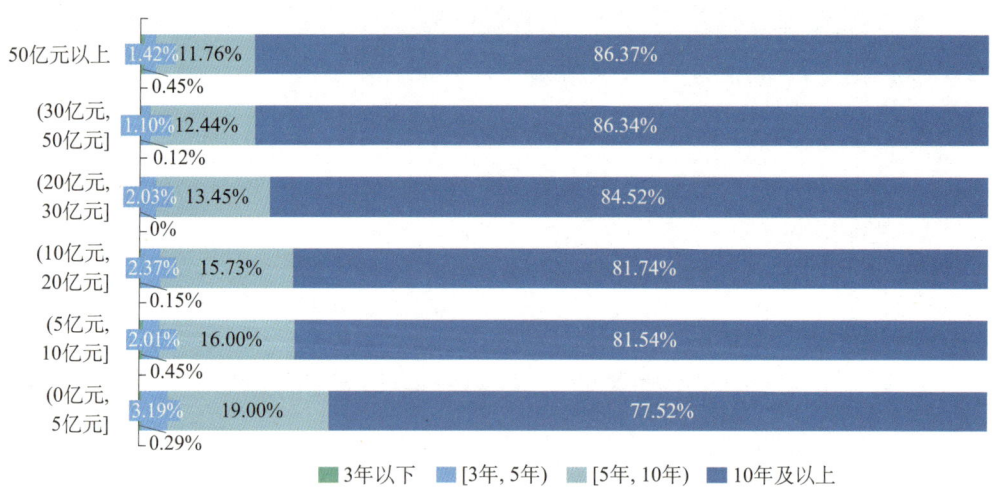

图 2.3.3　不同规模私募股权基金管理人高管人员从业年限分布

资料来源:中国证券投资基金业协会 AMBERS 系统。

2.3.3　从业人员薪酬收入更注重绩效和项目提成

行业从业人员的收入主要由基本工资、绩效工资、业务奖励(按募成奖、投成奖等短期激励)、业绩报酬(carry)分配、跟投组成。根据协会问卷调研情况[①]，前台人员(合伙人、投资部门、募资部门)薪酬主要来自基本工资、绩效工资、业务奖励和业绩报酬(carry)分配，中后台人员(投后管理及基金运营、合规风控人员)薪酬主要由基本工资和绩效工资构成。目前，超过80%的私募股权基金采用业绩报酬(carry)分配的方式给予投资团队奖励，其中部分机构可以给予40%以上的业绩报酬分配比例(见图2.3.4)。

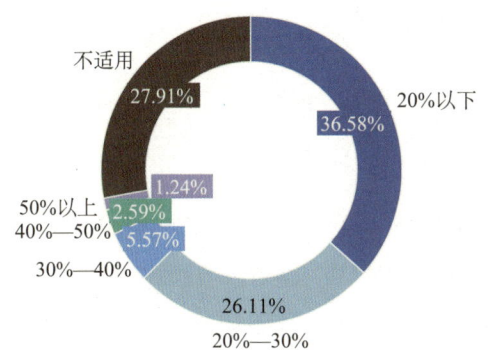
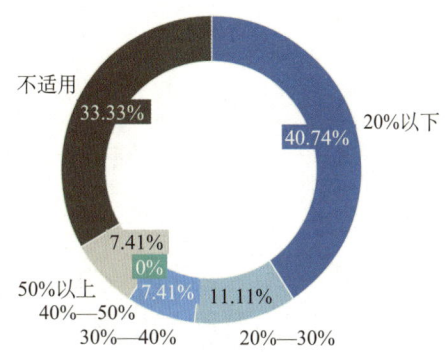

图 2.3.4　私募股权基金提供的业绩回报(carry)分配比例占比

资料来源：中国证券投资基金业协会调查问卷。

2.3.4　私募股权基金投资团队人员占比达六成

在团队结构方面，私募股权基金管理人团队主要由合伙人、投资部门、募资部门、投后管理及基金运营部门以及合规风控部门组成。根据协会问卷调研情况，在大型私募股权基金管理机构中，前台人员数量占比约60%，其中合伙人占10.00%，投资部门人员占36.48%，募资部门人员占11.67%。投后管理及基金运营人员、合规风控人员数量分别占19.81%和12.04%(见图2.3.5)。

2.3.5　私募股权基金团队规模有序扩大

根据协会问卷调研情况，93%以上的机构有扩大团队规模的意向，反映了

---

① 本报告中"根据调研情况"，如未特别标识，均指中国证券投资基金业协会在2020年开展的问卷调查，受访机构总样本数为1 777家。

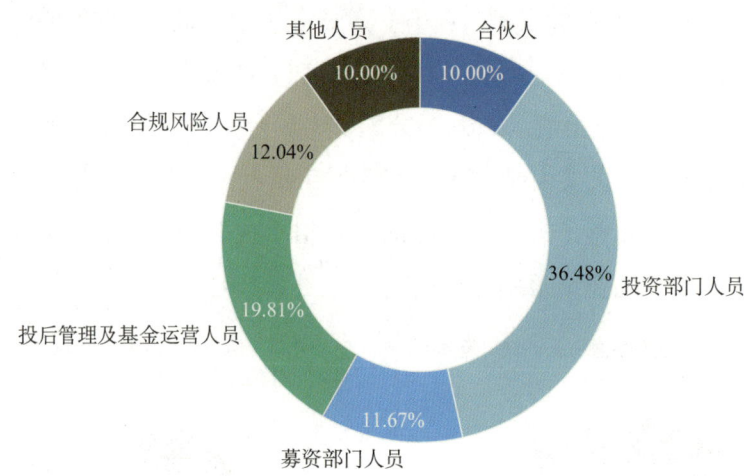

图 2.3.5　私募股权基金管理人人员构成

资料来源：中国证券投资基金业协会调查问卷。

行业仍处于快速成长阶段，专业人才需求量较大。数据显示，投后管理及运营成员的需求量最大，其次是高级投资管理人员和募资/投资者关系人员（见图2.3.6），这也表明部分私募股权基金管理人已将投后管理运营和价值创造作为非常重要的运营手段。

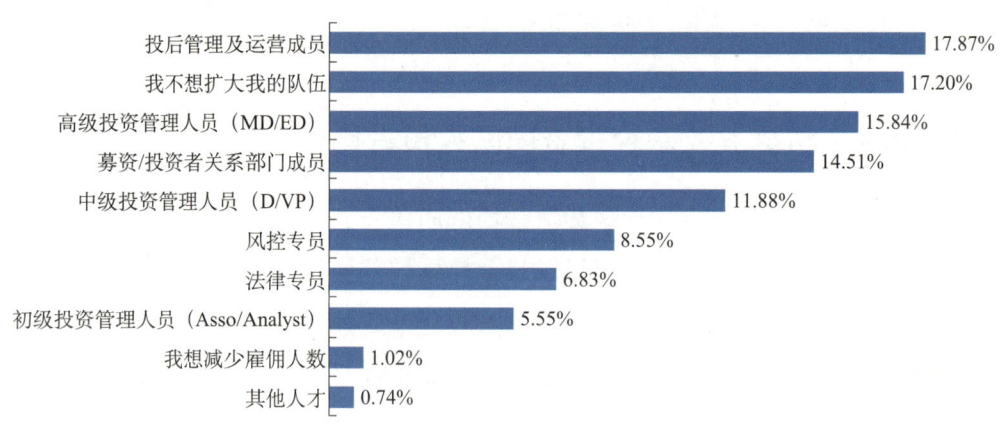

图 2.3.6　私募股权基金团队规模扩大意向情况

资料来源：中国证券投资基金业协会调查问卷。

离职率低，行业发展势头良好。协会问卷调查数据显示，从业人员离职率集中在5%及以下，且离职以个人原因为主，反映出行业整体对人才的吸引力较高，从业人员职业发展处于良性状态。

2.4 募资情况分析

2.4.1 季度新备案基金数量及规模较往年下降，但环比上升

2019年，从新备案基金数量及规模来看，行业募资环境延续上一年降温趋势，这与国际国内经济金融环境、资本市场波动、投资回报不足及监管政策调整等多种因素有关。2019年当年新备案私募股权基金5 893只，较2018年减少4 145只，同比下降41.29%；新备案私募股权基金管理规模7 191.92亿元，较2018年减少10 565.51亿元，同比下降59.49%。新备案私募股权基金平均管理规模1.22亿元，较2018年的平均管理规模缩减0.55亿元，同比下降31.13%（见图2.4.1）。

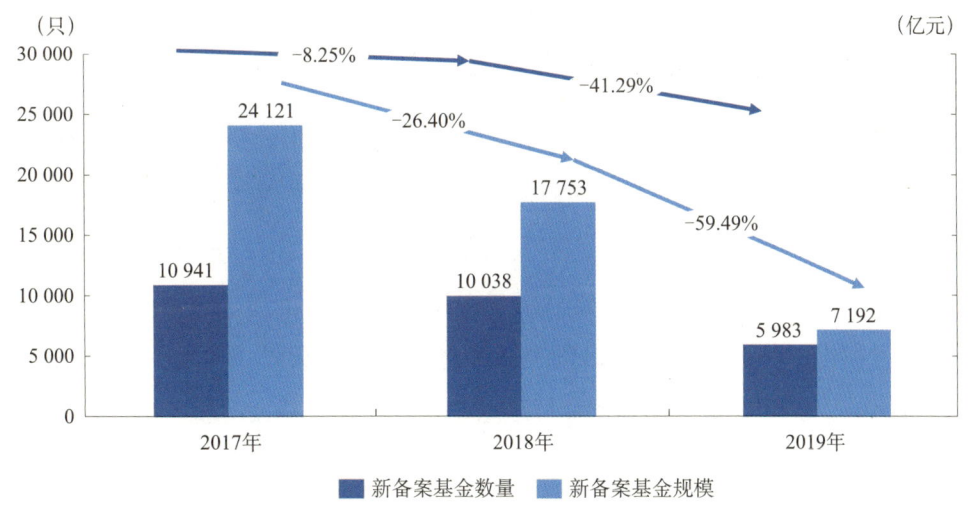

图 2.4.1　2017—2019 年度新增备案私募股权基金数量及规模

资料来源：中国证券投资基金业协会 AMBERS 系统。

从季度数据来看，从2019年第三季度开始，新备案基金数量及规模已开始缓慢复苏。从2018年第二季度开始，新备案产品数量和规模显著下降，2019年第一季度新备案产品数量环比下降16.11%，新备案基金规模环比下降33.73%；第二季度新备案产品数量环比下降6.00%，新备案基金规模环比下降11.96%。从2019年第三季度起，新备案产品数量和规模企稳回升，新备案基金数量、规

模分别环比增长 8.32%、31.62%；第四季度新备案产品数量环比增长 14.19%，新备案基金规模环比增长 4.74%（见图 2.4.2）。

图 2.4.2　2017—2019 年各季度新增备案私募股权基金数量及规模

资料来源：中国证券投资基金业协会 AMBERS 系统。

2.4.2　出资人结构中企业出资占比明显提升

从基金出资人[①]结构来看，中国私募股权基金资金来源较为多元。具体包括各类企业或政府主体、各类资产管理机构发行的资产管理产品或投资计划，以及个人投资者。截至 2019 年末，个人投资者数量最多，占 78.89%，其次是企业投资者，占 16.83%，个人投资者数量占比较 2018 年下降了约 2 个百分点，企业投资者占比则略有上升。从出资金额来看，企业投资者出资金额最高，占比为 53.08%，较 2018 年增加近 2 个百分点；其次为私募基金产品，出资金额占比为 15.70%，各类资管计划[②]出资金额占比 15.32%，个人投资者出资金额占比仅为 11.74%，均较 2018 年有所下降；政府资金出资金额占比为 2.73%，与 2018 年基本持平；养老及社会公益基金出资金额占比为 0.97%，较 2018 年增加 0.46

---

①　基金出资人包括机构投资者和个人投资者。其中，机构投资者主要是企业（境内法人机构、境内非法人机构、本管理人跟投）、政府资金（财政直接出资、政府类引导基金）、境外资金（境外机构、QFII、RQFII 等）、养老金（全国社保基金、基本养老金、企业年金等）、社会基金（慈善基金、大学基金、捐赠基金等）、资管计划（私募基金产品、证券期货经营机构资管计划、信托计划、商业银行理财产品、保险资产管理计划），个人投资者主要是居民（自然人、员工跟投）。

②　各类资管计划包括证券期货经营机构发行的资产管理计划、信托计划、商业银行理财产品、保险资产管理计划等。

个百分点，境外资金出资金额占比 0.46%，较 2018 年增加 0.17 个百分点（见图 2.4.3）。

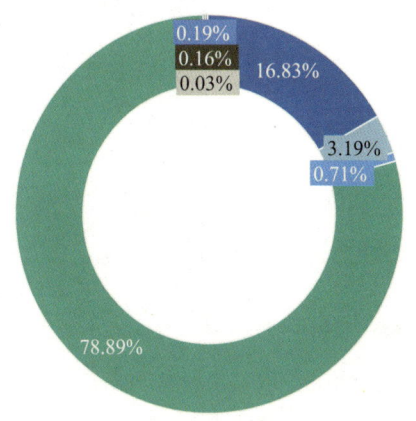
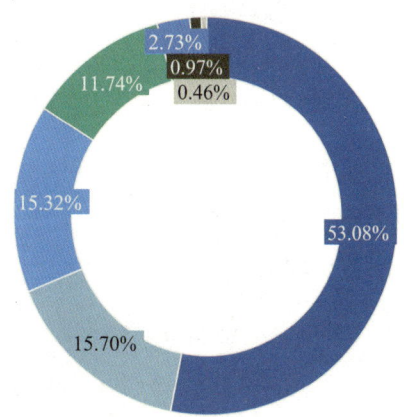

图 2.4.3 截至 2019 年末私募股权基金各类投资者结构占比

资料来源：中国证券投资基金业协会 AMBERS 系统。

2019 年当年新备案基金中，企业投资者出资金额最高，占 61.76%，较 2018 年有明显提升；个人投资者、私募基金产品及各类资管计划出资金额占比较 2018 年有所下降，分别为 10.22%、16.44% 和 8.34%；政府基金出资金额占比较 2018 年也有一定下降，从 4.03% 下降到 2.80%，包括财政直接出资或者政府引导基金[①]，在出资额度上都有所降低（见图 2.4.4）。从当年募资情况来看，资管新规实施两年来，各类通道业务持续规范；政府引导基金由于其财政出资的基本属性，面临更加严格的预算约束和考核限制，在出资时也更趋于理性。

2.4.3 募集基金规模以 10 亿元以下为主

协会问卷调查数据显示，目前私募股权基金管理人在募资时倾向于募集 10

---

① 政府引导基金分为在协会备案的以及已统计的两种情形。在协会备案的政府引导基金是指截至统计时点已在协会 AMBERS 系统备案的基金名称明确包含 "引导" 字样，或基金备案时 "是否为政府引导基金" 选择为 "是"，或基金投资者包含 "财政直接出资" 情形之一的且存续运作的私募基金。已统计的政府引导基金是指截至统计时点，在协会备案的政府引导基金以及未在协会备案仅作为其他已备案基金出资人的政府引导基金（去重）。

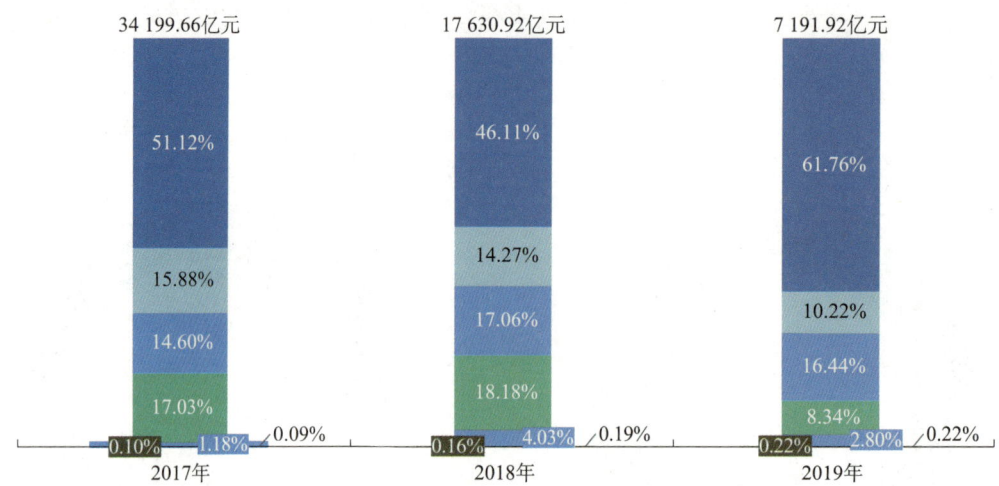

图 2.4.4　2017—2019 年私募股权基金各类出资人结构占比（按照出资金额）

资料来源：中国证券投资基金业协会 AMBERS 系统。

亿元以下的基金规模，其中倾向于 1 亿元以下规模的受访机构比例约为 35%，1亿—10 亿元的受访机构比例约为 53%，100 亿元以上规模的受访机构比例仅约为 0.79%。其中，在管理规模在 100 亿元以上的受访机构当中，约有 37% 的机构倾向于募集规模在 10 亿元以下，约有 22% 的机构计划募集规模 100 亿元以上。整体来看，募资计划受到行业外部环境的影响较为明显（见图 2.4.5）。

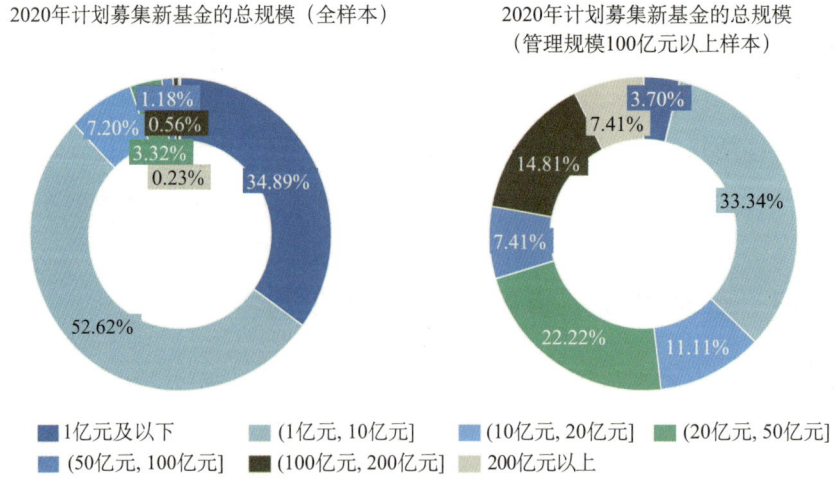

图 2.4.5　2020 年计划募集新基金的总规模

资料来源：中国证券投资基金业协会调查问卷。

2.5 投资情况分析

2.5.1 投资项目数量和金额整体呈波动趋势，投资金额降幅较上年收窄

近年来，在经济整体下行、国际贸易摩擦等宏观因素影响下，私募股权投资市场持续降温，管理人投资更为谨慎，但热门行业和热门区域仍延续近年发展趋势。截至 2019 年末，私募股权基金已投案例数量为 86 254 个，在投金额 64 187.88 亿元。从 2019 年新增情况来看，2019 年投资案例数为 17 606 个，较 2018 年减少 2 727 个，同比下降 13.41%，投资案例数 2016—2019 年年均复合增长率为 3.38%，保持微弱上涨趋势。2019 年新增投资金额①为 12 850.23 亿元，降幅较 2018 年明显收窄，减少 159.48 亿元，同比下降 1.23%，2018 年同期降幅为 21.49%（见图 2.5.1）。

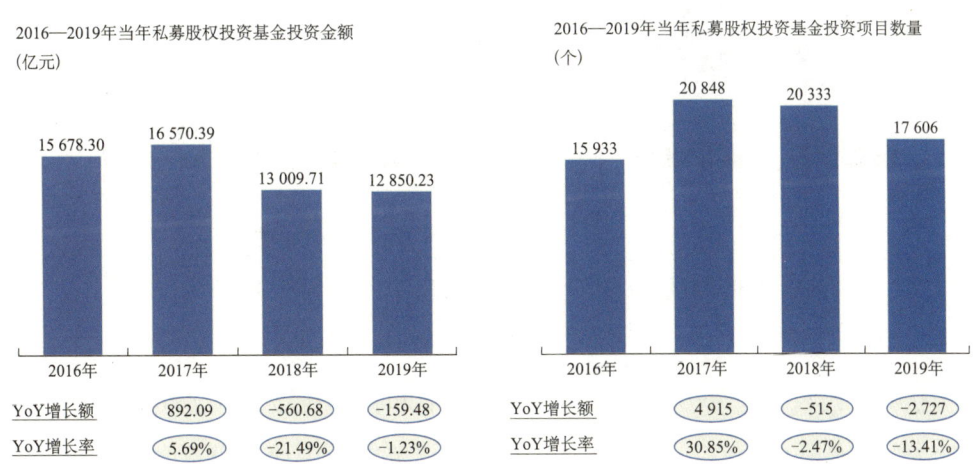

图 2.5.1 2016—2019 年私募股权基金投资项目数量及投资金额

资料来源：中国证券投资基金业协会 AMBERS 系统。

---

① 投资金额是指当期（如某一年或者某一季度）所管基金新增加的项目投资本金。

2.5.2 政策红利释放，中小、高新、初创科技型企业标的增幅明显

商业模式清晰的起步期和扩张期企业，是私募股权基金的主要投资标的。截至 2019 年末，投资两阶段的案例数合计占比 75.83%，投资金额合计占比 71.57%。受宏观环境面临的不确定性因素增加的影响，私募股权基金避险情绪明显，投资种子期案例数量和金额大幅降温，增速放缓，分别为 10.55%、13.47%，远低于 2018 年水平。此外，自 2018 年以来，在上市公司股权质押风险暴发等市场情绪下，投资已上市阶段案例数量也进一步下降（见图 2.5.2）。

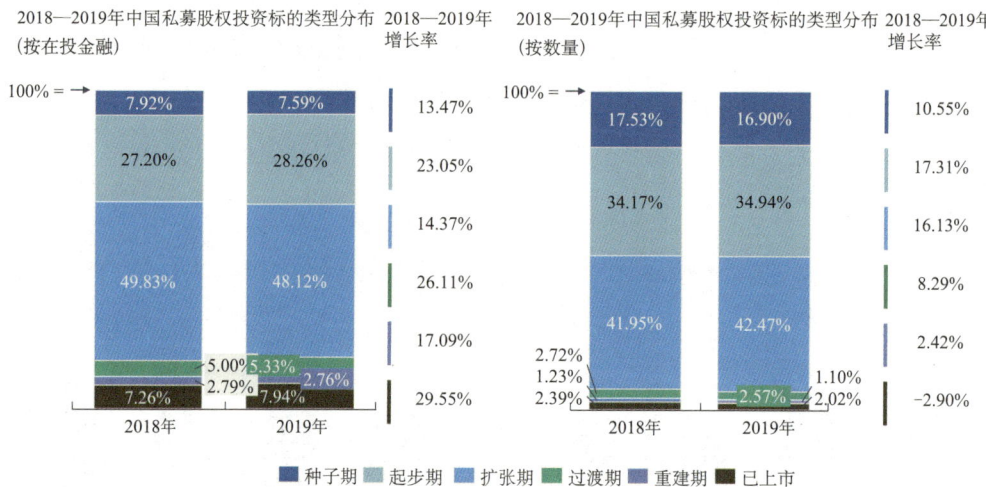

图 2.5.2　2018—2019 年中国私募股权基金投资不同阶段的项目数量和金额

资料来源：中国证券投资基金业协会 AMBERS 系统。

私募股权基金是中小企业、高新技术企业和初创科技型企业的重要支持力量，为中国创新创业注入了活力与动能。特别是中小企业，投资数量占比超过 2/3，投资金额占比接近 30%；高新技术企业，投资数量占比超过 1/3，投资金额占比超过 20%；初创科技型企业的数量占比超过 10%，投资金额也在逐年提升（见图 2.5.3）。

设立科创板、试点注册制以及推进新三板分层制改革给创新创业市场带来政策红利。截至 2019 年末，中小企业投资规模和案例数同比增长 13.37% 和

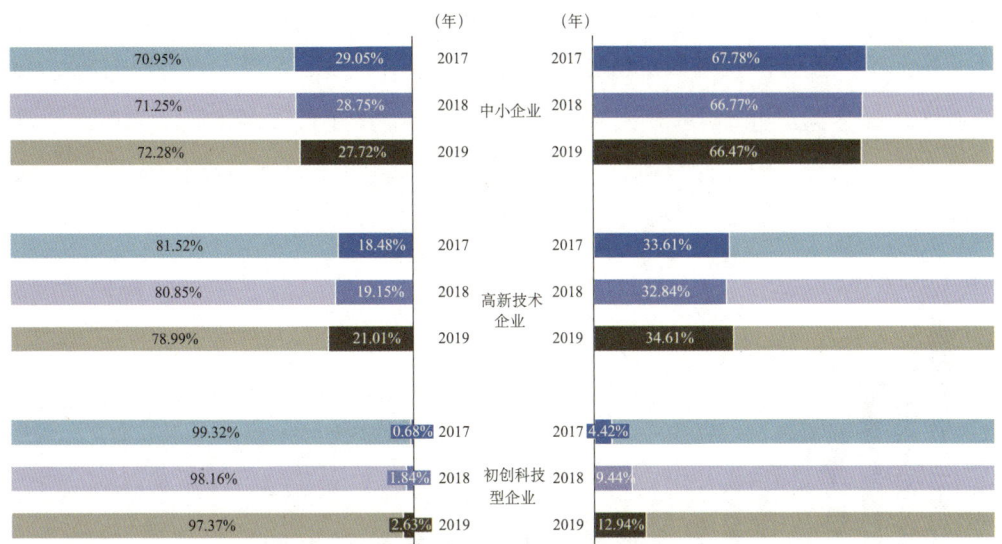

图 2.5.3　2017—2019 年中国私募股权基金投早、投小、投高新情况

资料来源：中国证券投资基金业协会 AMBERS 系统。

13.99%；高新技术企业投资规模和案例数同比增长 29.16% 和 20.68%；初创科技型企业投资规模和案例数同比增长 68.02% 和 56.95%（见图 2.5.4）。

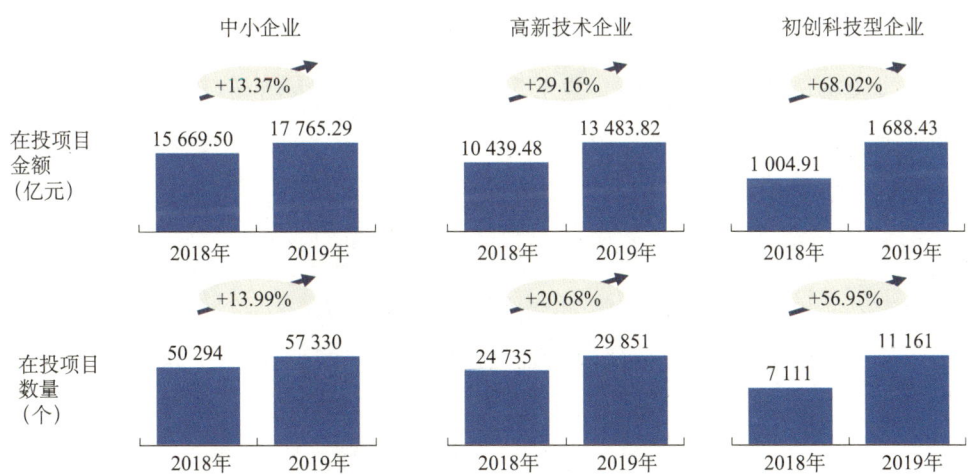

图 2.5.4　截至 2019 年末私募股权投资行业分布及投资金额增长率

资料来源：中国证券投资基金业协会 AMBERS 系统。

2.5.3　科技、消费、大健康产业投资最受关注，增长较快

从投资金额累积量来看，截至 2019 年末，前五大热门私募股权投资行业为

资本品[1]、房地产、计算机应用、交通运输、其他金融,资本品在投金额近万亿元,房地产在投金额接近 8 000 亿元,计算机应用在投金额接近 7 000 亿元,交通运输在投金额超过 5 000 亿元,其他金融在投金额超过 4 500 亿元。在投资规模排名前五的行业中,计算机运用、交通运输行业同比增速最高,较 2018 年末增加 20%,高于全行业投资规模整体增长率 21.06%(见图 2.5.5)。

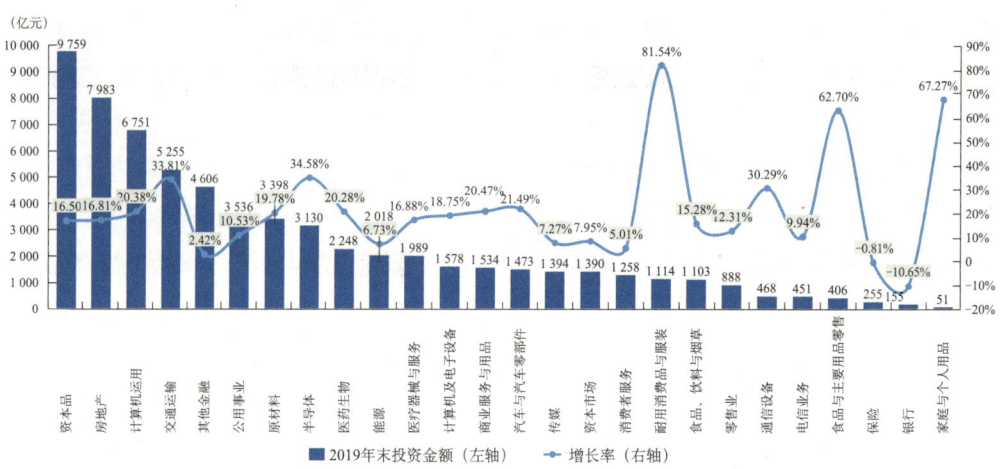

图 2.5.5 截至 2019 年末私募股权投资行业分布及投资金额增长率

资料来源:中国证券投资基金业协会 AMBERS 系统。

从投资案例数累积量来看,截至 2019 年末,前五大热门行业分别为计算机运用[2]、资本品、医疗器械与服务[3]、医药生物[4]、原材料[5],案例数分别为 25 322 个、10 036 个、5 702 个、5 619 个、4 568 个,占比分别为 29.36%、11.64%、6.61%、6.51%、5.3%,合计占比 59.42%。从投资案例数量的增速来看,半导体投资案例数较 2018 年末增幅最大,同比增长 51.90%,是年度所有行业平均增速 14.09% 的 3 倍以上;其他增速较快的行业包括计算机及电子设备、消费、医疗器械与服务、医药生物等,同比增长近 20%(见图 2.5.6)。

从 2019 年当年来看,超过 2/3 的行业投资案例数和金额在下降,只有少部分

---

[1] 本报告中资本品是指航空航天与国防、建筑产品、建筑与工程、电气设备、工业集团企业、机械制造、环保设备、工程与服务行业,下同。
[2] 本报告中计算机运用行业包含互联网服务、信息技术服务、软件开发行业。
[3] 本报告中医疗器械与服务行业包括医疗器械、医疗用品与服务提供行业,下同。
[4] 本报告中医药生物行业包括生物科技、制药、制药与生物科技服务业,下同。
[5] 本报告中原材料包括化学原料、化学制品、建筑材料、容器与包装、有色金属、钢铁、非金属采矿及制品、纸类与林业产品行业。

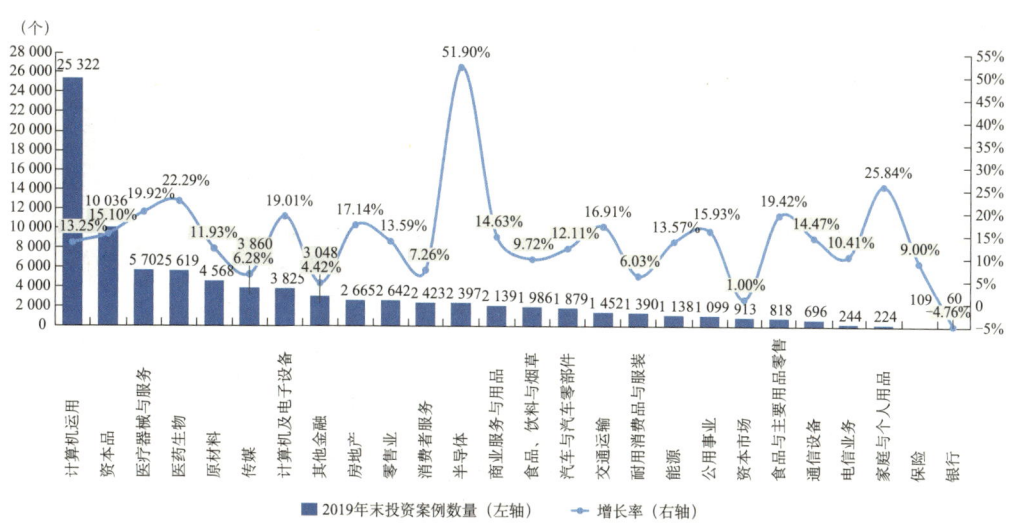

图 2.5.6　截至 2019 年末私募股权投资行业分布及投资案例数增长率

资料来源：中国证券投资基金业协会 AMBERS 系统。

行业逆势增长。当年投资金额和数量前十大私募股权投资行业集中在科技、消费、大健康产业。从投资案例数来看，半导体行业同比增长 41.47%，医药生物行业增长 6.95%，房地产行业增长 20.47%。从投资金额来看，耐用消费品与服务行业同比增长 166.49%，交通运输业增长 54.80%。投资倾向于集中在相对"刚需"的传统行业，说明经济下行压力下，机构投资风格更趋于稳健（见图 2.5.7）。

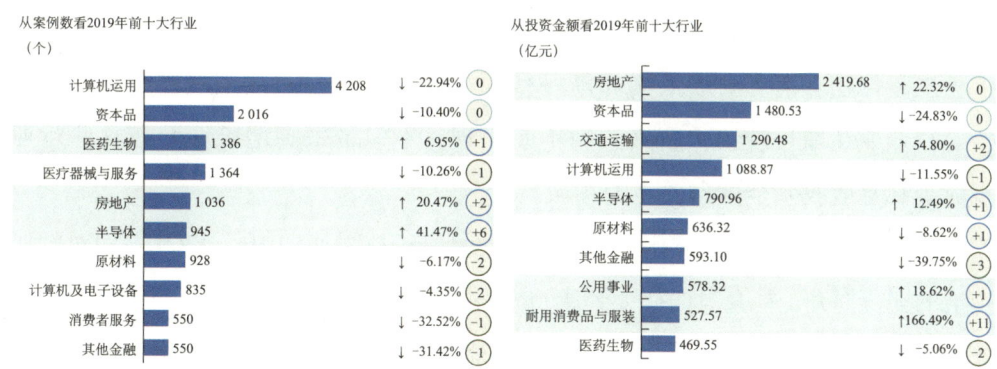

图 2.5.7　2019 年当年投资热门行业

注：百分比表示与上一年对比增/降幅，圆圈内数字表示与上一年对比排序变化。

资料来源：中国证券投资基金业协会 AMBERS 系统。

相对于热门行业，银行、保险、电信业务等牌照业务，以及相对传统的家庭与个人用品等投资案例数量和投资金额相对较少，属于私募股权投资中关注度较低的领域（见图 2.5.8）。

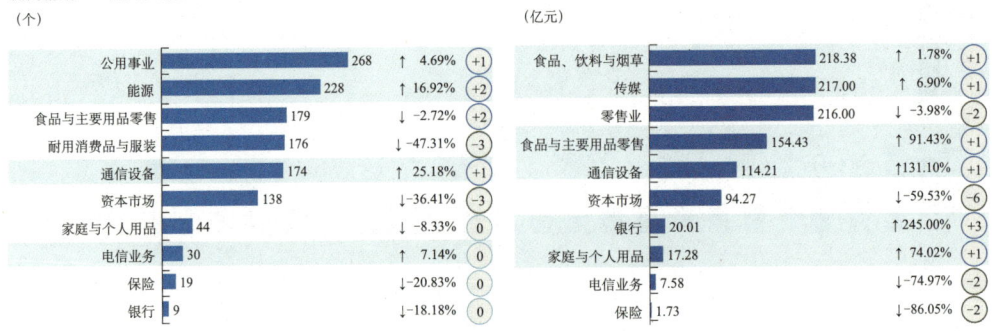

图 2.5.8　截至 2019 年末私募股权基金较少关注行业

注：百分比表示与上一年对比增/降幅，圆圈内数字表示与上一年对比排序变化。

资料来源：中国证券投资基金业协会 AMBERS 系统。

从产业端来看，一是 2019 年第五代移动通信技术（5G）进入商业化元年，相关产业链上下游均呈现爆发式增长，私募股权基金面临大量机会，在通信设备、电子设备、计算机运用等领域战略布局。此外，国际市场中不确定性因素日益增多，举国上下对芯片半导体领域的关注和期待不断升温，也因此得到许多风险承受能力强的私募股权基金投入，支持行业的整体升级。截至 2019 年末，半导体行业投资数量为 2 397 个，同比增长超过 50%；投资规模为 3 129.64 亿元，同比增长超过 30%。

二是伴随着消费升级浪潮和新一代消费者的出现，耐用消费品、食品、零售等行业业绩增长较快，新兴品牌不断出现，不但带来高增长，而且这些行业也成为私募股权基金重点关注的领域。

三是随着中国加速进入老龄化社会，各类疾病发病率上升，以及人们对健康生活的期待提升，社会对医疗大健康行业的需求在不断扩大，相关产业也因此进入大爆发前夜。截至 2019 年，医疗器械与服务、医药生物领域投资案例数增长率超过 20%，合计占比 13.13%。然而，由于这些行业目前基本处于早期阶段，而且原发创新风险高、门槛高、研发周期长，总投资规模尚未显著增长。

2.5.4　投资区域聚焦东部沿海省市，湖北省规模增长较快

从投资地域来看，私募股权基金投资的热门区域趋于稳定，北京市、广东

省、上海市、浙江省、江苏省等地的私募股权基金投资遥遥领先于其他省市。不论是按投资数量还是按投金额划分，东南沿海地区一直是长久以来的投资重点，东北和西北地区则投资数量和金额相对较少。截至 2019 年末，已备案私募股权基金投资数量和在投金额最多的前 5 个省、市为北京、广东、上海、江苏和浙江，合计投资案例数量为 59 983 个，占所有投资数量的 69.54%；合计在投金额 34 065.47 亿元，在所有在投金额中占 53.07%，远超其他省份。

从投资规模来看，中国股权市场的高速发展也推动了地区产业的升级。截至 2019 年末，广东省、湖北省、江西省、云南省的投资规模排名整体上升，广东省以 8 992.42 亿元的投资规模超过北京市，成为投资规模最大的区域。随着中部崛起等政策的吸引力加强，湖北省投资规模从 2018 年的第 15 位上升至第 9 位，投资规模从 1 269.70 亿元上升至 1 692.82 亿元，呈现后发优势（见图 2.5.9）。

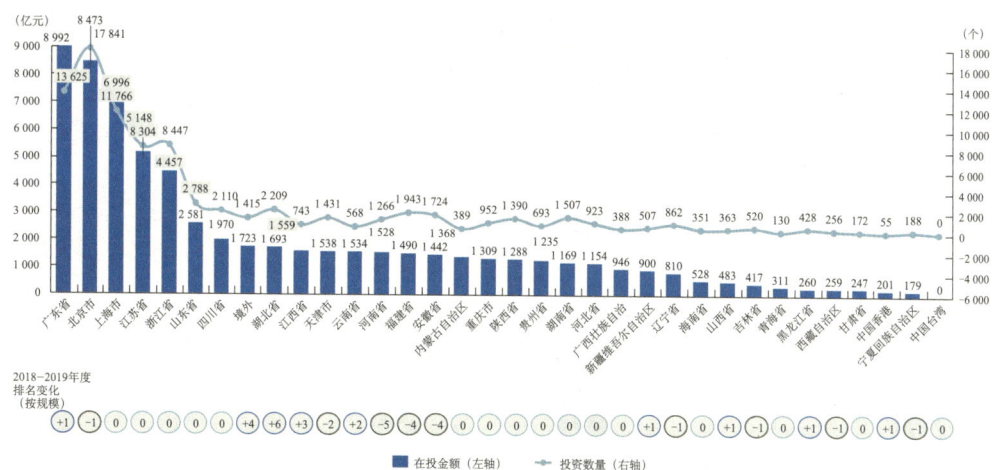

图 2.5.9　截至 2019 年末私募股权基金投资地域分布

资料来源：中国证券投资基金业协会 AMBERS 系统。

2019 年当年情况与往年基本一致，北京、广东、上海、江苏、浙江 5 个省、市创新创业的活力旺盛，集聚了一批有潜力、有实力的科技创业公司，合计投资案例 11 772 个，在所有投资数量中占比超过 66.86%；合计在投金额 7 148.58 亿元，在总投资金额中占比为 55.62%（见图 2.5.10）。

境外投资占比较小，近年来呈总体下降趋势，在投资存量中占比不足 3%。2016—2019 年，境外投资的投资金额从近 500 亿元下降至 286 亿元，平均每年

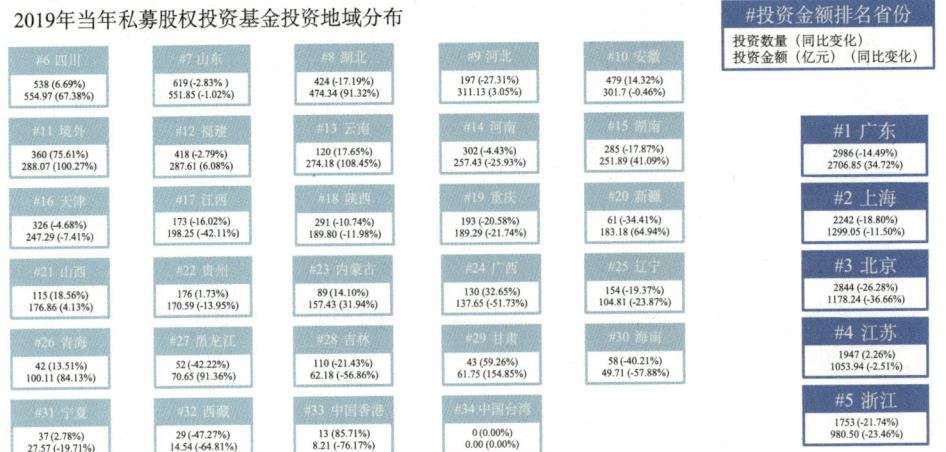

图 2.5.10　2019 年当年私募股权基金投资地域分布

资料来源：中国证券投资基金业协会 AMBERS 系统。

下降 17.00%，在 2018 年更是触底跌落至 143.84 亿元。目前境外投资的在投金额仅为 1 700 亿元，仅占总在投金额的 2.66%（见图 2.5.11）。

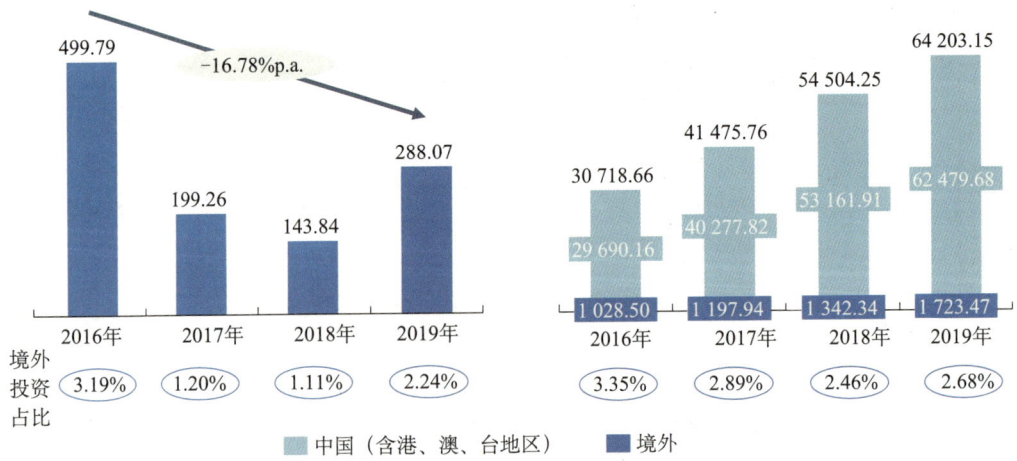

图 2.5.11　2016—2019 年中国私募股权境外投资及中国私募股权投资地区分布

资料来源：中国证券投资基金业协会 AMBERS 系统。

从海外投资预期分布来看，据协会问卷调研情况，北美、西欧以及东南亚市场是私募股权基金管理人优先考虑的投资区域（见图 2.5.12）。

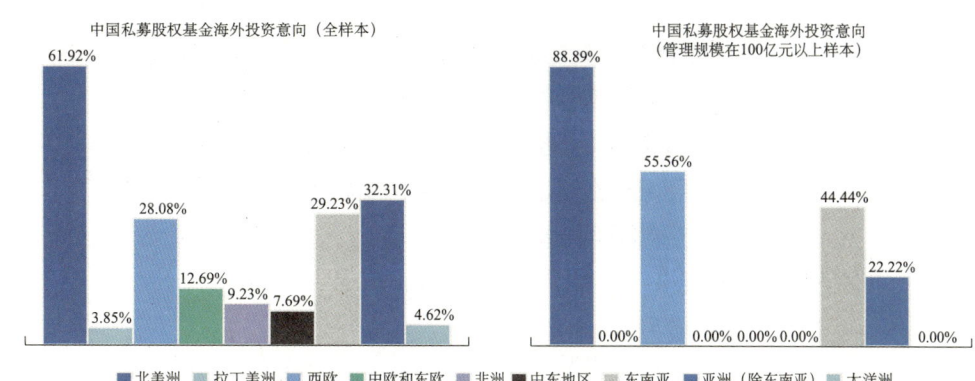

图 2.5.12　2016—2019 年中国私募股权境外投资及中国私募股权投资地区分布

资料来源：中国证券投资基金业协会调查问卷。

2.5.5　投资专业化程度提高，更关注社会责任承担

随着行业成熟度的提升，中国私募股权基金行业的专业度正在加强，体现在项目寻源、投资策略及标准、决策机制、估值方法、联合投资、风险控制等方面。

项目寻源方面，协会问卷调研数据显示，主动寻找项目、同业人员推荐是获得项目来源的最主流方式。其中，管理规模超过 100 亿元的私募股权投资机构，主动寻找项目几乎是所有私募股权投资机构获得项目的必备来源。考虑到当前投资环境的整体形势，特别是优质项目趋于集中（包括地域集中、行业集中等），在行业大型私募股权基金管理人的带动下，自主研究、独立判断、主动发现投资机会的能力将成为行业增长的新驱动因素（见图 2.5.13）。

投资策略及标的选择方面，协会问卷调研数据显示，超过 80% 的私募股权基金管理人表示"高成长性"是其投资策略的最核心驱动因素。投资标的公司是否拥有产品和技术的创新性、是否能成为细分领域的冠军或占据垄断地位、是否有潜在的市场规模，是私募股权基金在投资选择中最关注的 3 个标准（见图 2.5.14）。

从决策机制看，不同私募股权基金管理人的决策机制存在一定差异。目前使用较多的决策方式包括合伙人一致通过、合伙人少数服从多数等，接近 40% 的私募股权基金设置了一票否决权（见图 2.5.15）。

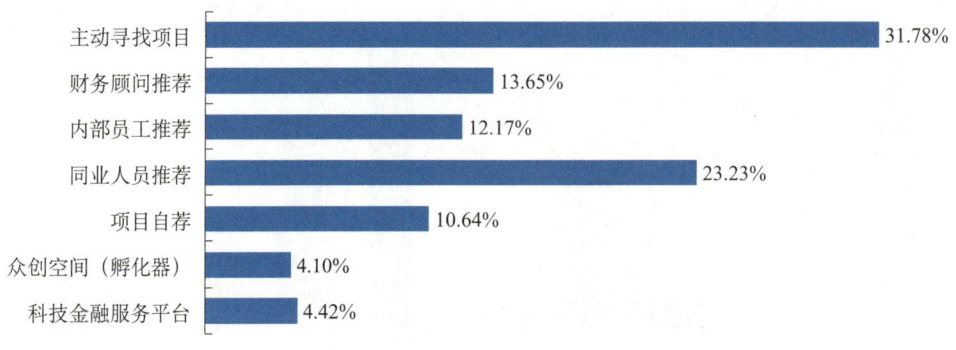

图 2.5.13　私募股权基金投资项目来源情况

资料来源：中国证券投资基金业协会 AMBERS 系统。

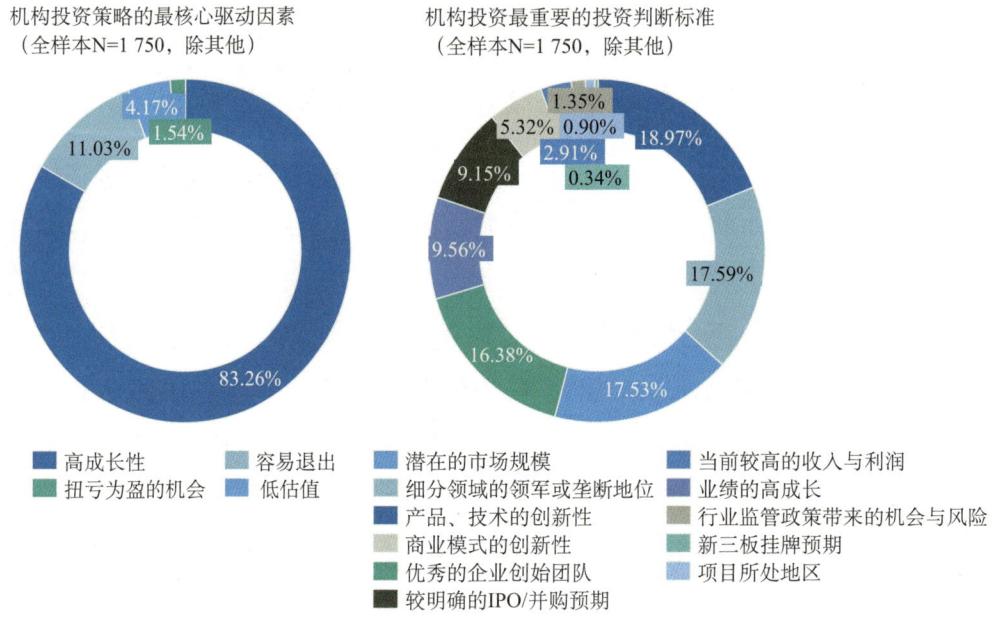

图 2.5.14　私募股权基金管理人核心投资策略及投资判断标准

资料来源：中国证券投资基金业协会调查问卷。

目前，不同私募股权基金管理人采取的估值方法也有一定差异，其中参考最近融资价格法被最多采纳，其他使用较多的还有市场乘数法、行业指标法、现金流折现法、净资产法等。关于当前投资项目的估值水平，超过60%的私募股权基金管理人认为目前行业整体估值水平符合预期，超过28%的机构认为当前估值水平偏高，行业估值水平整体呈现中等偏高状态（见图2.5.16）。

在联合投资方面，据协会问卷调研，是否能够共同承担风险、是否有专业

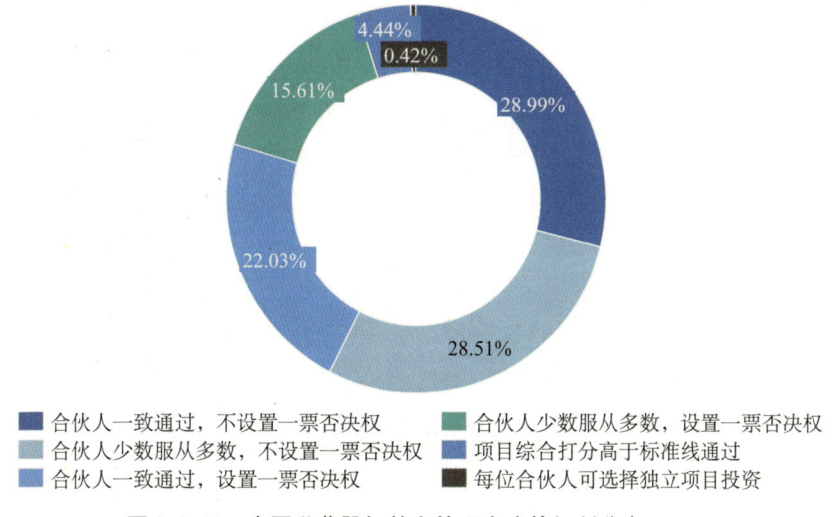

图 2.5.15 中国私募股权基金管理人决策机制分布

资料来源：中国证券投资基金业协会调查问卷。

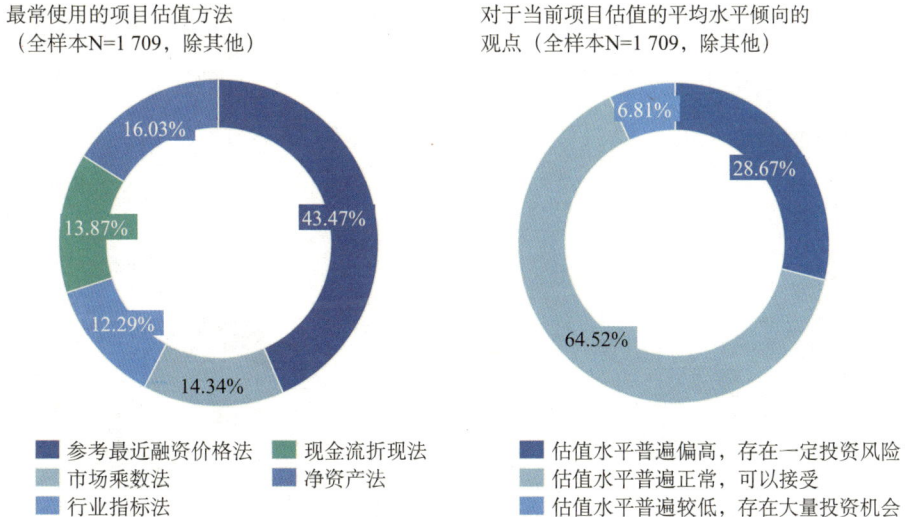

图 2.5.16 中国私募股权基金管理人估值方法及对当前估值的整体看法

资料来源：中国证券投资基金业协会调查问卷。

互补性是在与其他私募股权投资机构进行联合投资时考虑的最主要因素。出于风险控制的考虑，超过82%的私募股权基金管理人在投资协议中设置对赌协议，50%左右的私募股权基金管理人要求将随售权、股权锁定列入保障条款，除此以外，拖售权、股权质押等方式也是经常被使用的风险控制条款（见

图 2.5.17)。

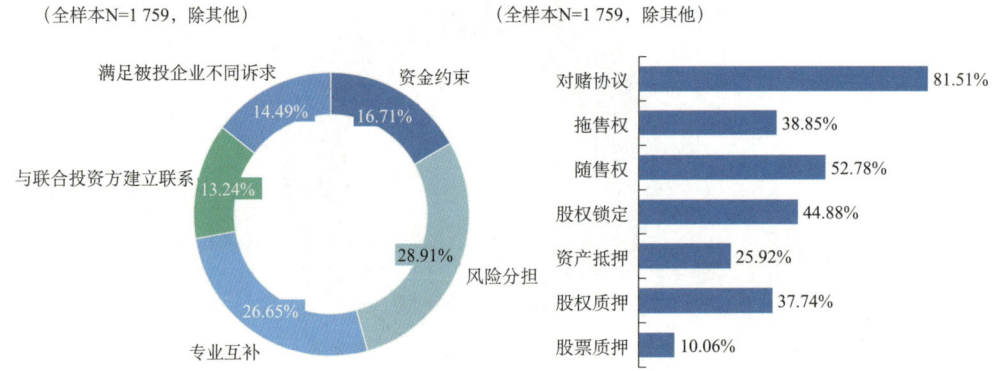

图 2.5.17 中国私募股权基金管理人联合投资及风险控制情况

资料来源:中国证券投资基金业协会调查问卷。

值得关注的是,私募股权基金管理人越来越注重社会责任承担,其中管理规模在 100 亿元以上的私募股权基金管理人尤为重视。调研数据显示,超过 75% 的私募股权基金管理人开始关注 ESG(环境、社会和企业治理),接近 30% 的机构在投资决策中考虑被投企业在环境、社会和企业治理层面的措施。管理规模在 100 亿元以上的大型私募股权基金管理人对 ESG 的关注度则更高(见图 2.5.18)。

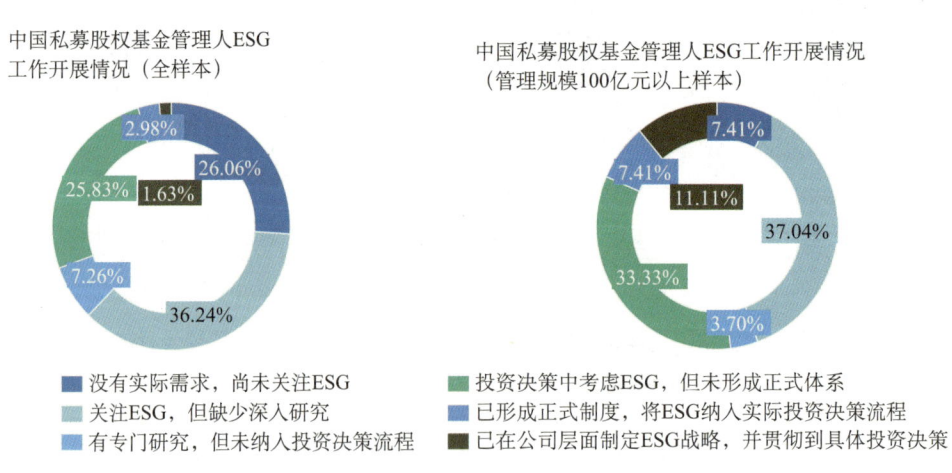

图 2.5.18 中国私募股权基金管理人 ESG 工作开展情况

资料来源:中国证券投资基金业协会调查问卷。

2.6 投后管理情况分析

2.6.1 投后管理团队和机制更趋专业化

从目前行业发展趋势看,投后管理的重要性和专业性越来越得到重视。协会问卷调查数据显示,超过56.56%的私募股权基金管理人表示已设立专门投后管理部门或机构。在设立专门投后管理部门的机构中,大约有60%的机构已有1—2位专职投后人员,大约有10%的机构已有5位以上专职投后人员。投后管理工作重要性正在受到全行业的不断关注。

投后管理的工作机制一般包括投资经理负责制、投后管理专门机构负责制、投资和投后管理部门共同负责制、外部管理咨询制等。①投资经理负责制的特点是投资项目负责人既负责投前尽调、投中交易,也负责投后持续跟踪和价值提升。其优势在于投资经理能够动态了解项目,帮助被投企业持续改进。由于与项目的退出回报直接挂钩,该类型机制对投后工作有很好的激励效果。②投后管理专门机构负责制的特点是由专门的投后管理团队流程化负责投后管理事宜,包括财务跟踪、资源对接、定期回访、深入企业内部提供战略和运营服务。该机制能够最大程度帮助被投企业解决各类管理问题。③投资和投后管理部门共同负责制介于上述二者之间,投资团队和投后管理部门依据各自分工,对被投企业提供相对全方位地支持。④外部管理咨询制则是一种新的投后管理模式,通过将投后团队分离,形成专业化的咨询公司,并向被投企业收费,使其更有针对性地提供专业投后管理服务。

从协会问卷调研情况来看,投资和投后管理部门共同负责制是当前行业采纳最多的管理方式,其次为投资经理负责制,而外部管理咨询制仍处于探索期(见图2.6.1)。

2.6.2 投后管理内容较为广泛

在目前的行业实践中,投后管理重点关注的领域包括被投企业战略制定、

(全样本N=1 777)

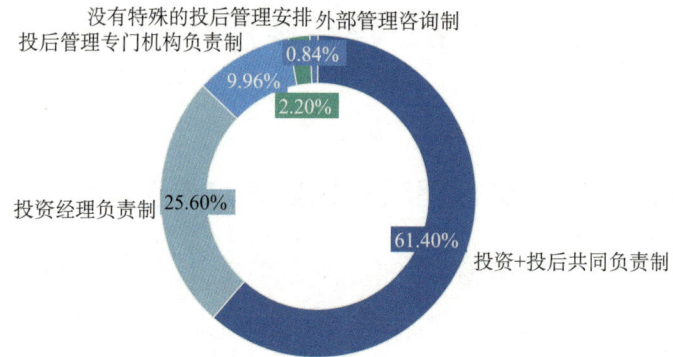

图 2.6.1　私募股权基金管理人投后管理方式

资料来源：中国证券投资基金业协会调查问卷。

运营监控与评估、增值服务、投资风险管理等。根据投资阶段、投资所占被投企业份额，以及被投企业创始团队成熟度的不同，投后管理内容也有较大差异。

协会问卷调研数据显示，在为被投企业提供的投后服务中，上下游客户推荐、开拓融资渠道、企业战略规划是最核心的三项内容，超过70%的私募股权基金管理人会帮助被投企业介绍上下游客户，超过60%的私募股权基金管理人会协助开拓融资渠道、制定战略规划。此外，还有人才引荐、退出方式指引、品牌推介、信息服务、企业制度搭建等（见图2.6.2）。

(全样本N=1 777)

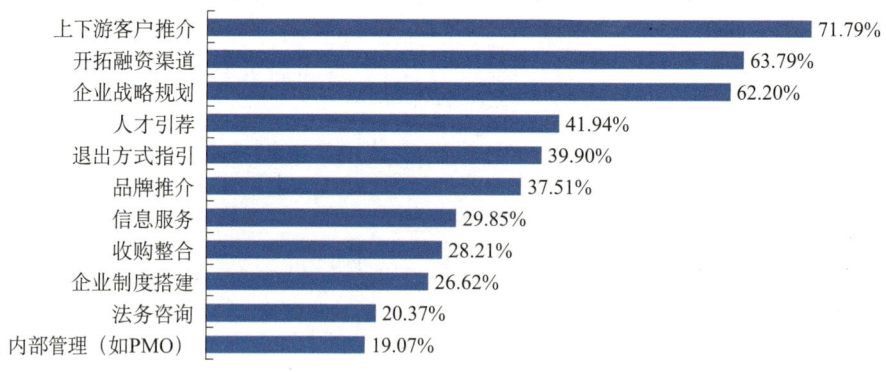

图 2.6.2　私募股权机构为被投企业提供的投后增值服务

资料来源：中国证券投资基金业协会调查问卷。

2.6.3 投后管理工作重视程度不断提升

从行业发展规律来看，良好的投后管理与投前形成闭环，相互影响、相互促进。在对企业投资时，就可以设定全面的投后管理计划，为企业的战略制订和日常运营提供管理提升工具。同时，投后管理也能为投前提供实战经验，通过对被投企业的监控，总结行业发展趋势和企业实操运作，进行投资复盘。

协会问卷调研数据显示，接近70%的私募股权基金管理人表示将进一步强化投后管理工作，其中40%的私募股权基金管理人将转变现有投后管理方式，投入更多人力与实践，帮助企业实现业绩与效率提升；28%的私募股权基金管理人计划直接新设或扩充投后管理团队，强化投后工作的深度和组织保障（见图2.6.3）

对于未来投后管理工作倾向做出的改变
（全样本N=1 777）

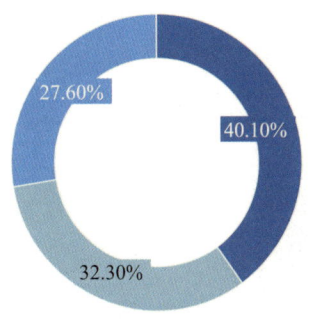

■ 新设投后管理团队或扩充现有投后管理团队
■ 维持现有投后管理团队规模不变并保持现有投后管理方式
■ 转变现有投后管理方式，投入更多人力与时间，帮助企业实现业绩与效率提升

图2.6.3　私募股权机构投后管理工作未来计划

资料来源：中国证券投资基金业协会调查问卷。

2.7　退出情况分析

2.7.1　退出金额和数量有明显增加

伴随着私募股权投资行业进入调整期，国内资本市场有效退出渠道不断完善，市场存量投资风险正在加速化解，退出端整体形势仍较为严峻。截至2019年末，中国私募股权基金累计退出案例数为20 268个，累计退出本金10 862.68亿元，实际退出金额15 663.33亿元。2019年当年退出案例数为8 207个，退出本金4 468.60亿元，实际退出金额5 521.02亿元，平均单个项目退出本金金额为0.54亿元，整体回报倍数[①]为1.24倍。

与2018年相比，2019年当年退出案例数增加2 297个，同比增长39.72%，退出本金增加967.96亿元，同比增长28.54%，实际退出金额增加1 153.50亿元，同比增长27.22%，整体回报倍数基本保持一致（见图2.7.1）。

图2.7.1　2018—2019年新增退出案例数量和实际退出金额情况

资料来源：中国证券投资基金业协会AMBERS系统。

从季度来看，2019年各季度新增退出案例数量各季度总体平稳上升，其中第四季度退出案例数量最多，为2 864个，第一季度退出案例数量最少，为1 527个。退出金额方面，第四季度退出本金和实际退出金额均明显高于其他3个季度，分别为1 522.56亿元、1 910.84亿元（见图2.7.2）。

2.7.2　退出方式仍以协议转让和企业回购为多

从退出次数的统计来看，截至2019年末，退出方式排序依次为协议转让、

---

① 退出回报倍数＝实际退出金额/退出本金

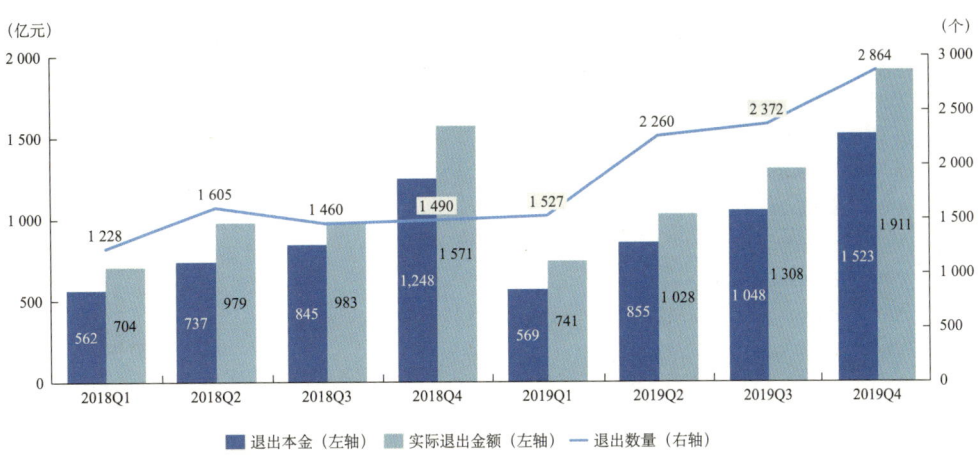

图 2.7.2　2018—2019 年当年各季度新增退出案例数量和金额

资料来源：中国证券投资基金业协会 AMBERS 系统。

企业回购、融资人还款、新三板挂牌、境内 IPO、清算、整体收购、境内上市（非 IPO）、债权转让、境外上市（见表 2.7.1）。

表 2.7.1　截至 2019 年末各退出方式退出次数情况

退出方式	协议转让	企业回购	融资人还款	新三板挂牌	境内 IPO	清算	整体收购	境内上市（非 IPO）	债权转让	境外上市
退出次数（次）	9 824	7 352	4 636	4 159	1 813	1 368	725	314	138	71
占比	32.32%	24.18%	15.25%	13.68%	5.96%	4.50%	2.38%	1.03%	0.45%	0.23%

资料来源：中国证券投资基金业协会 AMBERS 系统。

上述各退出方式的实际退出金额分别为 5 443.44 亿元、2 022.28 亿元、2 603.83 亿元、187.51 亿元、3 089.28 亿元、626.51 亿元、634.93 亿元、552.88 亿元、88.15 亿元和 107.82 亿元。从回报倍数来看，境内 IPO、境外上市、境内上市（除 IPO）回报倍数最高，分别为 3.44 倍、2.59 倍和 1.72 倍（见图 2.7.3）。

与 2018 年对比，不同退出方式在退出金额的排序没有发生明显变化，企业回购较融资人还款有所增加。2019 年实际退出金额最多的方式是协议转让、企业回购和融资人还款。从退出回报倍数来看，境内外上市的退出回报倍数最高，分别为 2.08 倍和 2.05 倍，较 2018 年的 2.99 倍和 2.93 倍均有较大幅度下滑，整体回购的退出回报倍数的 1.32 倍，较 2018 年的 0.99 倍有明显增加（见图 2.7.4）。

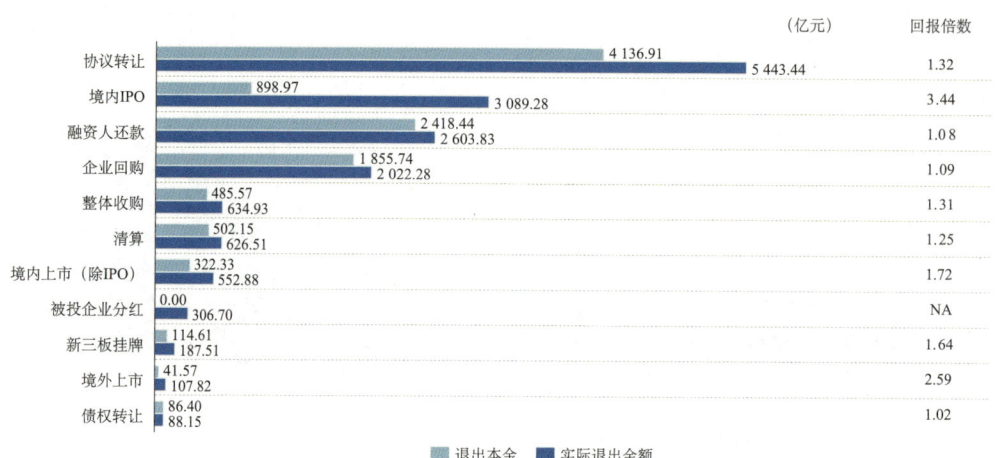

图 2.7.3　截至 2019 年末私募股权基金全口径投资项目退出方式分布

资料来源：中国证券投资基金业协会调查问卷。

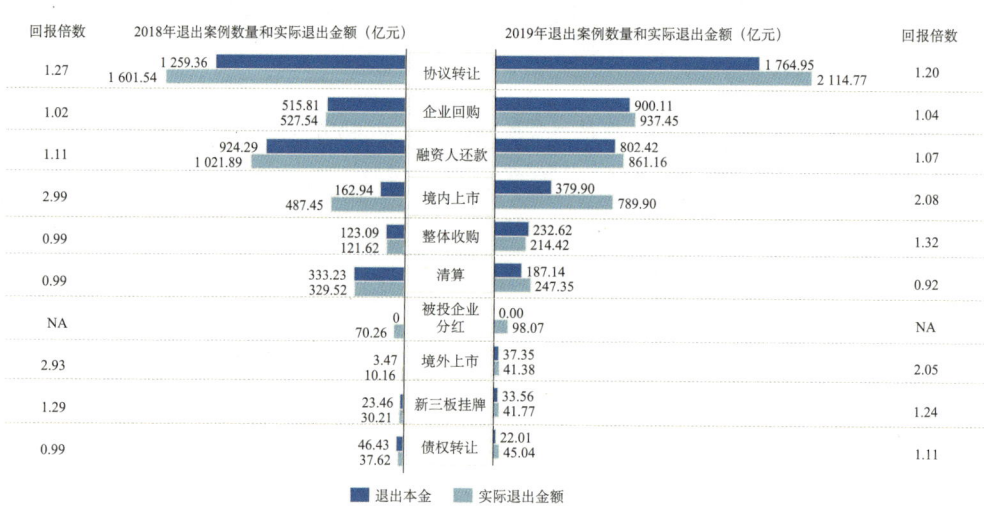

图 2.7.4　2018—2019 年私募股权基金退出案例数量、实际退出金额及退出回报倍数

资料来源：中国证券投资基金业协会 AMBERS 系统。

2.7.3　退出行业较上年发生明显变化

从退出行业来看，截至 2019 年末，退出案例数量最多的前五大行业分别是计算机运用、资本品、原材料、医药生物、房地产，退出案例数量分别为 4 721 个、2 766 个、1 500 个、1 265 个和 1 003 个，合计 11 255 个，占总退出案例数的 56.49%。退出金额最大的前五大行业分别是房地产、资本品、计算机运用、其他金融、原材料,退出金额分别为 2 873.77 亿元、1 815.83 亿元、1 545.44 亿元、1 067.80 亿元、971.23 亿元,合计 8 274.07 亿元,占总退出金额的 52.82%。退出回报倍数最高的前五大行业分别是食品饮料与烟草、食品与主要用品零售、通信设备、家庭与个人用品和医药生物(见图 2.7.5)。

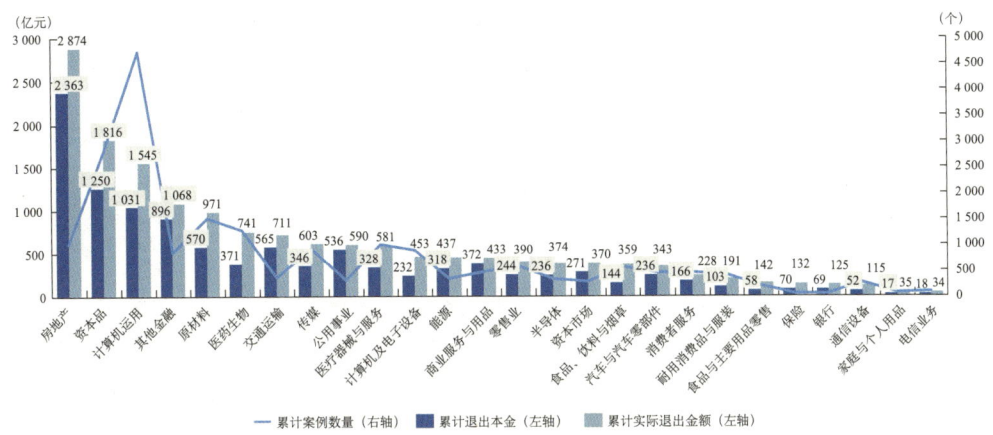

图 2.7.5　截至 2019 年末私募股权基金退出案例数量、实际退出金额情况

资料来源:中国证券投资基金业协会 AMBERS 系统。

2019 年当年,退出案例数量最多的前五大行业分别是计算机运用、资本品、原材料、房地产、医药生物,退出案例数量分别为 1 725 个、1 034 个、574 个、560 个和 523 个,合计 4 416 个,占总退出案例数的 54.65%。大医疗健康行业项目退出数量明显增多。退出金额最多的前五大行业分别是房地产、资本品、计算机运用、其他金融、公用事业,退出金额分别为 1 199.89 亿元、576.98 亿元、470.71 亿元、385.86 亿元、305.86 亿元,合计 2 939.30 亿元,占退出金额的 54.52%。退出回报倍数最高的前五大行业分别是银行、通信设备、传媒、医疗器械与服务、医药生物,退出回报倍数分别为 1.97 倍、1.65 倍、1.65 倍、1.64 倍和 1.57 倍。2018 年当年退出回报最高的前五大行业分别是半导体、生物医药、传媒、家庭与个人用品、计算机及电子设备行业,退出回报倍数分别为 2.18 倍、2.13 倍、2.02 倍、1.90 倍、1.89 倍,2019 年退出回报倍数有一定程度下滑(见图 2.7.6)。

对近 3 年的情况进行对比,各行业整体退出回报倍数呈下降趋势,电信、零售、能源行业的退出回报倍数有显著下滑,银行、传媒、汽车、医疗器械、计算机等行业退出回报数仍保持增长(见图 2.7.7)。

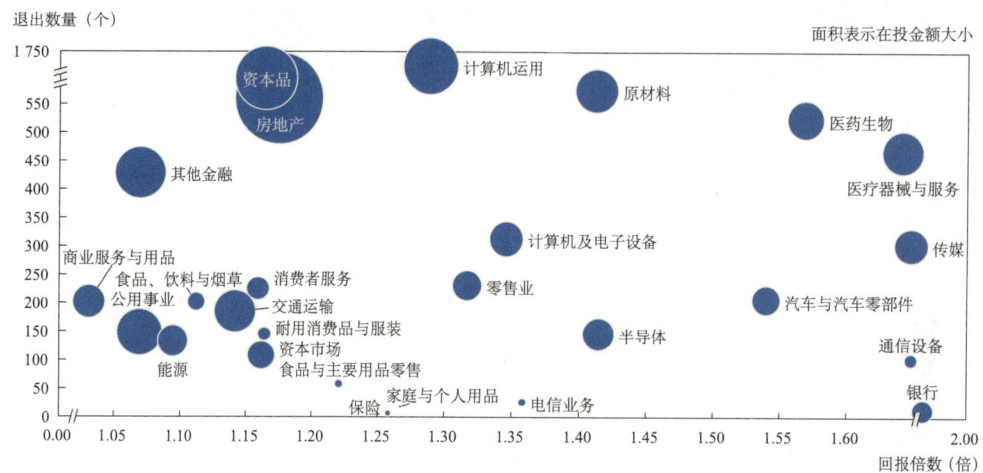

图 2.7.6　2019 年私募股权基金各行业退出回报倍数

资料来源：中国证券投资基金业协会 AMBERS 系统。

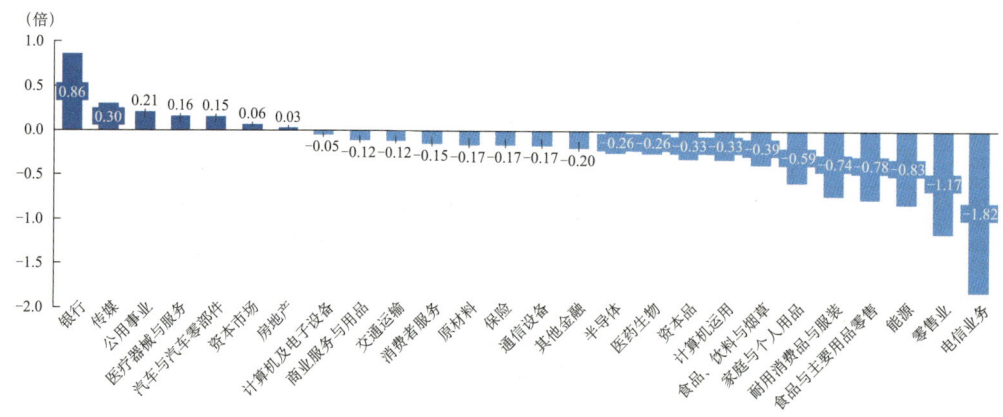

图 2.7.7　2017—2019 年私募股权基金各行业退出回报倍数

资料来源：中国证券投资基金业协会 AMBERS 系统。

2.7.4　退出项目的地域分布仍十分集中

从退出项目所在地域来看，截至 2019 年末，已备案的私募股权基金中退出案例数量和金额排在前 5 名的地区均是北京、广东、上海、江苏和浙江，退出数量分别为 3 588 个、3 068 个、2 669 个、2 040 个、1 866 个，合计 13 231 个，占比 66.40%；退出金额分别为 2 101.62 亿元、2 236.15 亿元、2 255.77 亿元、1 217.05 亿元、1 179.61 亿元，合计 8 990.20 亿元，占比 57.40%（见图 2.7.8）。

2019 年当年，退出案例数量和金额排在前 5 名的地区均是北京、广东、上

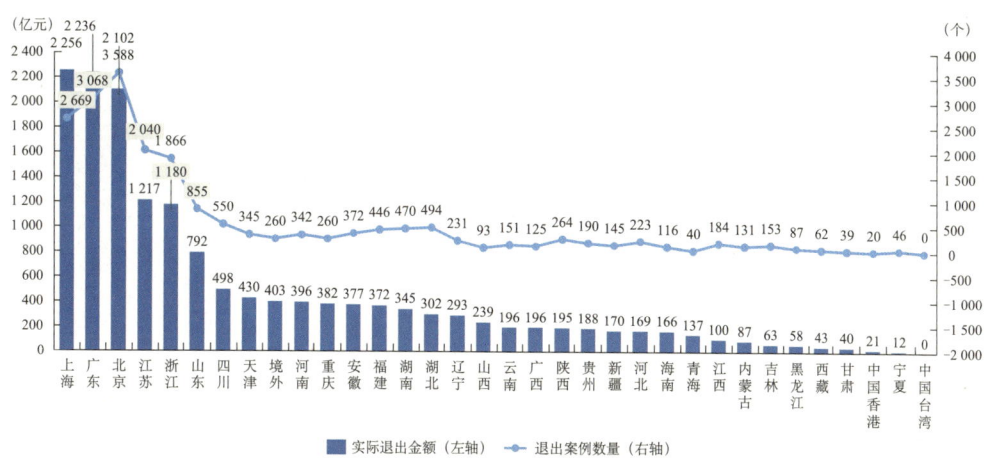

图 2.7.8　截至 2019 年实际退出案例数量及金额地域分布

资料来源：中国证券投资基金业协会 AMBERS 系统。

海、江苏和浙江，退出数量分别为 1 238 个、1 278 个、1 085 个、823 个、830 个，合计5 254个，占比 65.02%；退出金额分别为 547.68 亿元、900.24 亿元、722.36 亿元、420.53 亿元、533.73 亿元，合计为 3 124.54 亿元，占比 58.95%（见图 2.7.9）。

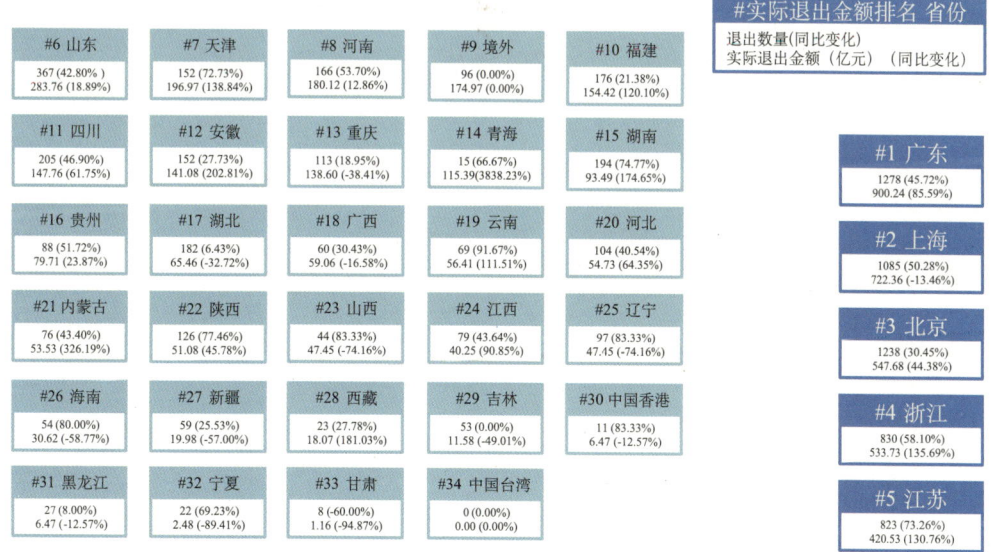

图 2.7.9　2019 年实际退出案例数量及金额地域分布

资料来源：中国证券投资基金业协会 AMBERS 系统。

第3章 创业投资基金发展情况

3.1 管理人①发展情况分析

3.1.1 创业投资基金管理人数量平稳增长

截至 2019 年末,已登记的创投基金管理人 3 957 家,为历史最高值,同比增长 12.10%(见图 3.1.1),增速连续 3 年放缓,行业进入平稳发展阶段。

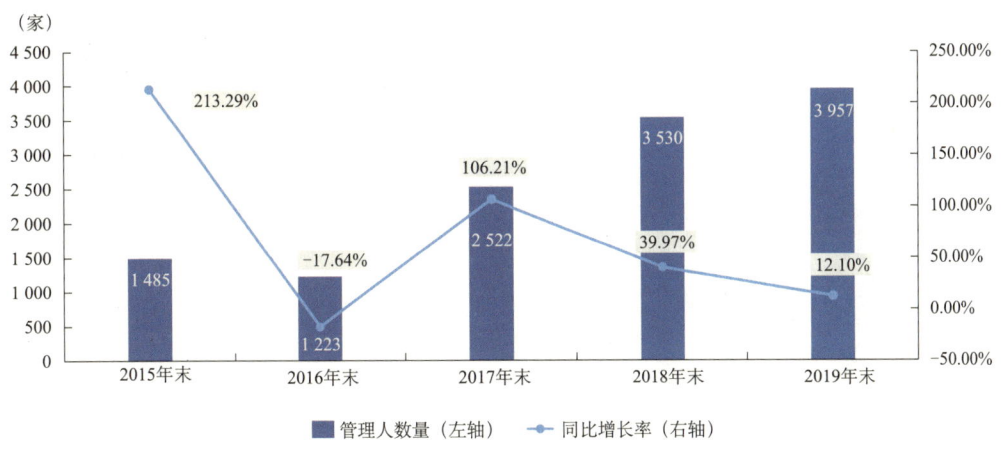

图 3.1.1　2015—2019 年各年末创投基金管理人数量

资料来源:中国证券投资基金业协会 AMBERS 系统。

总体来看,创投基金管理人管理规模相对较小,超过 50% 的创投机构管理规模小于 5 亿元人民币。协会数据显示,2018 年末及 2019 年末的创投基金管理人管理创投基金规模主要分布在 0—0.2 亿元以及 1 亿—5 亿元规模之间。其中 2018 年管理创投基金规模为 0—0.2 亿元的创投基金管理人数量占 2018 年全部创投基金管理人数量的 26.69%,管理创投基金规模为 1 亿—5 亿元的管理人数

---

① 与目前协会 AMBERS 系统中私募股权、创业投资基金管理人概念不同的是,创投基金管理人概念口径涵盖范围更为狭义,是指截至统计时点管理正在运作创业投资基金(含 FOF)的私募股权、创业投资基金管理人,不含未确认机构类型的管理人,截至 2019 年末,已登记的创投基金管理人 3 957 家;本报告中创投基金数量、管理规模,与 AMBERS 系统统计口径一致。截至 2019 年末,已备案创投基金 7 978 只,管理规模 12 088.26 亿元。

量占比 31.10%。2019 年管理创投基金规模为 0—0.2 亿元的创投基金管理人数量占 2019 年全部创投基金管理人数量的 23.32%,管理创投基金规模为 1 亿—5 亿元的占 31.13%。管理创投基金规模为 20 亿元以上的创投基金管理人数量占比较小(见图 3.1.2)。

对比两年趋势变化情况,2019 年创投基金管理规模为 0—0.2 亿元的创投基金管理人数量占比下降 3.36%,其他管理规模的创投基金管理人数量均有一定程度上升,特别是管理创投基金规模在 1 亿—10 亿元的创投基金管理人数量,2019 年增幅较大,其中管理创投基金规模在 1 亿—5 亿元的创投基金管理人数量增幅为 12.20%,管理创投基金规模大于 5 亿元、小于等于 10 亿元的创投基金管理人数量增幅 44.49%。

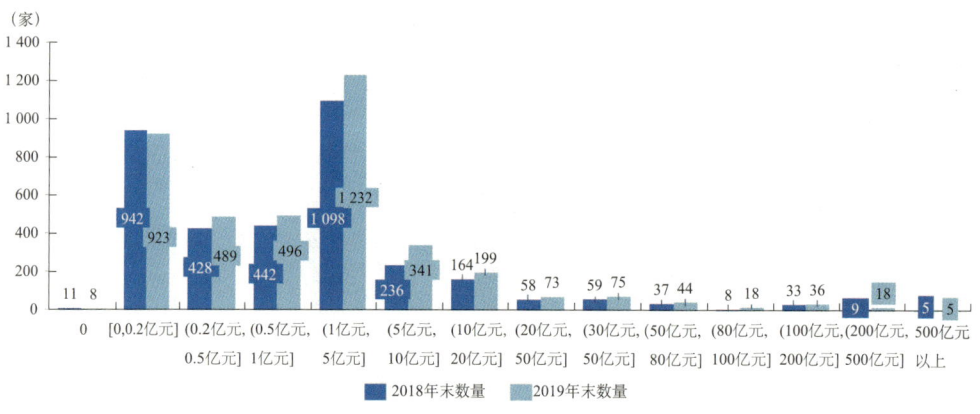

图 3.1.2　2018 年末、2019 年末创投基金管理人管理创投基金规模区间分布情况统计

资料来源:中国证券投资基金业协会 AMBERS 系统。

3.1.2　创投基金管理人控股股东以自然人及民营企业为主

创投基金管理人股权性质以内资为主导,控股股东主要以自然人及其所控制的民营企业控股为主。截至 2019 年末,股权性质为内资企业的创投基金管理人管理各类基金规模 30 561.74 亿元,占比 97.75%;数量 3 896 家,占全部创投基金管理人数量的 98.46%;中外合资企业管理人管理规模为 388.8 亿元,占比 1.24%;数量 19 家,占比 0.48%;股权性质为外商独资企业的创投基金管理人管理规模为 313.53 亿元,占比 1.00%;数量 42 家,占比 1.06%(见表 3.1.1)。

表 3.1.1　2019 年不同股权性质创投基金管理人数量分布及其管理各类基金规模情况

股权性质	机构数量（个）	基金规模（亿元）
内资企业	3 896	30 561.74
中外合资企业	19	388.8
外商合资企业	42	313.53
合计	3 957	31 264.07

资料来源：中国证券投资基金业协会 AMBERS 系统。

在控股类型方面，2019 年创投基金管理人控股类型主要以自然人及其所控制的民营企业控股为主，其次分别为国有控股、其他类型、外商控股及社团集体控股。通过数据对比发现，不同控股类型中，单个国有控股类型机构平均基金规模为 15.83 亿元，单个自然人及其所控制民营企业控股类型机构平均基金规模 6.45 亿元，自然人及其所控制民营企业控股机构数量较多，但基金平均管理规模较小（见表 3.1.2）。

表 3.1.2　不同控股类型的创投基金管理人机构数量及管理各类基金规模[①]情况统计

控股类型	机构数量（家）	基金规模（亿元）	平均规模（亿元）
国有控股	431	6 823.82	15.83
社团集体控股	17	384.23	22.60
自然人及其所控制民营企业控股	3 233	20 839.28	6.45
外商控股	65	472.37	7.27
其他（控股主体性质不明或无控股主体）	211	2 744.36	13.01
合计	3 957	31 264.06	7.90

资料来源：中国证券投资基金业协会 AMBERS 系统

3.1.3　创投基金管理人办公地[②]集中于经济发达地区

创投基金管理人办公地主要分布在北京、上海、深圳、东部沿海等经济较为发达地区，集聚效应明显。北京、上海、深圳、浙江、江苏等地经济较为发达，产业配套设施完善，人才、资本及产业资源集聚优势明显。截至 2019 年末，创投基金管理人办公地主要集中在北京、上海、深圳、浙江（除宁波）、江苏。

---

① 该规模包含创投基金、私募股权基金等各类基金。
② 创投基金管理人办公地以中国证监会 36 个派出机构口径统计。

上述 5 个地区创投基金管理人数量占全国总创投基金管理人数量的 64.09%，管理各类基金数量占全部创投基金管理人管理各类基金总数量的 69.14%，管理各类基金规模占全部创投基金管理人管理各类基金总规模的 68.78%，集聚效应明显（见图 3.1.3）。

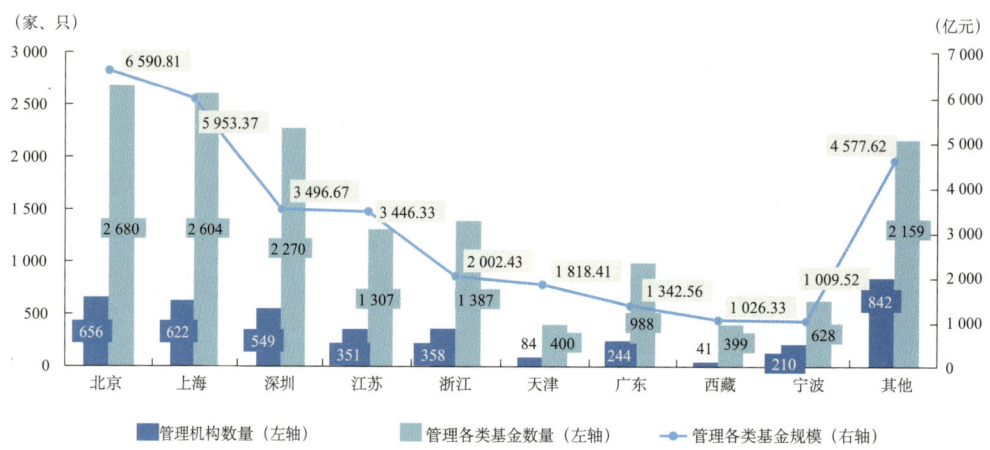

图 3.1.3　截至 2019 年末创投基金管理人办公地分布情况

资料来源：中国证券投资基金业协会 AMBERS 系统。

2019 年新登记创投基金管理人办公地也依然集中在北京、上海、深圳、浙江（除宁波）、江苏，5 个地区新登记创投基金管理人数量占全国总数量的 63.69%，管理各类基金数量占全国总数量的 62.50%，管理各类基金规模占全国总规模的 59.39%（见图 3.1.4），马太效应凸显。

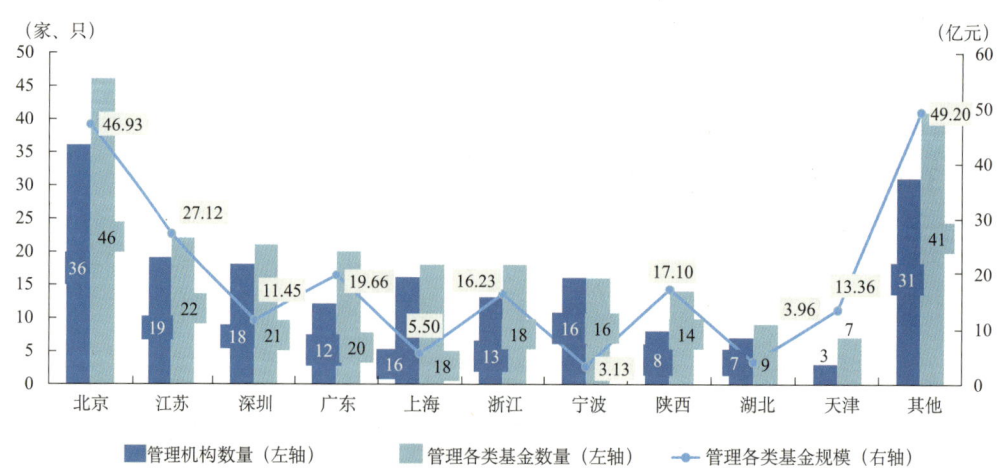

图 3.1.4　2019 年当年新增创投基金管理人办公地分布情况

资料来源：中国证券投资基金业协会 AMBERS 系统。

3.1.4 创投基金从业人员数量逐年增加

创投基金管理人从业人员数量逐年增加，但增幅下降明显。截至2018年末及2019年末，创投基金管理人从业人员数量分别为34 333人、37 685人，从业人员总量稳步增长（见图3.1.5）。

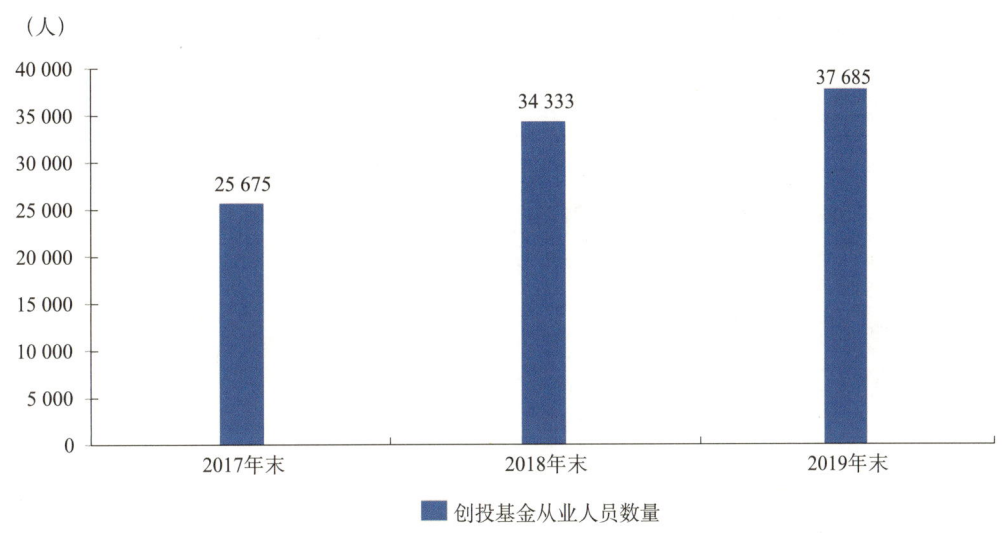

图3.1.5　2017—2019年各年末创投基金管理人从业人员数量

资料来源：中国证券投资基金业协会AMBERS系统。

创投行业专业化、高学历化趋势明显，管理规模越大、高学历高管人员占比越高。创投基金管理人高管人员学历分布方面，截至2019年末，创投基金管理人从业人员数量为37 685人，其中高管人员10 534人，占比27.95%。高管人员中，48.44%的人拥有硕士学历，40.03%拥有本科学历。

2018年及2019年创投基金管理人高管人员学历情况整体变化不大，但硕士及博士占比均有小幅上升，创投行业专业化、高学历化趋势明显；管理规模越大，高学历高管人员占比越高，截至2019年末，管理规模为50亿元以上的创投基金管理人中，硕士、博士占比达71.67%（见图3.1.6）。

创投基金管理人高管投资经验丰富，从业年限10年以上的高管占比超过8成。在创投基金管理人高管人员年龄与从业年限方面，截至2019年末，从业年限以10年以上为主，占80.31%（见图3.1.9）；其中，高管人员年龄分布在

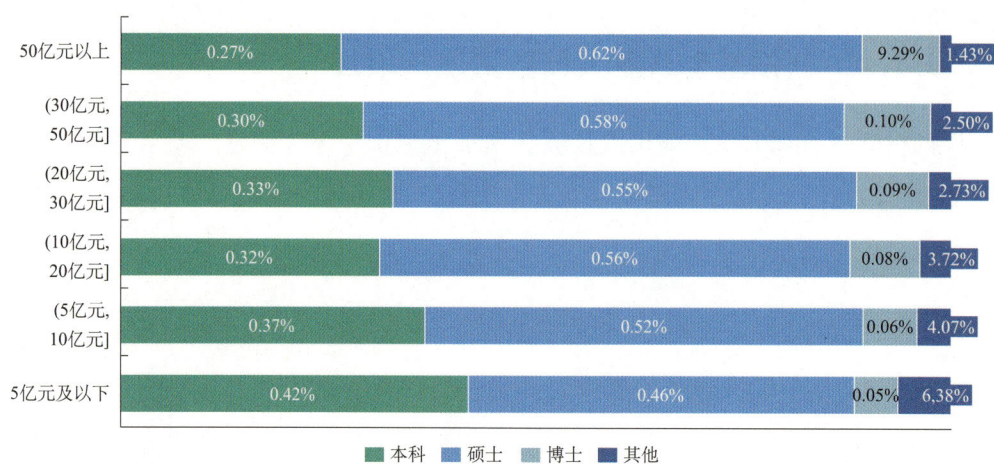

图 3.1.6　截至 2019 年底创投基金管理人高管人员学历分布（按管理人管理规模分类）

资料来源：中国证券投资基金业协会 AMBERS 系统。

30—50 岁的占比 76.63%。与 2018 年末相比，创投基金管理人高管年龄逐渐增加，40 岁以上高管人员数量占比逐年增加，而 40 岁以下高管人员数量占比逐年降低（见图 3.1.7）。拥有 10 年及以上从业年限的高管人员占比由 2018 年的 76.26%增长至 2019 年的 80.31%，反映了创投行业对高管的从业经验及社会资源的要求逐年提高，同时基金管理规模也与高管从业年限正相关。

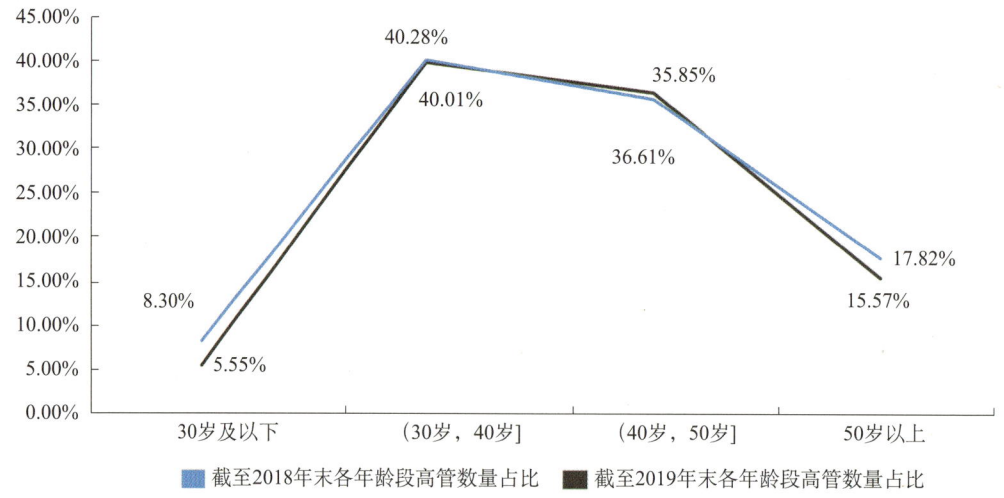

图 3.1.7　2018 年、2019 年末创投基金管理人高管年龄分布

资料来源：中国证券投资基金业协会 AMBERS 系统。

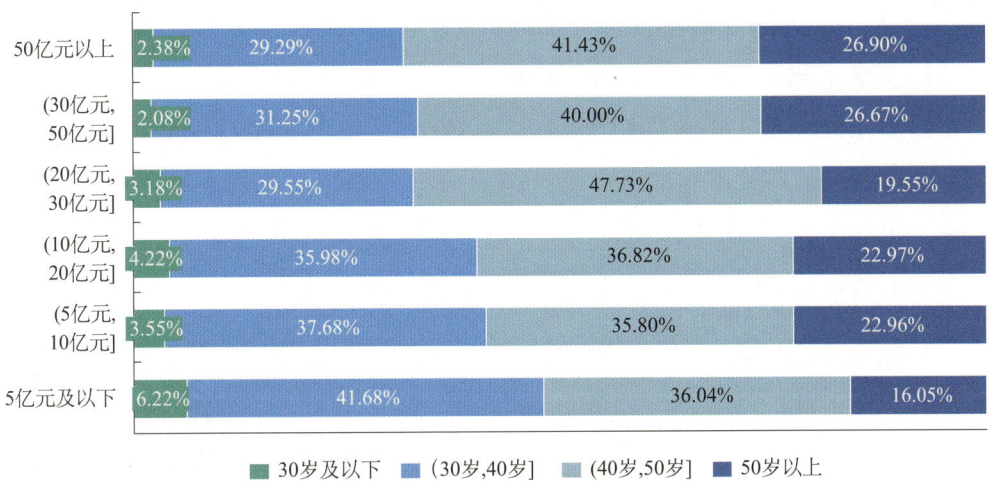

图 3.1.8 截至 2019 年末创投基金管理人高管人员年龄分布（按管理规模分类）

资料来源：中国证券投资基金业协会 AMBERS 系统。

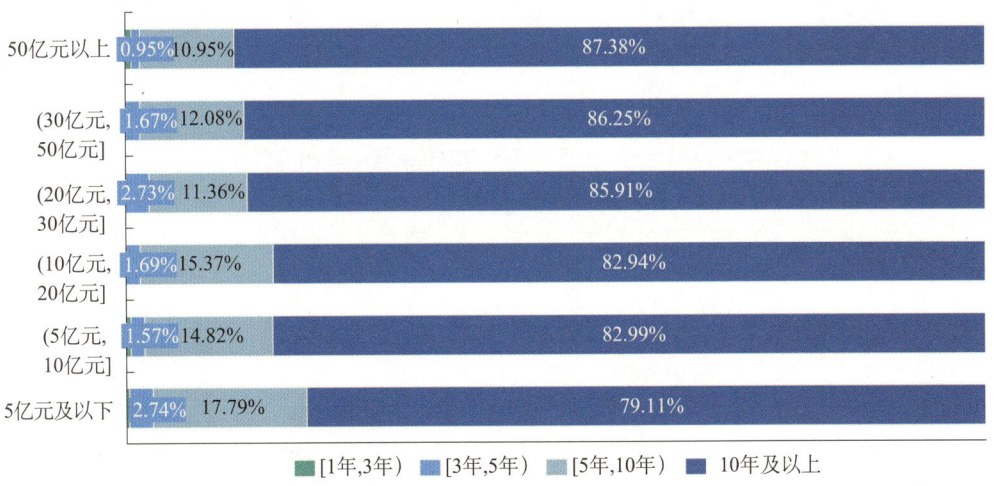

图 3.1.9 截至 2019 年末创投基金管理人高管人员从业年限分布（按管理规模分类）

资料来源：中国证券投资基金业协会 AMBERS 系统。

3.2 募资情况分析

3.2.1 创投基金备案数量及规模增速放缓

国内创投基金备案数量及规模呈稳步上升趋势，但增速有所下降。截至

2019年末，协会已备案创投基金7 978只，较2018年末增长22.59%（见图3.2.1），基金规模合计12 088.26亿元，较2018年末增长32.92%（见图3.2.2）。2019年全年新增备案创投基金1 861只，同比下降12.87%；新增备案基金规模合计1 146.18亿元，同比下降62.02%，新增备案创投基金数量及规模都呈现下降态势。

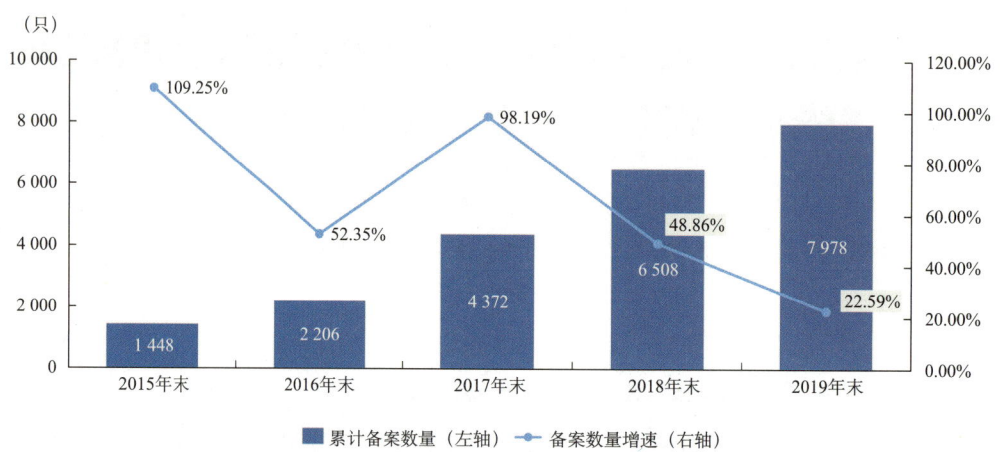

图 3.2.1　2015—2019年各年末创投基金累计备案数量及增速

资料来源：中国证券投资基金业协会AMBERS系统。

图 3.2.2　2015—2019年各年末创投基金累计在管规模及增速

资料来源：中国证券投资基金业协会AMBERS系统。

创投基金行业马太效应明显，0.46%的基金管理了20.85%的资金规模。2019年底存量的7 978只备案创投基金中，有2 703只基金的管理规模在0—0.2亿元区间内，区间内基金累计在管规模为236.54亿元，数量占比为33.88%，但规模占比仅为 1.96%。基金小而散的特征明显。有 37 只基金的累计在管规模在 30 亿元以上,规模合计 2 520.02 亿元,数量占比仅 0.46%,规模占比却达到 20.85%。37 只基金的单只平均在管规模为 68.11 亿元(见图 3.2.3)。

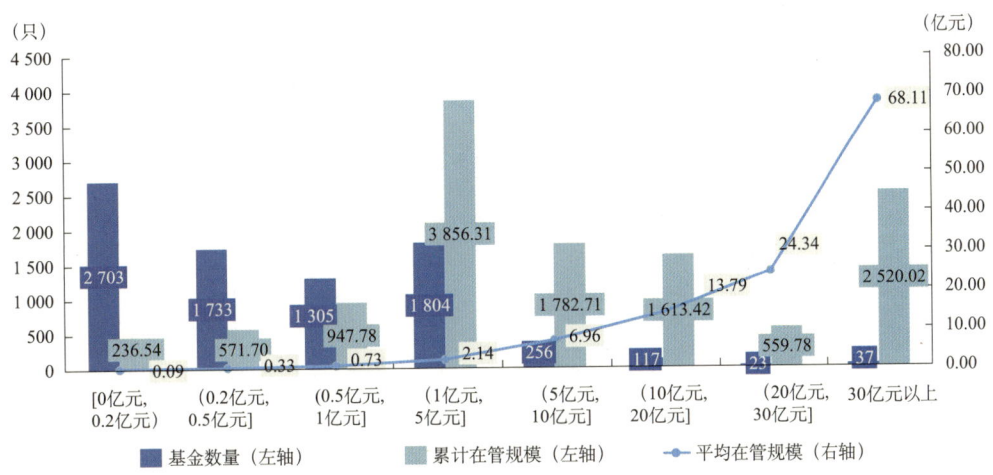

图 3.2.3 截至 2019 年末创投基金在管规模分布

资料来源:中国证券投资基金业协会 AMBERS 系统。

3.2.2 创投基金募资时长与 2018 年基本持平

协会问卷调查数据显示,募资时长半年至 1 年的机构数量占比达 47.04%,仍然为占比最高的区间段。募集时长在 2 年以上的机构数量占比下降了 3.62%,说明极端的募资困难有所缓解。虽然有近 55% 的被访机构认为 2019 年募资难度较 2018 年有大幅增长,但从募资时长来看,79.66% 的机构仍然能在 1 年内完成新基金的募集(见图 3.2.4)。

3.2.3 创投基金出资人以企业投资者为主

个人投资者[①]数量多但出资规模小,企业投资者[②]出资金额占整体的近一半。截至 2019 年末,我国创投基金中个人投资者数量为 41 644 个,占投资者总数的 62.67%;出资金额合计 1 801.10 亿元,占整体出资金额的 16.44%。以境内法

---

① 个人投资者主要指居民,包括自然人投资者和员工跟投。
② 企业投资者包括境内法人机构(公司类)、境内非法人机构(一般合伙企业等)和本基金管理人跟投。

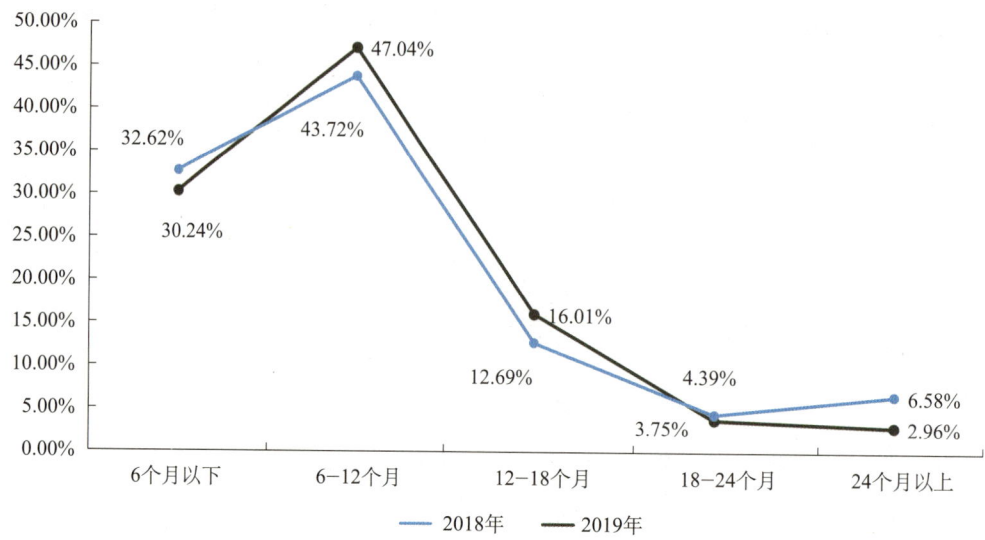

图 3.2.4　截至 2019 年末募集完成的新创投基金所需募资平均时长

资料来源：中国证券投资基金业协会调查问卷。

人机构为主的企业投资者是我国创投基金的主要出资人。截至 2019 年末，我国企业投资者数量为 19 500 个，占投资者总数的 29.34%；出资金额合计 5 428.22 亿元，占整体出资金额的 49.54%（见表 3.2.1、图 3.2.6）。从 2019 年新增出资来看，境内法人机构的出资金额为 463.92 亿元，占比为 40.76%。

表 3.2.1　　　　　　截至 2019 年末创业投资基金投资者构成[①]

投资者类型	投资者数量（个）	数量占比	出资金额（亿元）	金额占比
企业投资者	19 500	29.34%	5 428.22	49.54%
各类资管计划	4 457	6.71%	2 698.60	24.63%
养老及社会资金	41	0.06%	52.85	0.48%
政府资金	689	1.04%	921.35	8.41%
境外资金	122	0.18%	55.65	0.51%
个人投资者	41 644	62.67%	1 801.10	16.44%
合计	66 453	100.00%	10 957.77	100.00%

资料来源：中国证券投资基金业协会 AMBERS 系统。

协会问卷调查数据显示，社会资金匮乏仍然是募集难度加大的主要原因，

---

① 各类资管计划包括证券经营机构发行的资产管理计划、信托计划、商业银行理财产品、保险资产管理计划等。
养老及社会资金包括全国社保基金、慈善基金、捐赠基金等社会公益基金。
政府资金包括财政直接出资和政府类引导基金出资。

而资金来源端政策趋严、政府引导基金资金收紧等因素会在一定程度上影响社会可投资资金总量（见图3.2.5）。资管新规对杠杆率、多层嵌套、期限错配的严监管，在防范化解系统性金融风险的同时，也对银行表外理财业务、信托和券商的通道业务提出了规范化要求，间接收窄了创投基金的募资渠道。2019年10月，国家发展改革委、中国人民银行等六部委发布《关于进一步明确规范金融机构资产管理产品投资创业投资基金和政府出资产业投资基金有关事项的通知》，明确创投基金和政府产业基金适用资管新规及细则，允许公募资管产品在过渡期内投资该两类基金，并对多层嵌套给予豁免。随着资管新规过渡期的临近，对出资端的规范化管理也将在控制整体可投资资金总量的同时引导创投行业推陈出新，迈入高质量发展阶段。

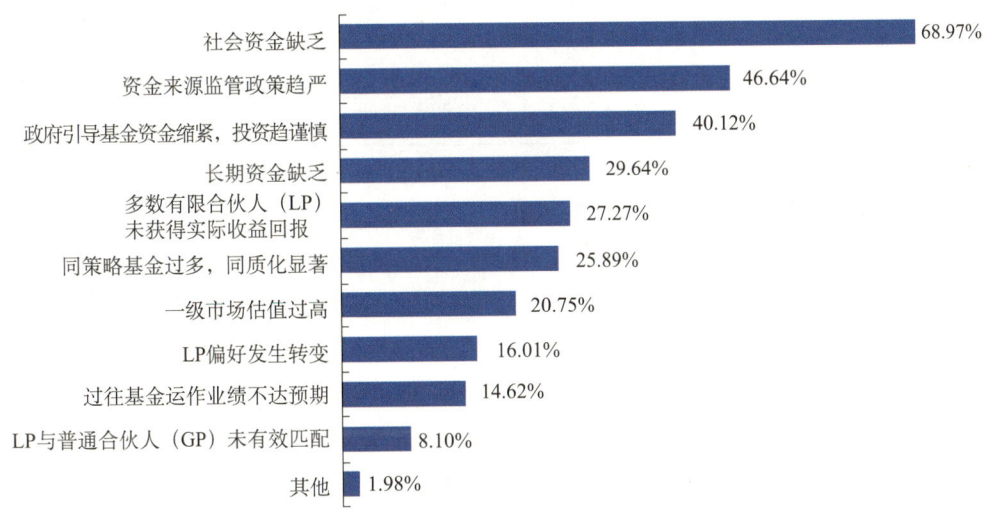

图3.2.5　2019年创投基金募资难度加大的原因

资料来源：中国证券投资基金业协会调查问卷。

我国创投基金出资人呈现机构化、专业化的发展趋势。2017—2019年末，我国创投基金境内机构投资者[①]无论数量（见表3.2.2）还是金额占比（见表3.2.3）都呈现上升趋势。机构出资人占比的提升有利于引导创投行业向理性、专业化发展。

[①] 根据中国证监会对证券市场机构投资者的定义，目前我国证券市场的机构投资者主要有：政府机构、企业和事业法人、金融机构及各类基金等。因此，此处将我国创投基金出资人构成划分为境内机构投资者、境外资金、境内个人投资者3类。

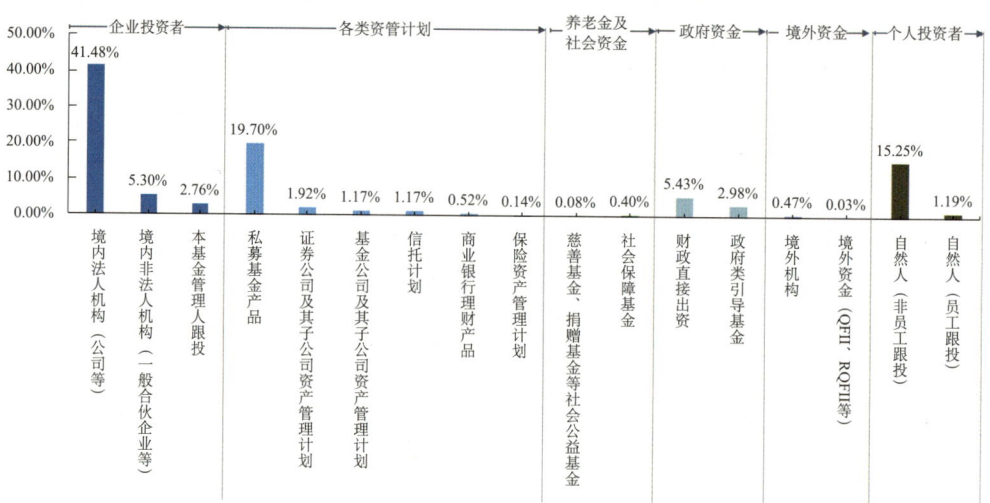

图 3.2.6　截至 2019 年末创投基金各类出资者出资金额占比

资料来源：中国证券投资基金业协会 AMBERS 系统。

表 3.2.2　2017—2019 年各年末创投基金各类出资人数量占比

	截至 2017 年末	截至 2018 年末	截至 2019 年末
境内机构投资者	35.57%	35.63%	37.15%
境外资金	0.28%	0.21%	0.18%
境内个人投资者	64.15%	64.15%	62.67%

资料来源：中国证券投资基金业协会 AMBERS 系统。

表 3.2.3　2017—2019 年各年末创投基金各类出资人金额占比

	截至 2017 年末	截至 2018 年末	截至 2019 年末
境内机构投资者	76.81%	82.34%	83.06%
境外资金	5.24%	0.51%	0.51%
境内个人投资者	17.95%	17.15%	16.44%

资料来源：中国证券投资基金业协会 AMBERS 系统。

境内机构投资者结构有待进一步优化。根据协会统计数据，截至2019年末，我国境内机构投资者中企业投资者的数量占比为81.26%，金额占比为66.36%，是我国境内机构投资人中最主要的出资人类型。然而，企业自身经营现状及政治、经济宏观环境的不确定性容易对企业投资者的出资长期性及稳定性产生影响，进而波及创投基金的募资环境。从另一个角度来看，目前社保基金与社会公益基金等投资期限及风险承受能力与创投基金较为匹配的长期资金出资占比仍然较低，这说明我国创投基金虽然整体呈现机构化趋势，但是机构投资者的内部结构仍有待进一步优化。

3.2.4 创投基金存续期偏好有延长趋势

协会连续两年的问卷调查数据已显示存续期偏好趋势：2018 年调研数据显示，有 42.46% 的管理人对于新募集的创投基金期限偏好在 5—6 年，而在 2019 年的问卷调查中，有 47.04% 的管理人偏好基金期限在 7—8 年。偏好 7 年以上存续期的管理人占比由 2018 年的 43.06% 大升至 59.09%（见图 3.2.7）。存续期的延长，一方面，可能由于出资方资金使用期限主动或被动的延长导致管理人有延长基金存续期的意愿；另一方面，也可能因为在管基金以现行存续期无法实现如期退出，导致管理人在新设基金时考虑将存续期进行适当延长。从企业的孵化角度来讲，越长的基金存续期意味着基金能够有更长的时间"陪跑"。管理人专业服务能力的提升，亦能更有效的在"陪跑"的既定时间内创造更高价值，通过投后赋能水平创造与一般私募基金的差异化的竞争优势。

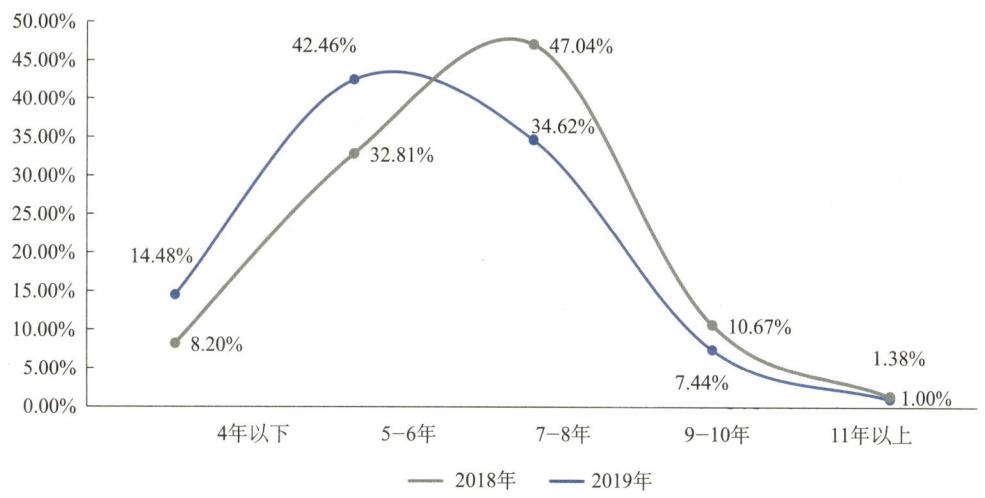

图 3.2.7 2020 年管理人对于新募集人民币基金的存续期偏好

资料来源：中国证券投资基金业协会调查问卷。

3.3 投资情况分析

3.3.1 创投基金投资数量及金额平稳增长，保质提效特点显著

2017—2019 年，创投基金投资案例数及在投金额平稳增长。截至 2019

末，投资案例数量为 34 825 个，在投金额[①] 6 567.05 亿元，平均单笔投资规模为 1 885.73 万元（见图 3.3.1）。2019 年，新增投资案例 7 276 个，较 2018 年下降 9.65%。新增投资[②] 1 534.05 亿元，较 2018 年增长 2.83%。2019 年当年新增投资案例平均单笔投资规模为 2 108.37 万元，较 2018 年增长 13.8%。

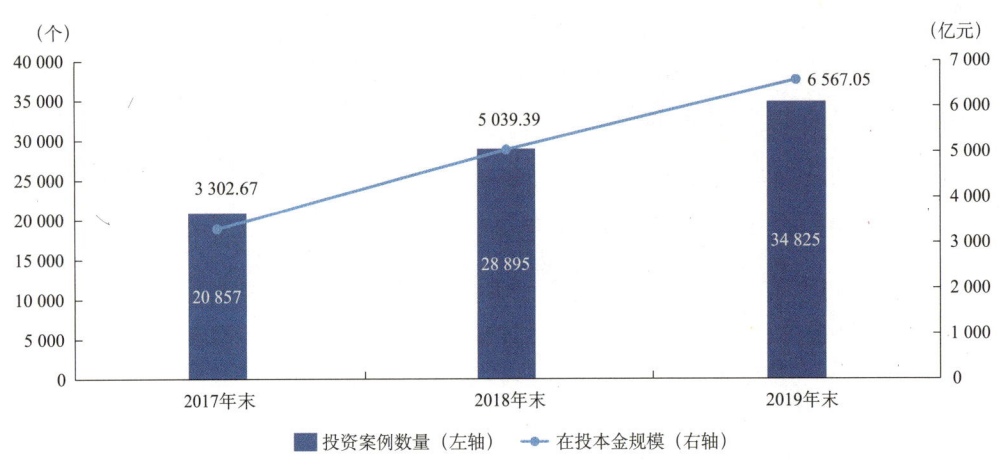

图 3.3.1 2017—2019 年各年末创投基金投资案例数量及在投金额

资料来源：中国证券投资基金业协会 AMBERS 系统。

3.3.2 创投基金投资集中"北上广""长三角"地区，中西部地区投资增幅明显

北上广依然引领创投行业发展，区域集群效应显著。截至 2019 年末，创投基金主要投资地区集中在北京、广东、上海、江苏、浙江，创投基金主要集中地区与 2018 年一致，累计投资案例合计 26 179 个，合计占比 75.17%，在投金额 4 645.97 亿元，合计占比 70.75%。其中，投资北京的项目数量及在投金额均排在首位，累计投资案例 8 247 个，占比 23.68%，在投金额 1 205.19 亿元，占比 18.35%。广东累计投资案例 5 313 个，占比 15.26%，在投金额 1 078.98 亿元，占比 16.43%。

"长三角"地区投资集群效应显著，投资数量与在投金额整体领先。上海累

---

① 在投金额，是截至某个时间点正在运作项目的投资本金，计算公式为：在投金额 = 所有项目投资本金 − 退出项目投资本金。

② 投资金额指当期所管基金新增加的项目投资本金。

计投资案例 5 268 个，在投金额 913 亿元，位列第三；江苏累计投资案例 3 859 个，在投金额 880.28 亿元，位列第四；浙江累计投资案例 3 492 个，在投金额 568.52 亿元，位列第五（见图 3.3.2）。

协会问卷调查数据显示，受区域政策利好，如《粤港澳大湾区发展规划纲要》《长江三角洲区域一体化发展规划纲要》《推进京津冀协同发展 2018—2020 年行动计划》等发布的影响，大多数创投基金管理人预计将在粤港澳大湾区、"长三角"、京津冀地区加大投资布局。其中，61.07% 的受访者表示 2020 年预计在"长三角"地区进行投资布局。

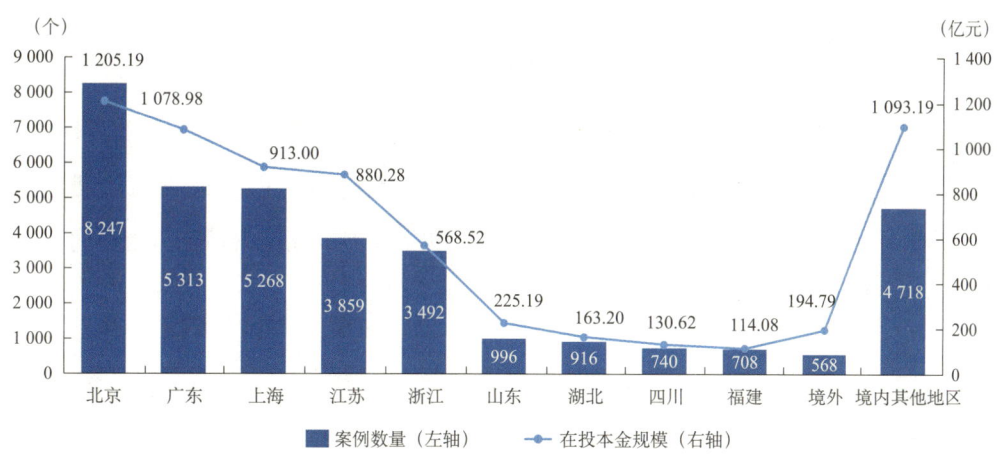

图 3.3.2　截至 2019 年末创投基金投资案例地域分布情况

资料来源：中国证券投资基金业协会 AMBERS 系统。

2019 年投资案例地域分布，头部效应明显，境外①及部分中西部地区逆势增长。2019 年当年投资案例地域分布主要集中在北京、广东、上海、浙江、江苏，头部效应明显。2019 年，境外投资案例数量较 2018 年增长 111.27%，安徽、甘肃、江西、广西逆势增长，且增幅较大，分别为 44.35%、40%、39.39% 和 35.71%。

---

① 此处境外指我国港、澳、台地区及其他国家和地区。

3.3.3 创投基金投资聚焦硬科技、医药生物领域，回归价值投资本源

投资标的显示硬科技特点，投资行业中医疗领域备受青睐。2019 年创投基金投资案例行业主要集中在计算机运用①、资本品②、医药生物及医疗器械与服务③领域，投资案例数量合计 4 456 个，占比为 61.24%，投资金额占比 49.64%（见图 3.3.3）。

截至 2019 年末，医药生物、医疗器械与服务的存续创投基金投资案例数量占全部案例数量的 13.79%，在投金额占比为 14.98%。主要原因，一是在宏观经济形势不稳定不确定背景下，医疗行业抗周期性凸显；二是随着社会人口老龄化加剧，社会医药保障体系不断完善，医疗监管改革不断深化，生物医药、医疗器械、医疗服务领域的关注度不断提升；三是随着科创板设立与注册制试点落地，针对生物医药企业实行了较为宽松的上市财务指标标准，更多优质生物医药企业有更多机会以直接融资的手段加快发展。

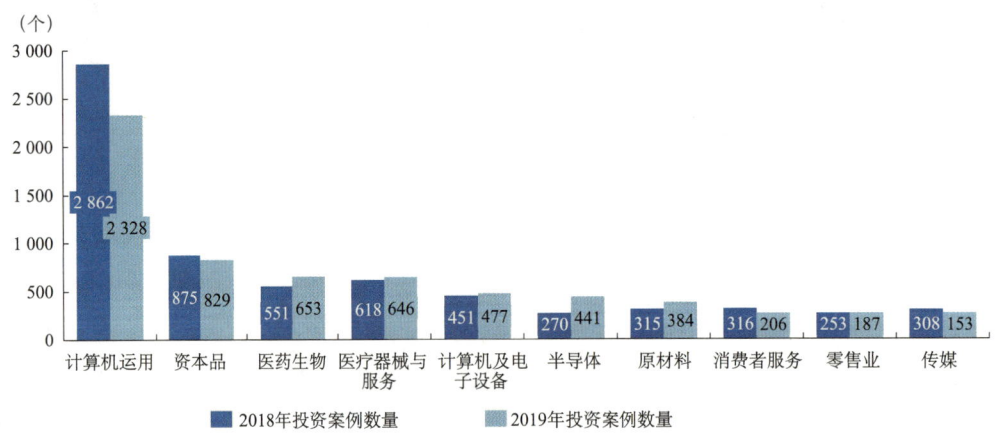

图 3.3.3　2018 年、2019 年创投基金当年投资案例行业分布前十名

资料来源：中国证券投资基金业协会 AMBERS 系统。

在半导体领域的投资增长最为显著。2019 年，创投基金投资数量方面，

---

① 计算机运用包含互联网服务、信息技术服务、软件开发行业。
② 资本品包含航空航天与国防、建筑产品、建筑与工程、电气设备、工业集团企业、机械制造、环保设备、工程与服务行业。
③ 医疗器械与服务行业包括医疗器械、医疗用品与服务提供商行业。

行业分布前十名与 2018 年一致。其中，以科技创新引领支撑的半导体、原材料、医药生物、计算机及电子设备、医疗器械与服务投资案例数量有所增长，增幅分别为 63.33%、21.9%、18.51%、5.76% 和 4.53%，其他行业均有所下降。

协会问卷调研数据显示，2020 年创投基金管理人优先考虑的投资领域主要为医疗健康、人工智能、高端装备制造等硬科技领域（见图 3.3.4）。

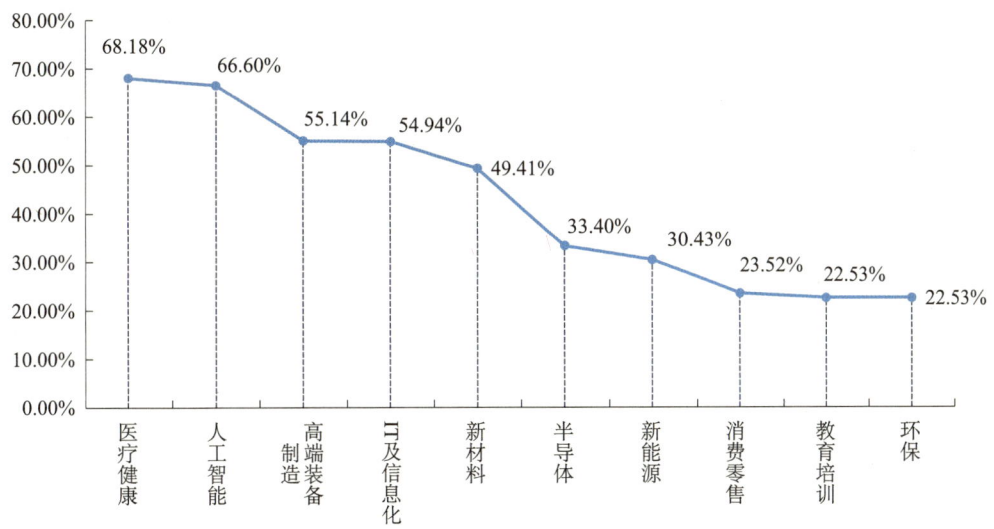

图 3.3.4　2020 年创投基金管理人优先考虑投资行业前十名

资料来源：中国证券投资基金业协会调查问卷。

所投项目整体估值估测有所上升，医疗大健康及新一代信息技术市盈率倍数较高。协会问卷调研数据显示，2019 年创投基金管理人在项目估值中使用的市盈率倍数，市场总体在 6—15 倍之间。其中 10—15 倍最多，占比为 27.32%。相较于 2018 年协会问卷调查数据，2019 年整体估值上升，市盈率 15 倍及以上占比均有所增加，其中市盈率 15—20 倍占比由 2018 年的 13.16% 增长至 2019 年的 18.93%，市盈率 20—25 倍占比由 2018 年的 4.59% 增长至 2019 年的 8.56%，市盈率 25 倍以上由 2018 年的 4.12% 增长至 2019 年的 7.52%。市盈率 6 倍及以下占比由 2018 年的 13.16% 增长至 2019 年的 15.46%。市盈率 6—15 倍占比均有所下降，其中市盈率 6—10 倍占比由 2018 年的 29.12% 下降至 2019 年的 22.20%，市盈率 10—15 倍占比由 2018 年的 36.37% 下降至 2019 年的 27.32%（见图 3.3.5）。

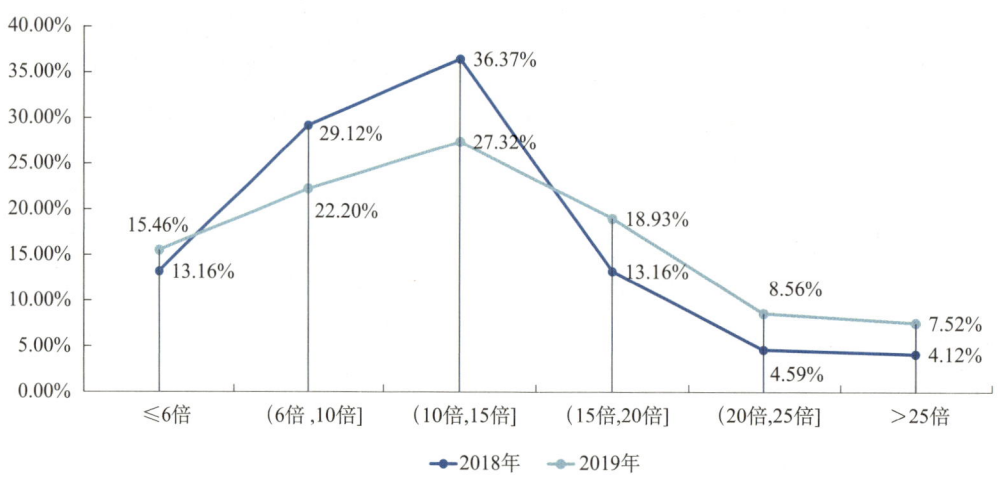

图 3.3.5　2018 年、2019 年创投基金管理人项目市盈率水平估测

资料来源：中国证券投资基金业协会调查问卷。

在细分产业方面，医疗大健康及新一代信息技术市盈率倍数较高。其中，45.45% 的创投基金管理人认为医疗大健康市盈率倍数整体在 15 倍以上；41.3% 的创投基金管理人认为新一代信息技术市盈率倍数整体在 15 倍以上（见图 3.3.6）。同时，协会问卷调查数据显示，37.94% 的受访创投基金管理人认为 2019 年医疗大健康领域创投市场项目估值略微上升，23.72% 的受访创投基金管理人认为医疗大健康领域项目估值显著上升，仅 11.46% 的受访创投基金管理人认为 2019 年医疗大健康领域创投市场项目估值略微下降或显著下降。

呈现回归价值投资、专业化投资本质的趋势。创投基金管理人通过加强管理机构价值判断能力及专业能力，更加关注拟投项目的产品、技术及团队，而非盲目追求投资风口，通过追求长期价值投资理念，促进创投行业长期健康发展。

协会问卷调研数据显示，2020 年创投基金管理人对创投基金拟投企业最重要的判断标准主要为产品和技术的创新性、优秀的企业创始团队、细分领域的领军或垄断地位、潜在的市场规模及业绩的高成长性（见图 3.3.7）。

3.3.4　创投基金投早、投小特征明显

创投基金投资阶段稍有后移，但"投早投小"趋势依旧明显。2019 年受募资情况及市场整体环境影响，机构避险情绪明显，创投基金管理人投资阶段有一定后移。在投资案例数量分布方面，投资种子期案例数量占创投基金各阶段

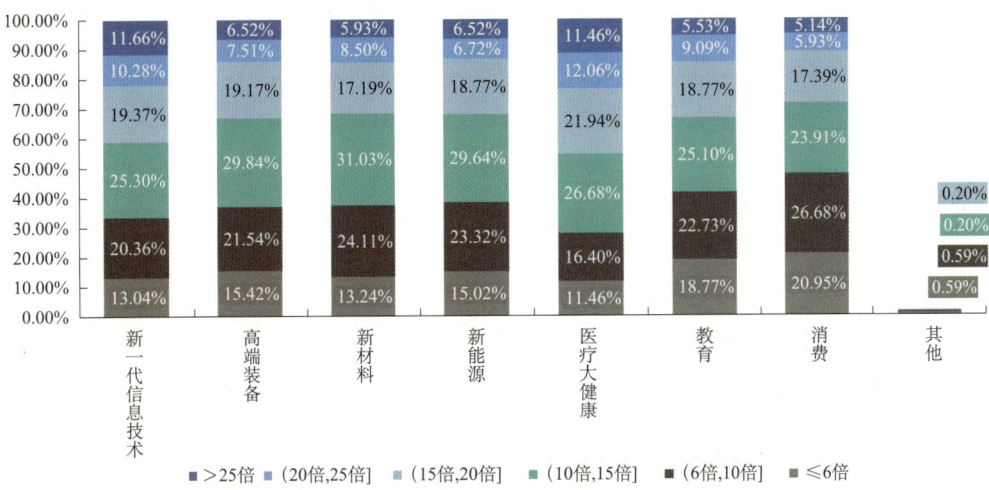

图 3.3.6　2019 年创投基金管理人认为不同行业创投基金项目市盈率倍数现状

资料来源：中国证券投资基金业协会调查问卷。

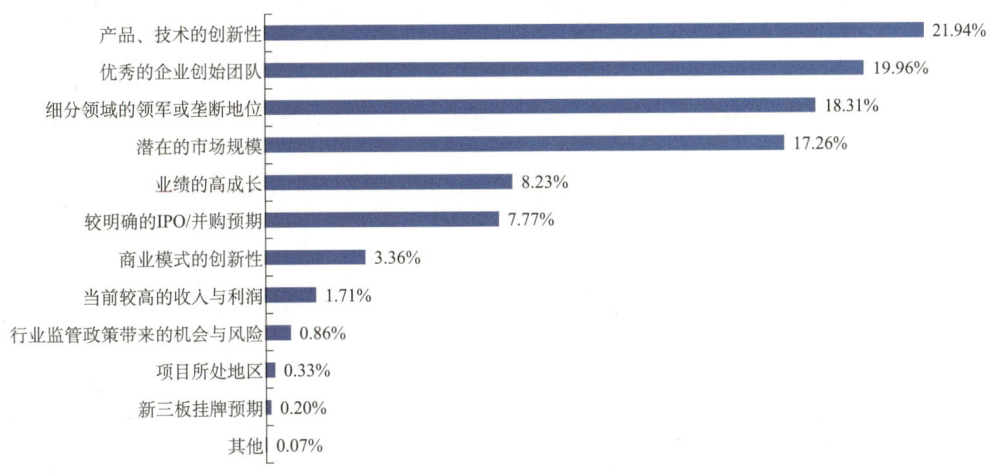

图 3.3.7　2020 年创投基金管理人对拟投资企业判断标准

资料来源：中国证券投资基金业协会调查问卷。

投资案例数量由 2018 年的 23.46% 下降至 2019 年的 21.90%，占比下降 1.56%。投资起步期及扩张期案例数量占比小幅上涨，共计增长 1.93%。总体而言，2019 年创投基金投资种子期及起步期案例数量占比依然超过 60%，占比达 62.07%（见图 3.3.8）。

2016 年末，创投基金投资种子期项目案例金额占比为 7.57%；截至 2019 年末，其投资种子期项目案例金额占比增至 10.08%（见图 3.3.9）。可以看出，种子期投资案例金额在全部创投基金投资案例金额中的占比逐年增加,且增幅明显;过渡期、重建期、已上市阶段投资数量及金额占比较小,且逐渐减少。整体创投基金"投早投小"趋势明显。

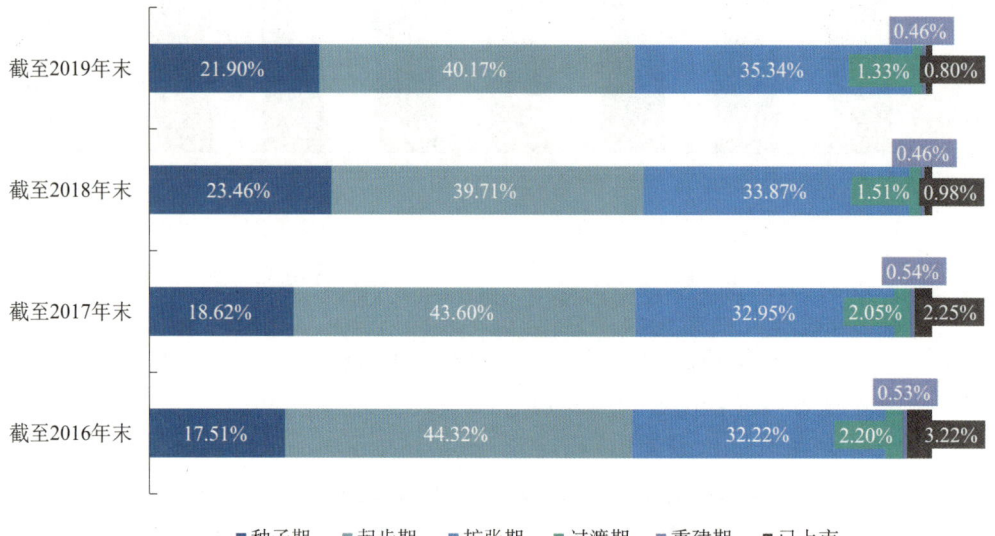

图 3.3.8　2016—2019 年各年末创投基金各阶段投资案例数量分布情况

资料来源:中国证券投资基金业协会 AMBERS 系统。

图 3.3.9　2016—2019 年各年末创投基金各阶段投资案例金额分布情况

资料来源:中国证券投资基金业协会 AMBERS 系统。

中小企业[①]是创投基金的主要投资方向。截至 2019 年末，创业投资基金投资中小企业合计 27 021 个，占投资案例总量的 77.59%，占比连续 3 年高于 70%，创投基金"投早"特征明显（见图 3.3.10）。2019 年末，投资案例中高新技术企业[②]的数量占比为 37.95%、初创科技型企业的数量占比为 20.22%。从投资金额来看，高新技术企业平均投资金额较高。2019 年末，创投基金投资高新技术企业 13 217 个，投资总额为 2 683.82 亿元，平均单项目投资金额为 2 030.58 万元，高于中小企业的平均投资额 1 282.44 万元与初创科技型企业的平均投资额 1 082.11 万元（见图 3.3.11）。

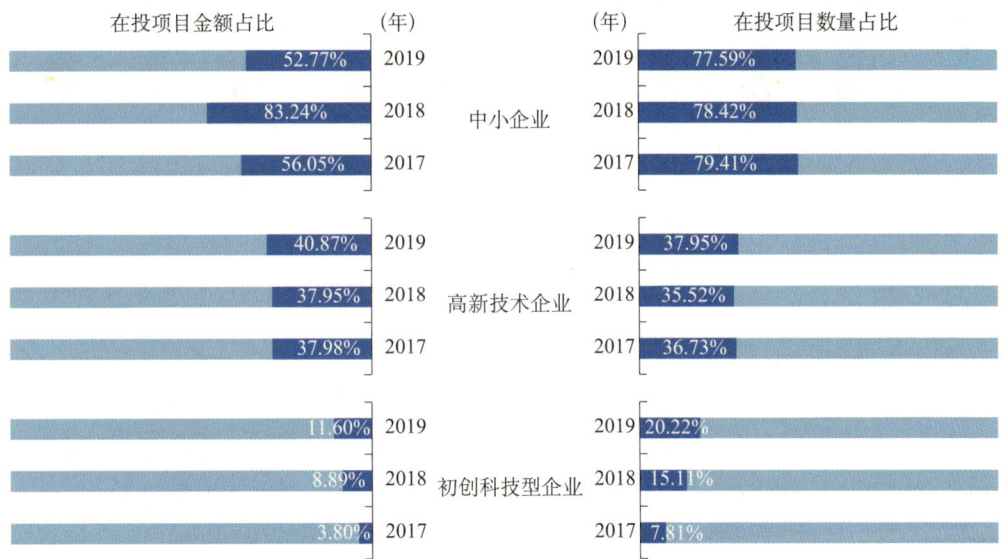

图 3.3.10　截至 2017—2019 年各年末创投基金投资企业特征占比

资料来源：中国证券投资基金业协会 AMBERS 系统。

税收优惠政策利好下，创投基金对初创科技型企业[③]的支持力度持续增长。截至 2019 年末，创投基金在投案例中，初创科技型企业合计 7 042 个，同比增长 61.29%；在投金额合计 762.02 亿元，同比增长 70.06%，基本延续 2018 年快速增长的趋势。这轮快速增长也受益于 2018 年国务院常务会议将创业投资企

---

① 本章的中小企业认定标准为投资时职工数不超过 500 人，年销售额不超过 2 亿元，资产总额不超过 2 亿元的企业。

② 本章的高新技术企业认定标准同科技部、财政部、国家税务总局以国科发火〔2016〕32 号印发修订后的《高新技术企业认定管理办法》对高新技术企业的判断标准。

③ 本章的初创科技型企业认定标准同《财政部　税务总局关于实施小微企业普惠性税收减免政策的通知》（财税〔2019〕13 号）对初创型科技企业的判断标准。

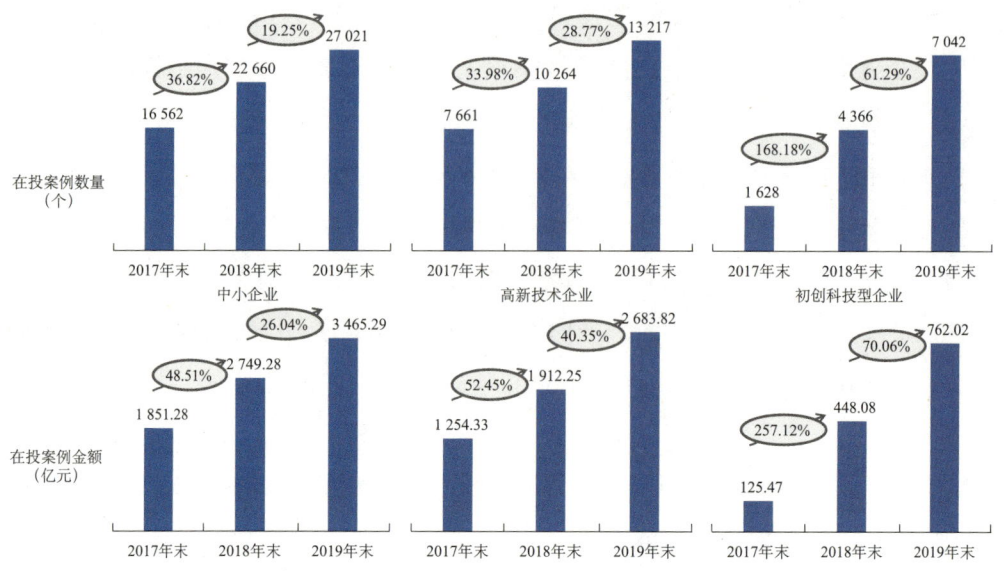

图 3.3.11　截至 2017—2019 年各年末创投基金投资企业特征情况

数据来源：中国证券投资基金业协会 AMBERS 系统。

业和天使投资个人税收试点政策推广到全国实施，财政部　国家税务总局出台了《关于创业投资企业和天使投资个人有关税收政策的通知》（财税〔2018〕55号），对创业投资企业直接投资于初创科技型企业给予相关企业所得税及个人所得税的抵扣。2019 年，财政部　税务总局印发《关于实施小微企业普惠性税收减免政策的通知》（财税〔2019〕13 号），对初创科技型企业条件中的从业人数、资产总额和年销售收入进行了调整，扩大了财税〔2018〕55 号文件中优惠政策的适用范围。2019 年税收优惠政策适用范围的扩大进一步激发了创投基金参与初创科技型企业投资的动力。

3.4　投后管理情况分析

3.4.1　创投基金投后管理团队人数下降趋势明显

创投基金管理人投后管理团队人数以 1—2 人为主，投后管理团队人数下降趋势明显，部分创投基金管理人取消投后部门。协会问卷调查数据显示，2019

年创投基金管理人投后管理专门部门或机构人数呈现下降趋势，且下降趋势明显。其中3—4人投后团队占比从2018年的43.35%下降至2019年的19.57%，而暂无专门投后管理团队的创投基金管理人占比由8.38%增至39.33%（见图3.4.1）。2019年创投行业进入调整期，投资节奏有一定程度放缓，投后管理压力相应缩减，创投基金管理人通过减少投后团队人数，达到控制成本的目的。

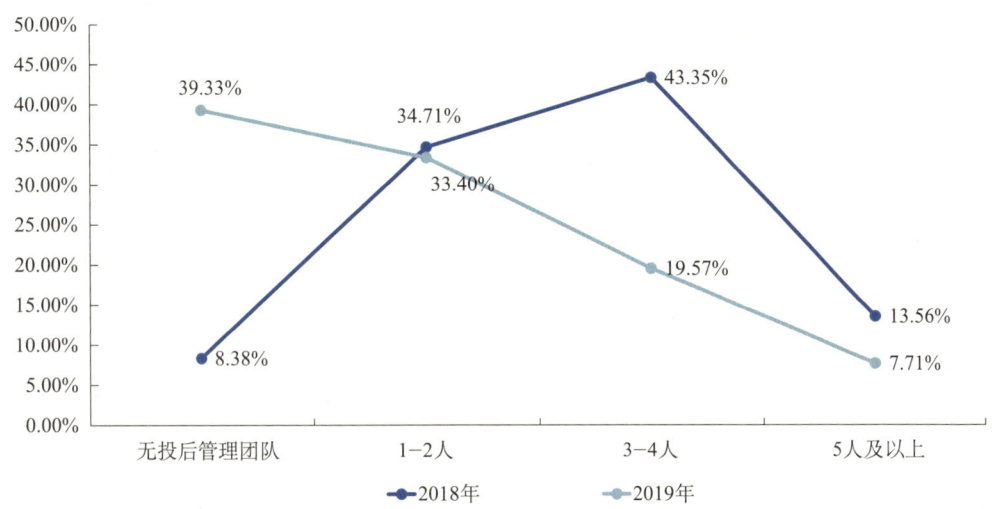

图 3.4.1　2018 年、2019 年创投基金管理人投后管理专门部门或机构人数

资料来源：中国证券投资基金业协会调查问卷。

约三成创投基金管理人表示未来将新增投后管理团队人员。协会问卷调查数据显示，对于未来投后管理工作，除其他情况外，36.90%的创投基金管理人将维持现有投后管理团队规模不变，并保持现有投后管理方式；35.90%的创投基金管理人将通过转变现有投后管理方式，投入更多人力与时间，帮助企业实现业绩与效率提升；仅26.06%的创投基金管理人拟新设投后管理团队或扩充现有投后管理团队。

同时，在新增投后团队构成方面，超过30%的创投基金管理人将在相关产业企业C类高管（CEO、CFO、CTO等）、相关产业企业部门高管（特定部门的VP或SVP）及前咨询公司专业顾问方面少量增加人员，同时也会根据需求聘请外部人员担任顾问（见图3.4.2），力图通过新增相关产业人才及咨询顾问提升投后服务质量。

投后管理团队从业时间较长，平均从业年限集中在4—7年。根据协会统计

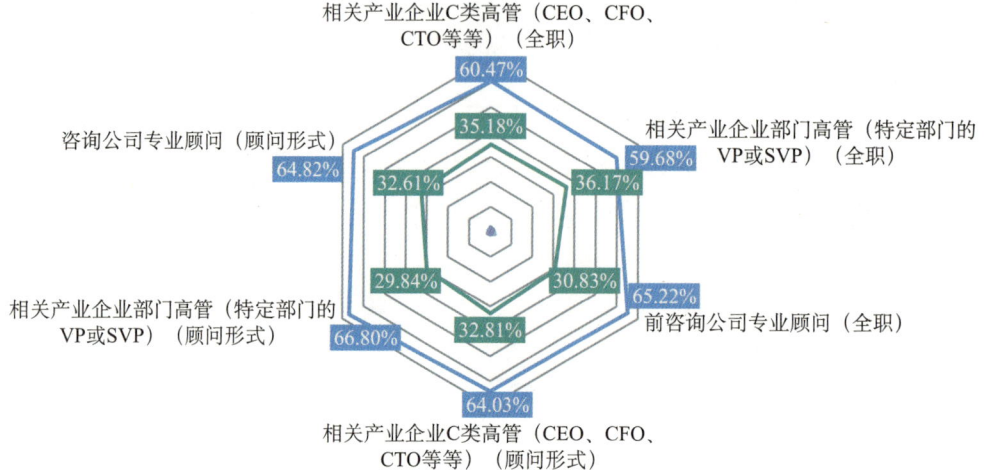

图 3.4.2　未来 3 年创投基金管理人投后管理团队员工数量及新增员工结构变化情况

资料来源：中国证券投资基金业协会调查问卷。

数据，受访创投基金管理人中，投后管理人员平均从业年限集中在 4—7 年，占比合计 63.04%（见图 3.4.3）。

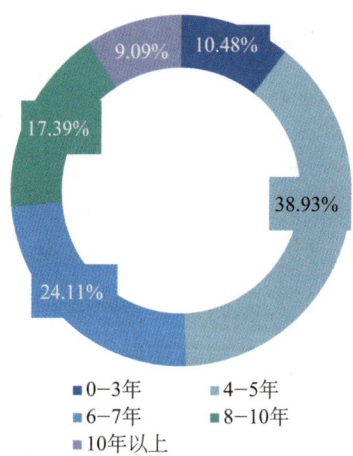

图 3.4.3　2019 年创投基金管理人投后管理人员平均从业年限

资料来源：中国证券投资基金业协会调查问卷。

具备股权投资相关背景的人才占比较大，投后增值服务逐步进入精耕细作模式。由于投后管理内容多样，在投后团队成员构成方面，多数成员拥有财务、股权投资及法务等专业背景。协会问卷调查数据显示，创投基金管理人未来会通过招募或聘请产业相关高管及专业咨询顾问的形式助力投后增值服务能力的提升。同时，受访创投基金投后管理人员中专业型人才占比较大，其中拥有财务、股权投资及法务相关背景的投后管理人员占比分别为 63.64%、58.30% 和 42.09%（见图 3.4.4）。

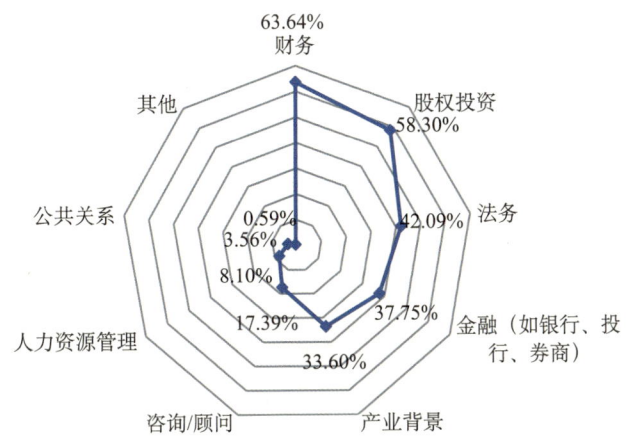

图 3.4.4　2019 年创业投资基金的投后管理人员过往从业背景

资料来源：中国证券投资基金业协会调查问卷。

随着我国创投行业的发展，投后增值服务逐步进入精耕细作模式，增值服务内容逐渐丰富，涵盖战略咨询、资本运作、财务法务管理、人员招聘、品牌营销等全方位服务。同时，由于被投企业所处阶段、行业不同，需要提供定制化投后服务。

3.4.2　创投基金投后管理以"投资＋投后"共同负责为主，增值服务较为全面

创投基金投后管理以投资及投后团队共同负责为主，且趋势增强。协会调研问卷数据显示，2018 年、2019 年创投基金管理人投后管理模式都以投资团队及投后团队共同负责制为主，主流化趋势明显，从 2018 年占比 53.13% 增长至 2019 年占比 70.16%。其他投后管理模式中，投资经理负责制与投后管理专门机构负责制占比均有一定程度下降，投资经理负责制所占比例由 2018 年的 35.84% 下降至 2019 年的 22.33%，投后管理专门机构负责制所占比例由 2018 年的 10.64% 下降至 2019 年 5.53%（见图 3.4.5）。

创投基金管理人投后管理工作主要为日常管理监督与风险监测，提供增值服务的比例相对较低。协会问卷调查数据显示，2019 年创投基金管理人在投后管理方面，主要内容分为被投机构数据持续跟踪、与被投企业定期沟通并定期

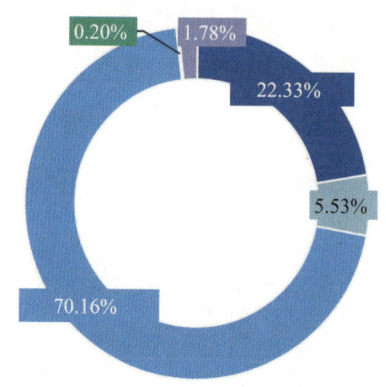

- 投资经理负责制
- 投后管理专门机构负责制
- 投资+投后共同负责制
- 外部管理咨询制
- 没有特殊的投后管理安排

图 3.4.5　2019 年创投基金管理人采用的投后管理主要模式

资料来源：中国证券投资基金业协会调查问卷。

诊断、信息资料收集与归档，占比分别为 89.33%、90.51% 和 79.25%，而提供多样化增值服务的管理人相对较少，占比仅为 57.51%（见图 3.4.6）。

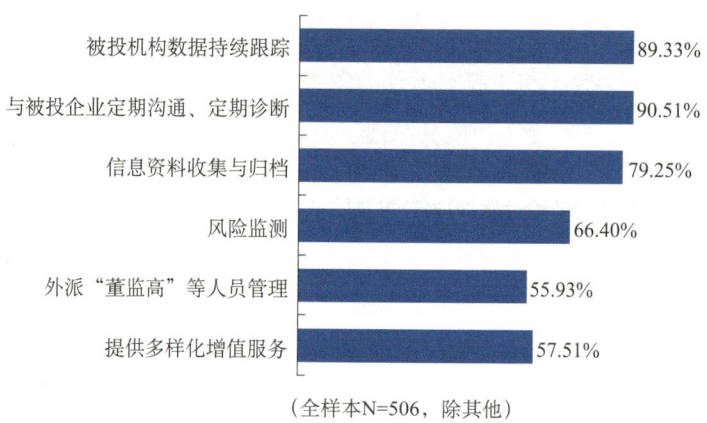

（全样本N=506，除其他）

图 3.4.6　2019 年创投基金管理人采取的主要投后管理内容

资料来源：中国证券投资基金业协会调查问卷。

2019 年创投基金管理人投后增值服务方面，增值服务内容涵盖战略咨询、资本运作、财务法务管理、人员招聘、品牌营销等全方位服务（见图 3.4.7）。

将 2018 年及 2019 年协会调查问卷数据进行对比，创投基金管理人在投后方面最主要的挑战中，"被投企业要求高，无法满足"由 2018 年数据占比 10.45% 下降至 5.93%，说明创投基金管理人投后增值服务能力在逐步提升。"机构部门间协调配合力不足"由 2018 年占比 18.87% 下降至 13.64%。说明创投基金管理人在一定

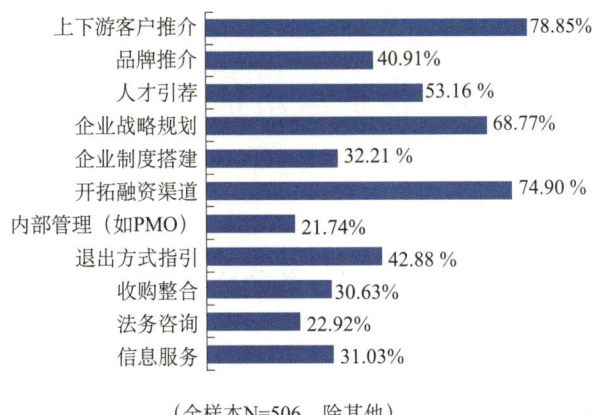

（全样本N=506，除其他）

图 3.4.7　2019 年创投基金管理人所提供的主要增值服务内容

资料来源：中国证券投资基金业协会调查问卷。

程度上优化了现有投后管理方式，投入了更多人力与时间进行投后服务。

此外，49.01%的创投基金管理人认为目前最主要的挑战为"在被投企业话语权低，对企业增值服务有限"（见图3.4.8）。创投基金管理人虽然在投后管理能力、管理方式上有所优化，但整体话语权较低，对企业增值服务作用有限，投后管理效能较弱。

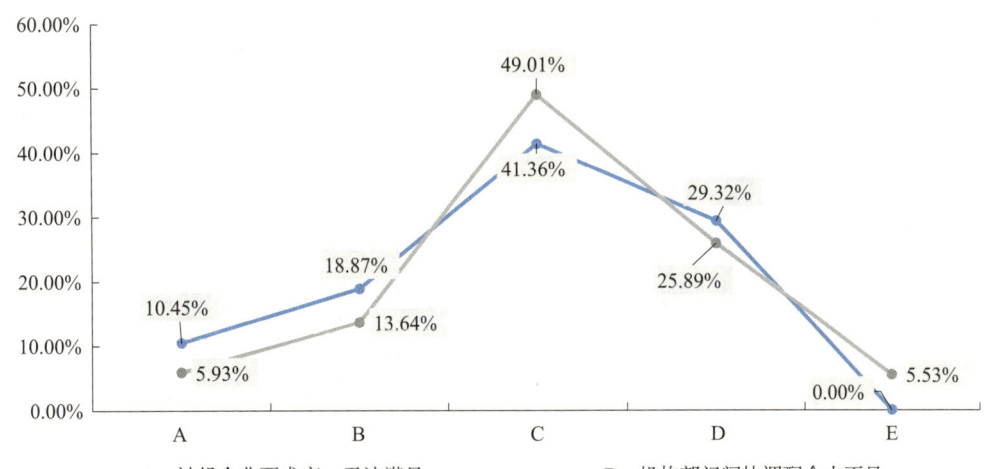

A：被投企业要求高，无法满足；　　　B：机构部门间协调配合力不足；
C：在被投企业话语权低，对企业增值服务有限；　D：机构资源和精力有限，无暇顾及；
E：其他

图 3.4.8　2018 年、2019 年创投基金管理人投后管理中遇到的主要挑战

资料来源：中国证券投资基金业协会调查问卷。

3.5 投资退出情况分析

3.5.1 协议转让是创投基金最主要的退出方式，IPO 退出回报倍数下降

协议转让是创投基金最主要的退出方式，境内 IPO 实际退出金额最高。截至 2019 年末，存续创投基金投资案例[①]共退出 7 229 个，发生退出 10 964 次，累计退出本金 966.47 亿元，实际退出[②] 2 107.7 亿元。协议转让仍然是存续创投基金最主要的退出方式，发生退出 3 804 次，占整体的 34.69%，其次是企业回购、被投企业分红及新三板挂牌。境内 IPO 与协议转让仍然是实际退出金额最高的两种退出方式，两种退出方式累计实际退出金额 1 403.36 亿元，占整体退出金额的 66.58%（见图 3.5.1）。

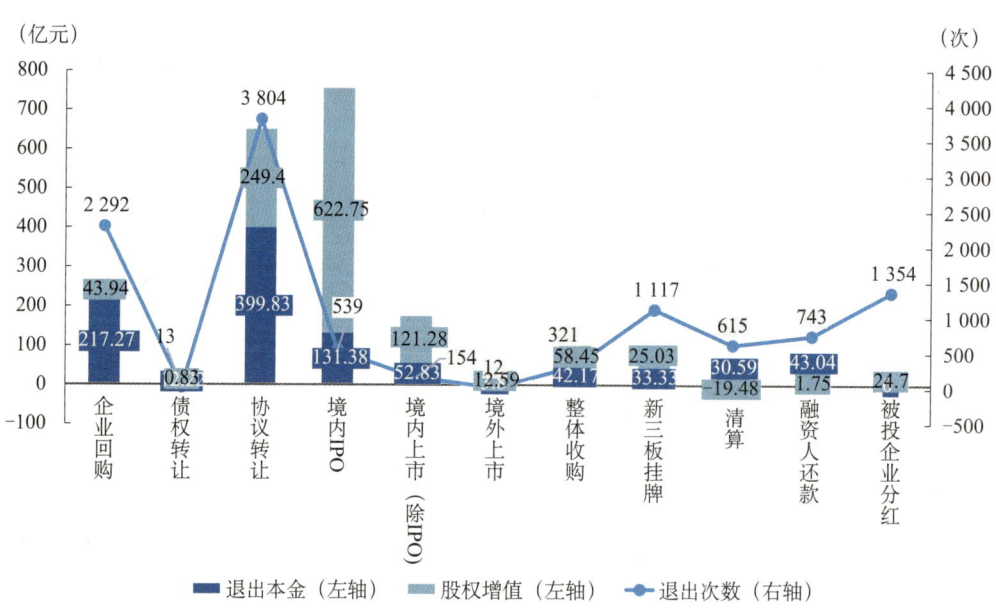

图 3.5.1　截至 2019 年末存续创投基金各退出方式累计退出次数及金额

资料来源：中国证券投资基金业协会 AMBERS 系统。

---

① 创业投资基金（含已清算基金）退出案例 7 572 个。
② 实际退出金额 = 退出本金 + 股权增值

创投基金在退出案例数量及实际退出金额上都有显著提升,说明 2019 年创投基金退出环境较 2018 年有较大改善。2019 年当年新增退出案例数量 2 569 个,同比上升 48.67%;实际退出金额 521.33 亿元,同比上升 33.26%。对实际退出金额做拆解分析可以看出,2019 年实际退出金额中股权增值部分占比为 30.11%,较 2018 年的 52.00% 下降了 21.89%,说明虽然创投基金整体退出情况有所改善,但是股权增值部分有所下降(见图 3.5.2)。

从 2017—2019 年末各类退出方式平均账面回报倍数①来看,导致股权增值部分下降的主要原因是境外上市及境内 IPO 退出回报的回落。截至 2019 年末,存续基金所投项目境内 IPO 平均账面回报倍数为 5.74,较 2018 年末下降 25.16%;境外上市退出平均账面回报倍数为 4.31 倍,较 2018 年末下降 46.83%(见图 3.5.3)。从平均账面回报倍数来看,境内 IPO 已超越境外上市成为回报倍数最高的退出路径。

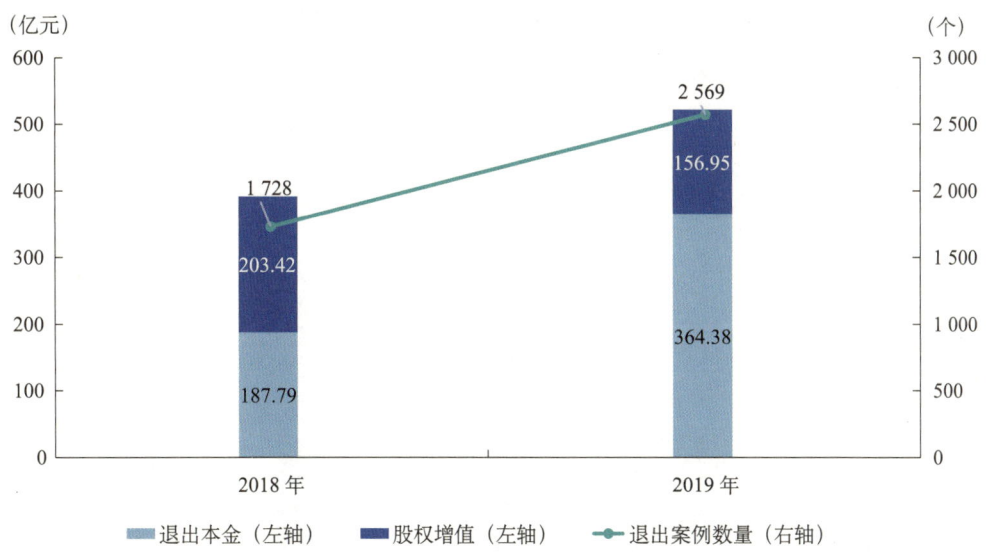

图 3.5.2 2018 年、2019 年创投基金新增退出案例金额及数量

资料来源:中国证券投资基金业协会 AMBERS 系统。

3.5.2 创投基金退出回报水平与项目投资期限成正比

退出回报水平与项目投资期限成正比,7 年以上的项目退出平均账面回报倍

---

① 平均账面回报倍数 = 实际退出金额/退出本金

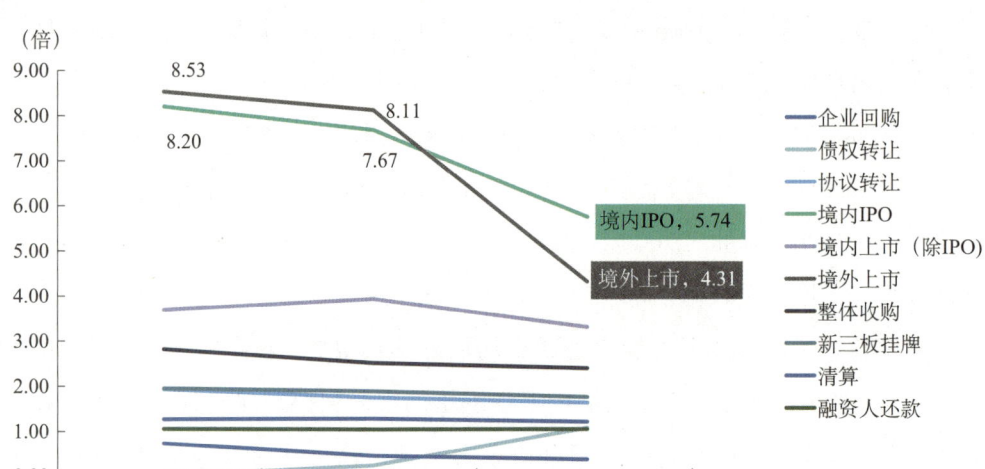

图 3.5.3　2017—2019 年各年末存续创投基金各类退出方式平均账面回报倍数

资料来源：中国证券投资基金业协会 AMBERS 系统。

数最高。截至 2019 年末，存续创投基金投资案例在退出时，持有期限为 1 年内、1—2 年、2—4 年、4—7 年、7 年以上的投资项目退出平均账面回报倍数分别为 1.43 倍、1.29 倍、2.03 倍、2.96 倍和 3.37 倍（见图 3.5.4）。

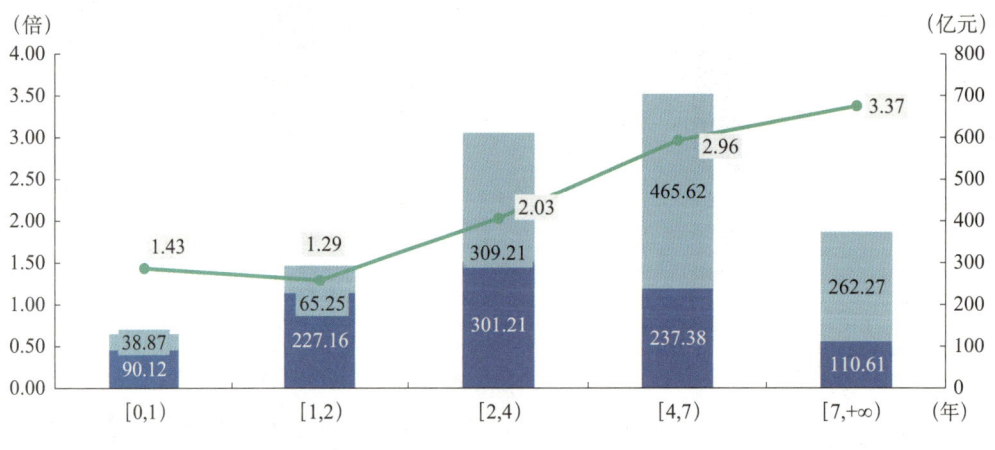

图 3.5.4　截至 2019 年末存续创投基金各持有期限退出案例金额及平均账面回报倍数

资料来源：中国证券投资基金业协会 AMBERS 系统。

3.5.3　创投基金所投战略性新兴产业项目退出账面回报领先

计算机运用、资本品和原材料行业是创投基金 2019 年累计退出及新增退出最集中的3个行业。截至2019年末,3个行业累计的退出案例数量为2 321个、1 062个和558个,3个行业的集中度为54.52%。新增退出案例数量分别为776个、367个和191个,集中度为51.93%(见图3.5.5)。

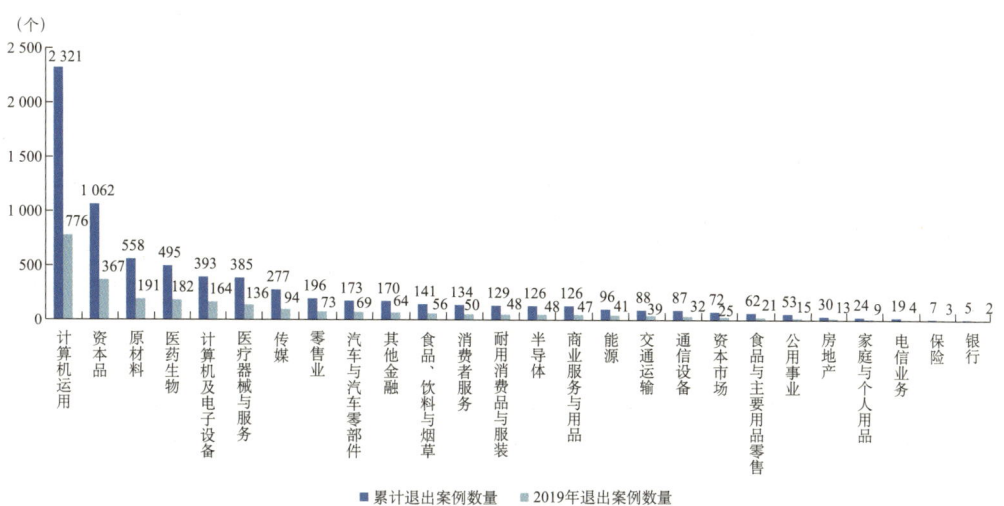

图3.5.5　截至2019年末及2019年当年存续创投基金各行业退出案例数量

资料来源:中国证券投资基金业协会AMBERS系统。

战略性新兴产业项目退出账面回报显著高于其他行业。截至2019年末,实际退出金额最高的3个行业为计算机运用、资本品和原材料行业,退出金额分别为425.50亿元、318.52亿元和230.53亿元,从平均账面回报倍数来看,累计账面回报最高的行业为家庭与个人用品、半导体、计算机及电子设备,回报倍数为3.86倍、3.60倍和3.01倍(见图3.5.6)。2019年,退出金额最高的3个行业为计算机运用、资本品和生物医药行业,退出金额分别为114.65亿元、55.14亿元和50.76亿元。2019年度各行业平均账面回报倍数虽然整体较累计值有所下降,但是战略新兴领域各热点板块退出表现仍优于其他领域。2019年度,医药生物、通信设备、半导体3个行业的回报倍数排在前三位,分别为2.17倍、2.00倍和1.98倍(见图3.5.7)。

3.5.4　创投基金投资退出项目所在区域以"北上广深"、江浙地区居多

截至2019年末,在全国各辖区中,北京的退出案例数量、实际退出金额、

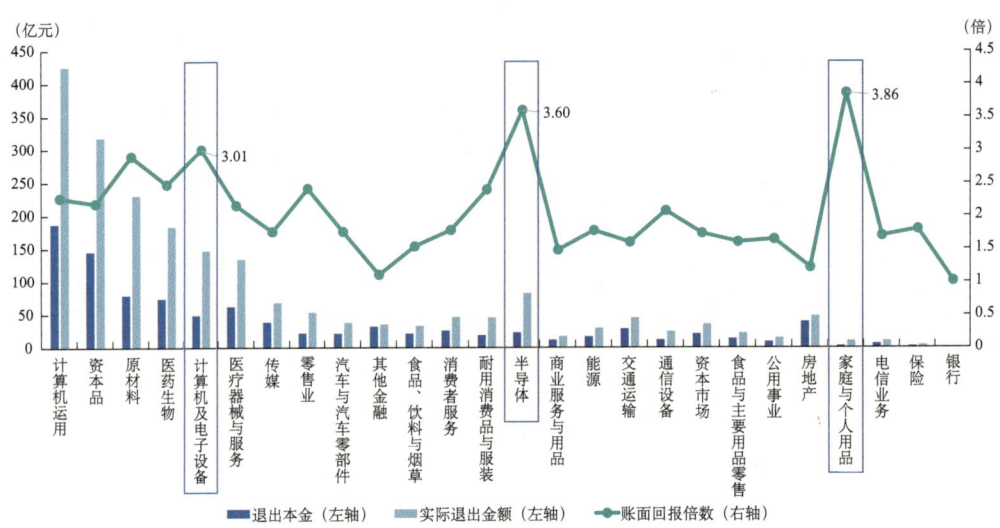

图 3.5.6 截至 2019 年末创投基金退出案例行业金额与账面回报倍数

资料来源：中国证券投资基金业协会 AMBERS 系统。

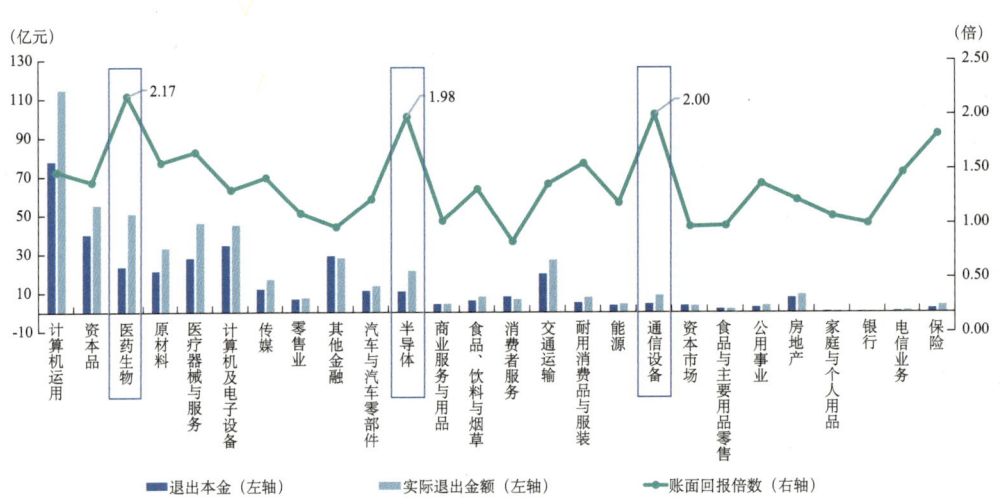

图 3.5.7 2019 年当年创投基金退出案例行业金额与账面回报倍数

资料来源：中国证券投资基金业协会 AMBERS 系统。

退出本金均位居首位。上海、江苏、广东、浙江的退出案例数量排在第二至第五名，前五个辖区累计退出案例数量 5 166 个，占整体退出案例数量的 71.46%。从实际退出金额来看，广东位列第二，其次是上海、江苏和浙江，前四个辖区实际退出金额合计 1 161.25 亿元，占整体退出金额比重为 64.41%。从集中度情况来看，我国创投基金退出仍然集中于京津冀、"长三角"、"珠三角区域"（见图 3.5.8）。

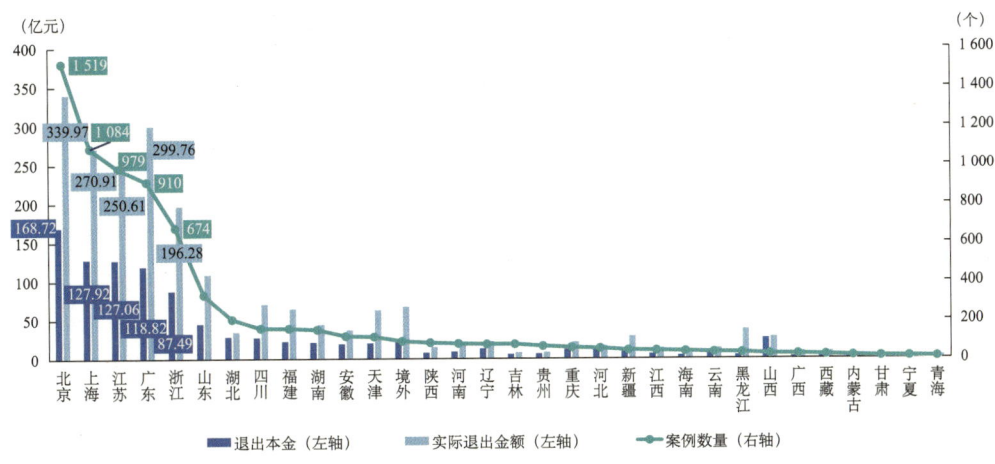

图 3.5.8　截至 2019 年末各辖区退出案例数量及金额

资料来源：中国证券投资基金业协会 AMBERS 系统。

2019 年投资退出案例所处地域中，北京、江苏、上海、广东、浙江 5 个辖区仍然列前五位。存续基金 2019 年全年退出项目合计 2 569 个，其中前五大辖区退出项目合计 1 826 个，地域集中度达 71.08%。前五大主要退出辖区的退出案例数量及金额较 2018 年都有不同程度的提升。在 2019 年度退出案例数量排名前五位的城市中，上海、北京、江苏实际退出金额同比增幅较大，分别为 84.93%、59.03% 和 51.85%，广东、浙江的增幅回落，仅为 6.83% 和 7.97%。北京超越广东成为 2019 年实际退出金额最高地区（见图 3.5.9）。

从退出案例数量同比增幅角度看，江苏、广东、浙江的退出案例增幅分别为 78.40%、69.77% 和 57.86%，而北京的退出案例增幅仅为 33.61%（见图 3.5.10）。这说明新增退出案例中广东、浙江的项目规模普遍偏小，而北京、上海退出的案例以大体量居多。在其他的区域，新疆、湖南、山东、江西、四川均有不错的表现。退出金额增幅排行前三的为宁夏、河北和四川，增幅分别为 3 450%、1 018.07% 和 400.32%。退出案例数量增幅前三名为新疆、江西和天津，增幅分别为 283.33%、111.11%、108.70%（见图 3.5.10）。值得注意的是，山西省退出案例金额整体偏高，2018 年单案例平均退出金额①为 1.92 亿元，2019 年为 2.58 亿元，单案例平均退出金额位居全国首位。

---

① 单案例平均退出金额 = 当年实际退出金额/当年退出案例数量

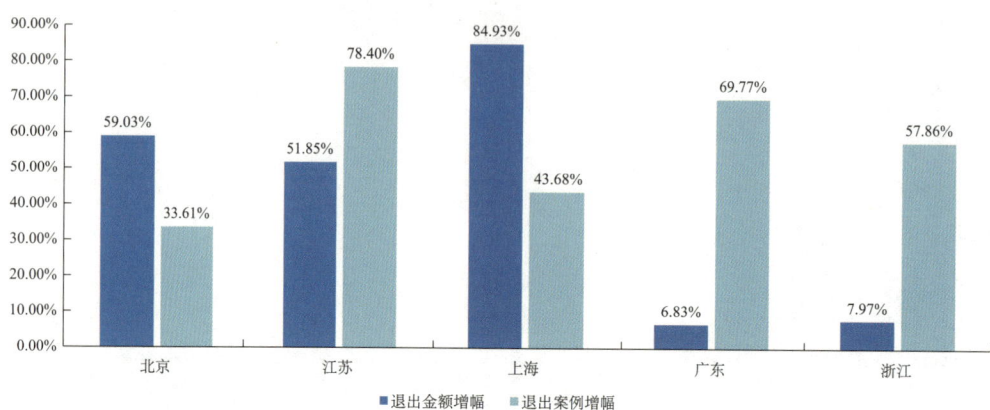

图 3.5.9　2019 年度前 5 大主要退出辖区退出金额及数量相较于 2018 年的变动情况

资料来源：中国证券投资基金业协会 AMBERS 系统。

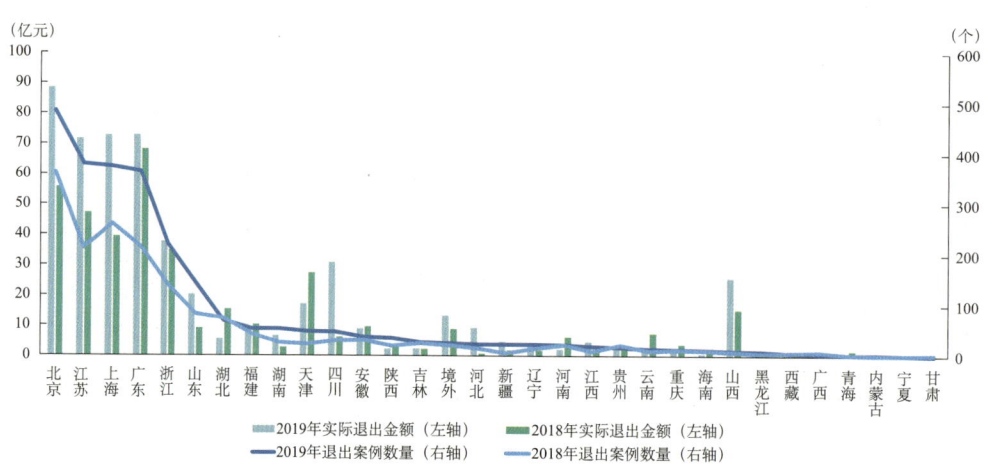

图 3.5.10　2018 年与 2019 年末各辖区退出案例数量及金额

资料来源：中国证券投资基金业协会 AMBERS 系统。

第 4 章　并购基金发展情况

4.1 管理人发展情况分析

4.1.1 并购基金管理人[①]数量及管理规模[②]增速放缓

截至 2019 年末,并购基金管理人数量为 2 526 家,较 2018 年同比增长 1.45%,增速降低 33.08 个百分点;并购基金管理规模 17 116.33 亿元,较 2018 年同比增长 13.70%,增速降低 14.10 个百分点,并购基金管理人数量及管理规模发展较为稳定(见图 4.1.1)。

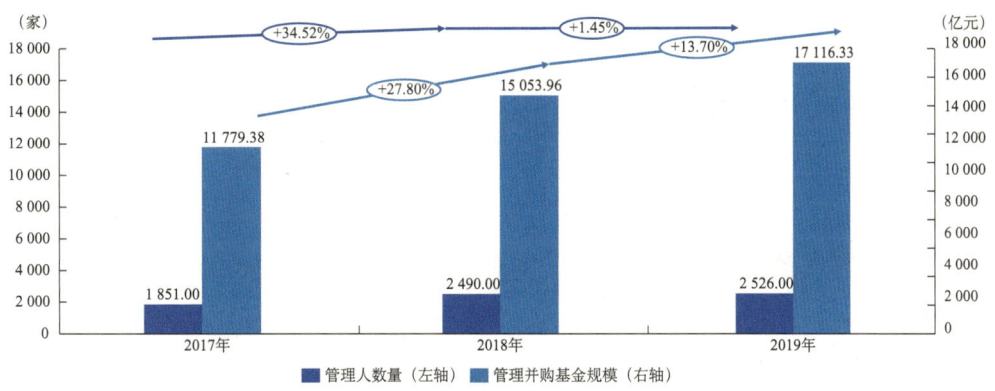

图 4.1.1 2017—2019 年并购基金管理人数量及管理规模

资料来源:中国证券投资基金业协会 AMBERS 系统。

并购基金数量与规模在私募股权投资基金中占比较小。截至 2019 年末,并购基金管理人管理的并购基金数量达 4 874 只,并购基金的管理规模 17 116.33 亿元,在私募股权投资基金中占比分别为 13.37% 和 16.98%,与 2018 年基本持平。由于并购基金在我国发展起步较晚,加之在经济高速发展背景下企业被并购意愿不强、并购融资工具有限等诸多因素的作用,并购基金数量及规模在我国私募股权投资基金行业中占比较小,呈现与欧美市场不同的行业特点(见图

[①] 本章的并购基金管理人是指截至统计时点管理正在运作并购基金的私募股权、创业投资基金管理人,不含未确认机构类型的管理人。

[②] 本章的并购基金是指截至统计时点在协会备案的产品类型为并购基金的私募基金。

4.1.2)。

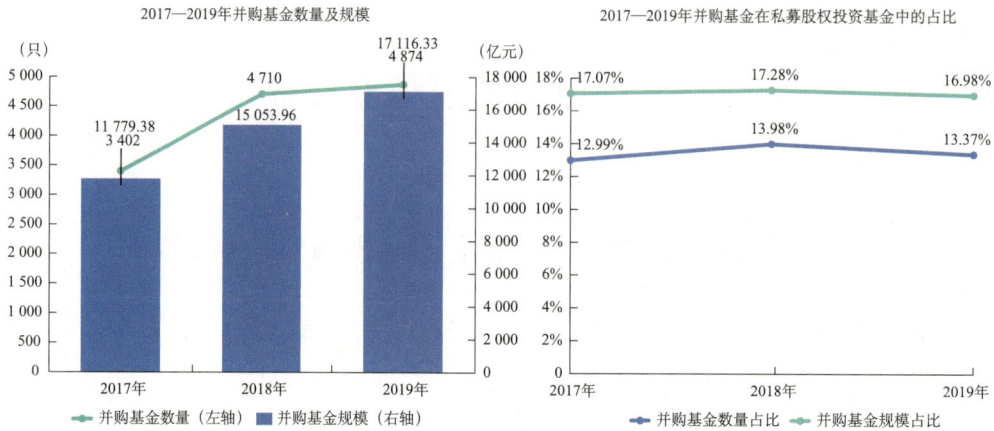

图 4.1.2　2017—2019 年并购基金与私募股权投资基金数量与规模对比

资料来源：中国证券投资基金业协会 AMBERS 系统。

并购基金平均规模高于私募股权投资基金。截至 2019 年末，并购基金平均规模为 3.51 亿元，较 2018 年同比增长 9.87%，高于 2019 年私募股权投资基金平均规模的 2.77 亿元（见图 4.1.3）。

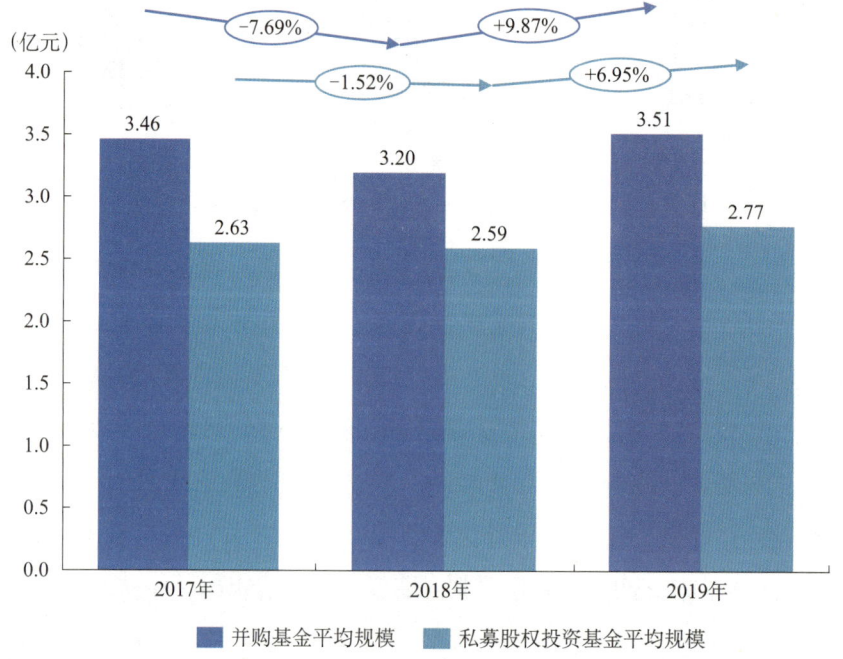

图 4.1.3　2017—2019 年并购基金与私募股权投资基金平均规模对比

资料来源：中国证券投资基金业协会 AMBERS 系统。

并购基金管理人管理的基金以中小规模为主,大规模的基金数量占比有所增加。截至 2019 年末,在并购基金管理人管理的基金①中,管理规模在 5 000 万元以下的(含规模为 0,含 5 000 万元),数量合计 2 347 只,与 2018 年基本持平,较 2017 年增加 26.80%,在当年所有基金中数量占 48.05%,较 2017 年下降 1.25 个百分点;管理规模在 5 000 万—1 亿元的(含 1 亿元,下同),数量合计 660 只,与 2018 年持平,较 2017 年增加 26.44%,在当年所有基金中占比 13.51%,较 2017 年下降 0.39 个百分点;规模在 20 亿—30 亿元的,数量合计 83 只,较 2018 年增加 14.12%,较 2017 年增加 62.75%,增速最快(见图 4.1.4、表 4.1.1)。

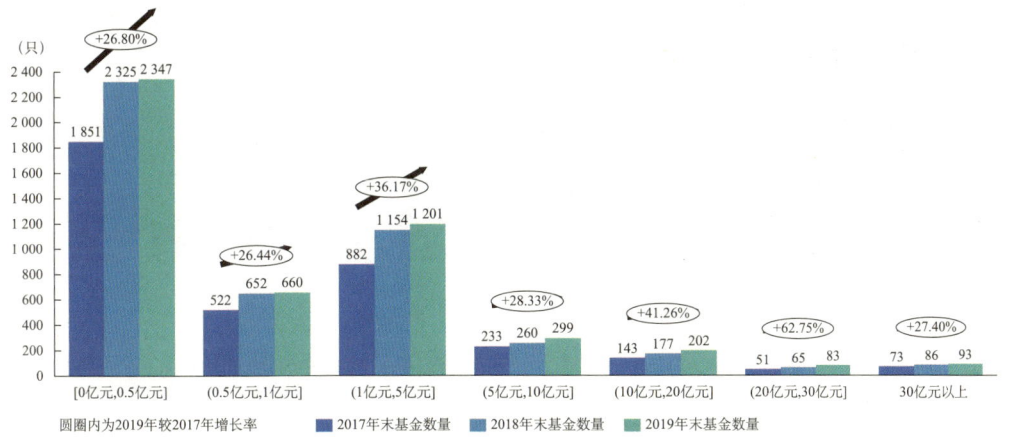

图 4.1.4　2017—2019 年并购基金管理人管理基金规模分布

资料来源:中国证券投资基金业协会 AMBERS 系统。

表 4.1.1　2017—2019 年并购基金管理人管理基金规模占比分布(按基金数量)

基金规模	2017 年	2018 年	2019 年
[0 亿元,0.5 亿元]	49.29%	49.27% ↓	48.05% ↓
(0.5 亿元,1 亿元]	13.90%	13.82% ↓	13.51% ↓
(1 亿元,5 亿元]	23.49%	24.45% ↑	24.59% ↑
(5 亿元,10 亿元]	6.21%	5.51% ↓	6.12 ↑
(10 亿元,20 亿元]	3.81%	3.75% ↓	4.14% ↑
(20 亿元,30 亿元]	1.36%	1.38% ↑	1.70% ↑
30 亿元以上	1.94%	1.82% ↓	1.90% ↑

注:"↑"表示相较上一年占比上升,"↓"表示相较上一年占比下降。
资料来源:中国证券投资基金业协会 AMBERS 系统。

---

① 截至 2019 年末,并购基金管理人管理 4 874 只并购基金,3 只创业投资基金,另有 8 只基金产品类型信息缺失。

4.1.2 并购基金管理人集中分布于东南沿海地区

截至2019年末,已登记并购基金管理人中,注册地在北京、上海、深圳、浙江(除宁波)和广东(除深圳)①的数量居多,数量合计占比达70.03%。其中,北京、深圳、上海并购基金管理人注册数量依次列全国前三位,分别为510家、455家、442家,合计占比55.70%,基金管理规模合计占比58.37%,管理基金数量合计占比57.93%(见图4.1.5)。

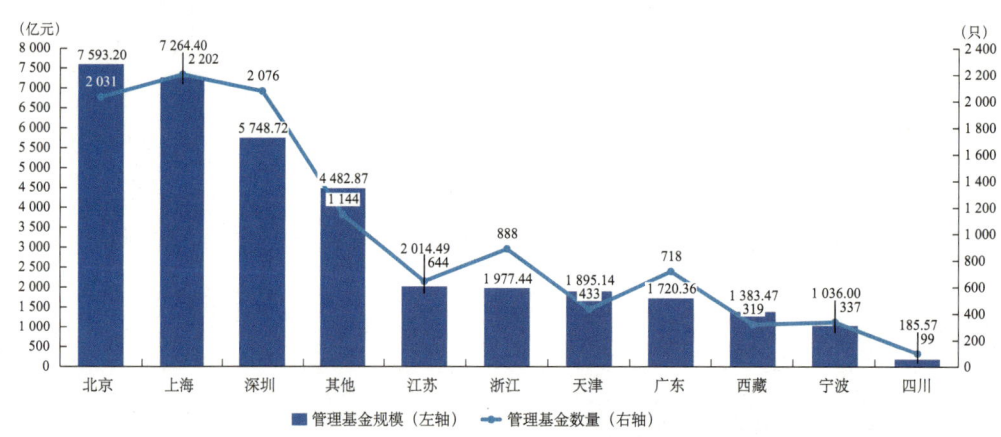

图 4.1.5 并购基金管理人管理基金数量及规模注册地分布

注:广东省基金管理数量和规模不含深圳市,浙江省基金管理数量和规模不含宁波市。
资料来源:中国证券投资基金协会 AMBERS 系统。

4.1.3 民营背景并购基金管理人数量多,国有背景管理人数量增速最快

截至2019年末,已在协会登记的并购基金管理人以自然人及其所控制民营企业控股为主,数量为1 956家,在所有并购基金管理人中占比77.43%,较2018年末占比减少1.51个百分点。国有控股并购基金管理人347家,同比增长12.66%,增长速度最快,在所有并购基金管理人中占比为13.74%,较2018年末占比增加1.38个百分点。在其他控股主体中,社团集体控股12家,占比0.48%,外商控股68家,占比2.69%(见图4.1.6)。

---

① 按照中国证监会辖区分划,深圳、青岛、宁波、大连、厦门单独统计。

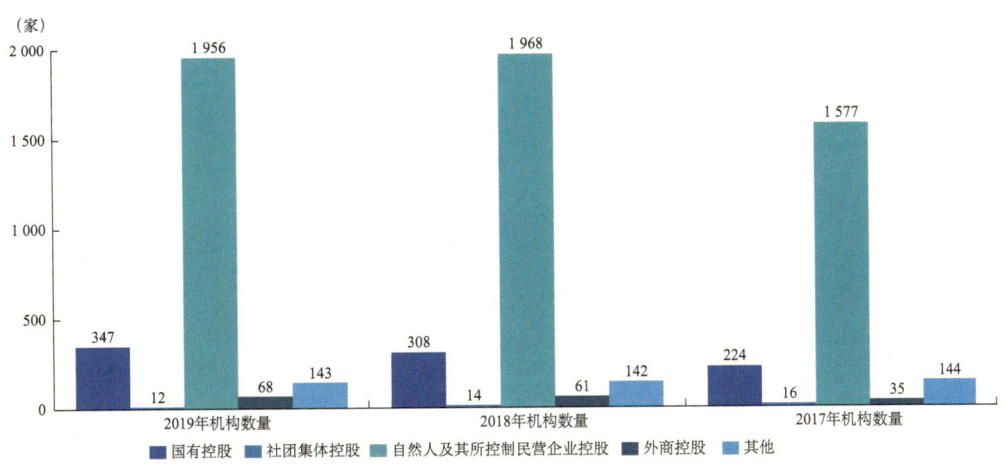

图 4.1.6　按控股股东性质划分并购基金管理人数量分布

资料来源：中国证券投资基金协会 AMBERS 系统。

4.2　募资①情况分析

4.2.1　新备案并购基金数量与规模下滑

2019 年新备案并购基金数量和规模整体有所下降，第三、第四季度反弹回升。受国内外经济金融环境、资本市场波动及监管政策调整影响，2019 年当年新备案并购基金 729 只，同比下降 51.56%，新备案基金规模 1 589.02 亿元，同比下降 51.58%（见图 4.2.1）。分季度来看，2019 年各季度新备案并购基金数量持续维持低位，上半年新备案并购基金规模持续下滑，第三季度开始反弹回升，第四季度新备案并购基金规模达到 579.50 亿元，略高于 2018 年第四季度水平（见图 4.2.2）。

新备案跨境并购基金②数量与规模持续下降。截至 2019 年末，已备案跨境并购基金 111 只，同比下降 5.40%；已备案跨境并购基金规模 2 088.16 亿元，

---

① 由于难以获取基金实际募资进度，本章以新备案基金数量及规模作为衡量基金募资情况的替代指标。
② 本章的跨境并购基金是指截至统计时点在协会备案的产品类型为并购基金且在投向上开展跨境投资业务的私募基金。

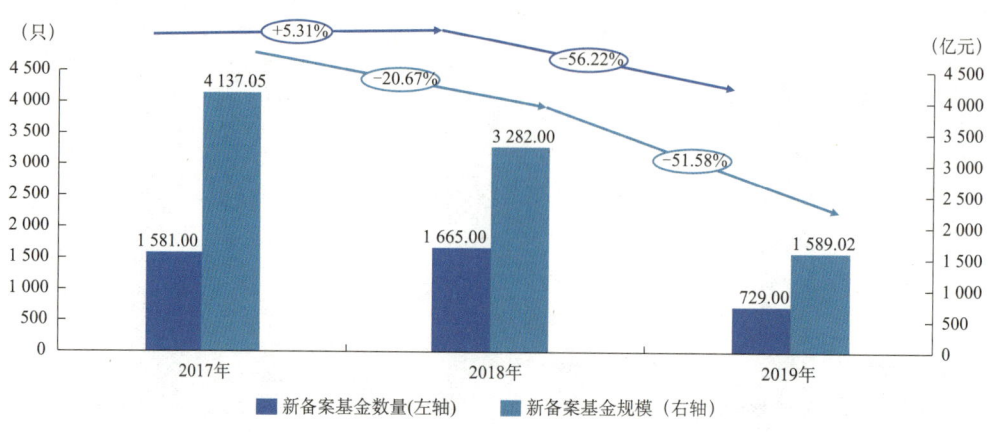

图 4.2.1　2017—2019 年当年新备案并购基金数量与规模

资料来源：中国证券投资基金协会 AMBERS 系统。

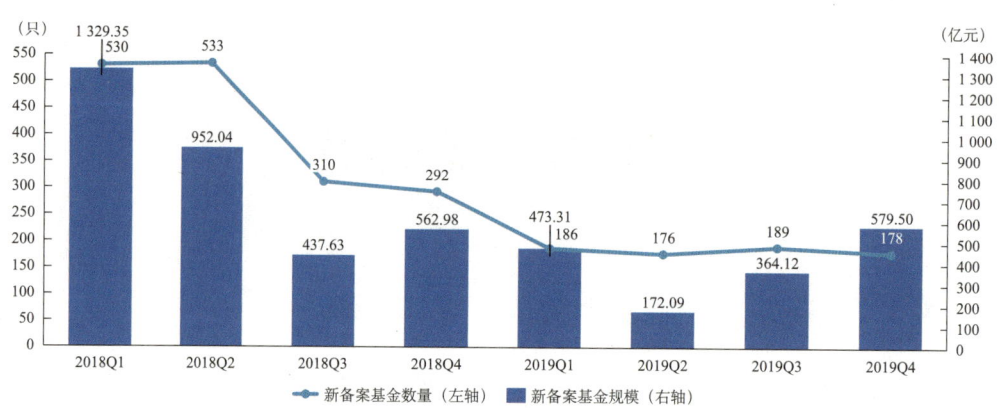

图 4.2.2　2018—2019 年各季度新备案并购基金数量与规模

资料来源：中国证券投资基金协会 AMBERS 系统。

同比下降 14.90%。其中，2019 年当年新备案跨境并购基金 7 只，规模 18.50 亿元，数量、规模分别较 2018 年下降 41.67% 和 51.98%（见图 4.2.3）。

4.2.2　并购基金募资环境比较艰难

2019 年募资时长和难度大幅增加。协会问卷调查数据显示，六成以上的受访机构认为 2019 年募资环境较 2018 年更为艰难。其中，分别有 41.30%、44.20% 的受访机构认为募资时长和募资难度大幅增加；21.01%、23.91% 的受访机构分别认为募资时长和难度小幅增加；认为募资情况基本持平的受访机构数量占比分别为 36.23% 和 30.43%（见图 4.2.4）。

第 4 章 并购基金发展情况 117

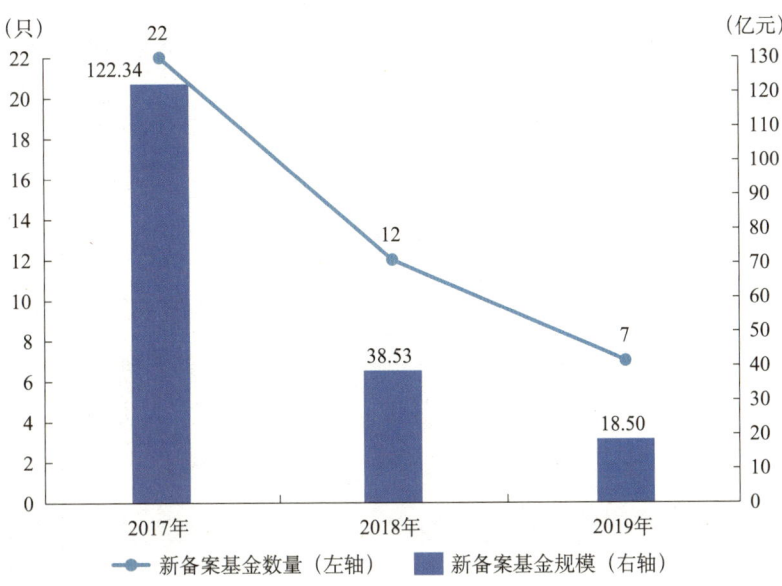

图 4.2.3　2017—2019 年新备案跨境并购基金数量与规模

资料来源：中国证券投资基金协会 AMBERS 系统。

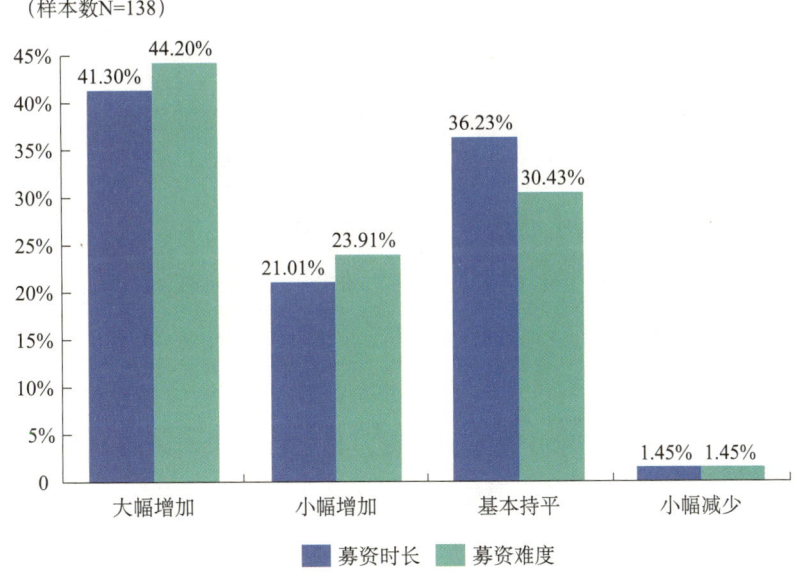

图 4.2.4　2019 年募资时长和募资难度变化

资料来源：中国证券投资基金业协会调查问卷。

4.2.3 并购基金出资人结构多样化，企业投资者是并购基金重要出资人

从出资人结构来看，并购基金的出资人包括各类企业或政府主体、各类资产管理机构发行的资产管理产品或投资计划以及个人投资者。截至2019年末，企业投资者[①]数量最多，占58.55%，较2018年增加2.05个百分点；其次是个人投资者[②]，占27.56%，较2018年减少2.42个百分点；私募基金产品数量占比9.59%，较2018年增加0.73个百分点；各类资管计划[③]数量占比3.40%，较2018年减少0.42个百分点。从出资金额来看，企业投资者出资金额最高，占比59.26%，较2018年增加2.36个百分点；其次为私募基金产品，出资金额占比为17.62%，较2018年增加1.00个百分点；各类资管计划出资金额占比12.45%，个人投资者出资金额占比仅为8.81%，均较2018年有所下降；政府资金[④]、社保基金与社会公益基金[⑤]及境外资金[⑥]的数量和出资金额均较少（见图4.2.5）。

2019年新募集并购基金中，企业出资人较多来源于传统行业，新兴行业出资人以来自生物医药、高端制造业为主。协会问卷调查数据显示，前五大出资方的行业分布中，企业出资人所在行业属于传统行业的较多，占比达到52%（排除"其他"行业），其中属于消费品/传统制造、建筑建材等传统行业的较多，分别为33家、24家，属于其他传统行业的31家；在新兴行业中，出资人所在行业属于生物医药、高端制造、电子领域的分别有21家、21家、16家（见图4.2.6）。

两成新募集基金有政府引导基金出资，其中近八成有返投比例要求。协会问卷调查数据显示，2019年，新募集并购基金中前五大出资人中有政府引导基

[①] 企业投资者包括境内法人机构（公司类）、境内非法人机构（一般合伙企业等）和本基金管理人（跟投）。
[②] 个人投资者主要指居民，包括自然人投资者和员工跟投。
[③] 各类资管计划包括证券期货经营机构发行的资产管理计划、信托计划、商业银行理财产品、保险资产管理计划等。
[④] 政府资金包括财政直接出资和政府类引导基金出资。
[⑤] 社保基金与社会公益基金包括全国社保基金，慈善基金、捐赠基金等社会公益基金。
[⑥] 境外资金包括境外机构、QFII、RQFII等。

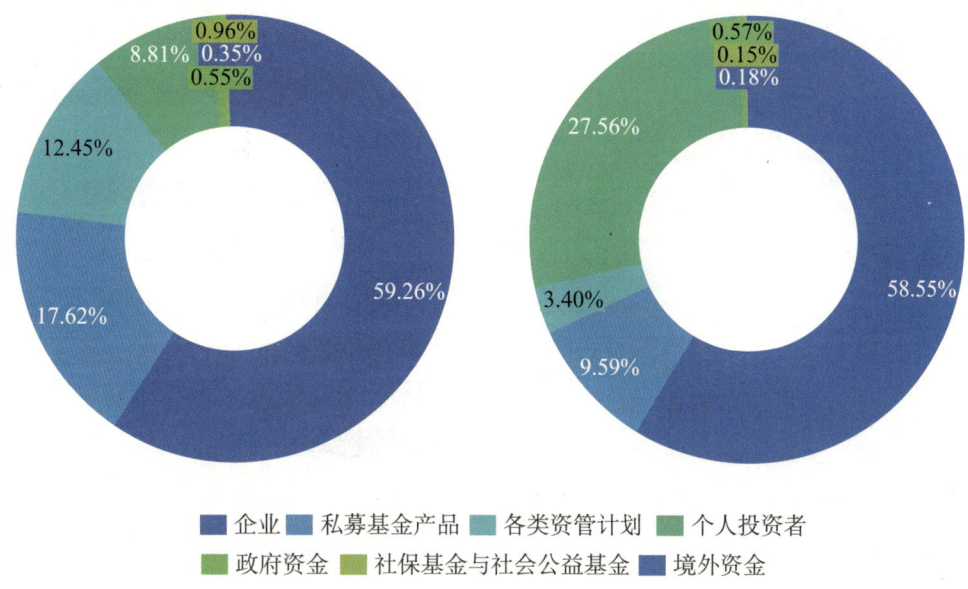

图 4.2.5　截至 2019 年末并购基金各类投资者结构占比

资料来源：中国证券投资基金协会 AMBERS 系统。

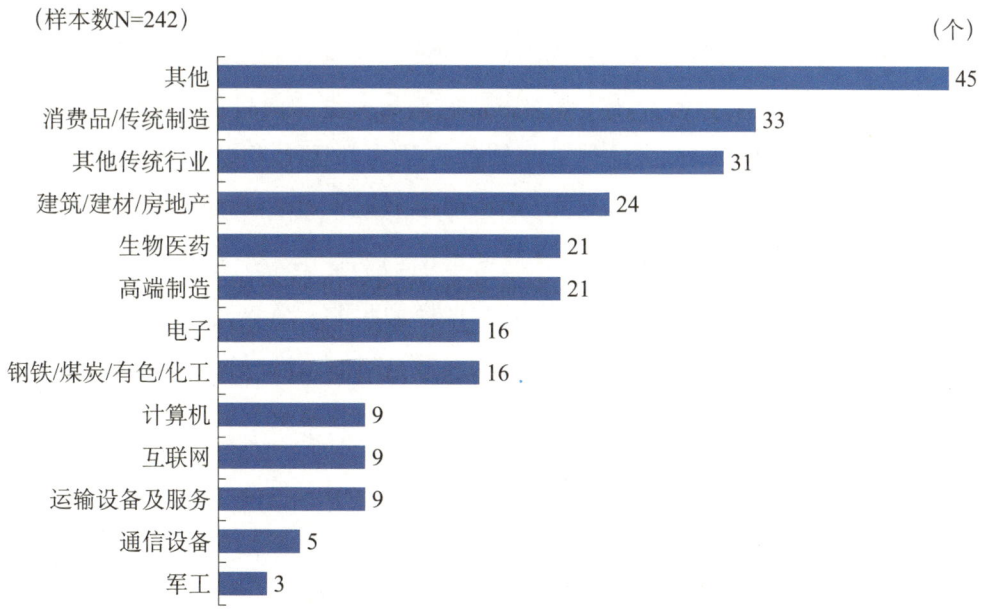

图 4.2.6　2019 年新募集基金前五大企业出资方的行业分布

资料来源：中国证券投资基金业协会调查问卷。

金的并购基金数量占比达 21.01%，其中广东省、北京市两地政府引导基金出资参与并购基金较多。76.00%的政府引导基金要求有相应返投比例，42.31%的并购基金返投比例达到30%以上（见图4.2.7）。

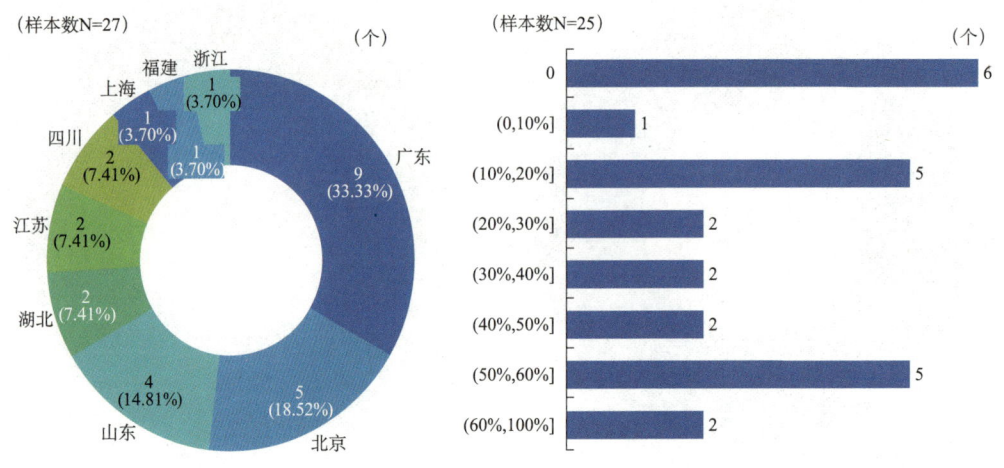

图4.2.7　新募集并购基金中政府引导基金出资区域及返投比例

资料来源：中国证券投资基金业协会调查问卷。

国内并购基金模式与国外存在较大差别。协会问卷调查数据显示，超过一半的并购基金管理人认为国内的并购基金主要运营模式与上市公司或其大股东有关，其中35.77%的管理人认为我国并购基金的主要模式是上市公司或其控股股东出资设立，23.36%的管理人认为主要模式是上市公司自主成立基金管理公司并发起设立。除此之外，26.64%的管理人认为我国并购基金主要是参股投资、并购退出的发展模式。仅有13.14%的管理人认为我国并购基金是控股型收购，以重组改造为目标的并购基金（见图4.6.1）。这一情况与国外并购基金发展模式有较大差别。国外并购基金主要有杠杆型收购、资产价值提升和市场套利三种获利模式[①]。

---

① 杠杆型并购一般是利用目标公司未来经营现金流或资产作为抵押，获取并购贷款或发行并购债券，以此作为收购目标公司的主要资金，目标公司未来的经营现金流是偿还并购贷款和债券的主要来源。在这种模式下，并购方可以利用较高的融资杠杆，放大股本金投资的效率。资产价值提升型并购是并购方对其认为被低估的公司发起收购并进行管理，从公司治理、经营决策、资本运营等方面帮助目标公司在短期内实现价值提升，并购方再出售获利。市场套利型并购是指并购方收购处于困境中的企业，通过资产重组帮助企业渡过难关，再将企业整体或部分资产出售从中获利。在这三种模式下，并购基金都需要对标的企业有较高的控制权、参与经营管理决策并拥有专业完善的投后管理团队。

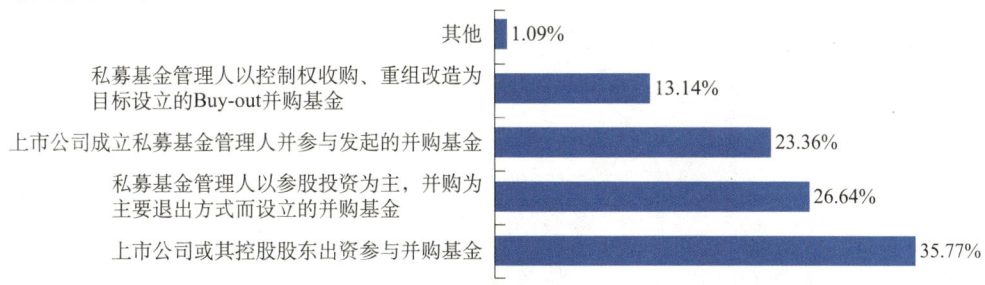

图 4.6.1　并购基金主要模式

资料来源：中国证券投资基金业协会统计数据调查问卷。

4.3　投资情况①分析

4.3.1　投资总量下降但投资中小、高新技术企业增长迅速

近年来，并购市场持续降温，并购基金投资也受到影响。截至 2019 年末，并购基金投资案例数量为 7 586 个，在投金额 12 163.81 亿元。2019 年，并购基金投资案例数为 1 773 个，同比下降 27.69%，而 2018 年同期增长了 15.01%；2019 年，并购基金新增投资金额 2 331.92 亿元，同比下降 20.17%，较 2018 年降幅持续扩大（见图 4.3.1）。

并购基金主要投资阶段集中在企业扩张期和起步期。2019 年，从投资案例数量来看，并购基金投资扩张期的企业案例数量为 791 个，在全部投资案例中占比 46.34%，投资起步期案例数量 511 个，占 29.94%，两阶段投资案例合计占比 76.27%；从投资金额来看，并购基金投资扩张期企业 960.31 亿元，占 35.68%，投资起步期企业 759.31 亿元，占 28.21%，两阶段投资金额合计占比 63.89%；此外，已上市企业也是并购基金较为重要的投资标的，投资案例占比 5.39%，投资金额占比 16.63%（见图 4.3.2）。

---

①　本章提到的并购基金投资金额与投资案例数量，是指截至统计时点在协会备案的产品类型为并购基金的私募基金所投资的全部项目的金额及数量。

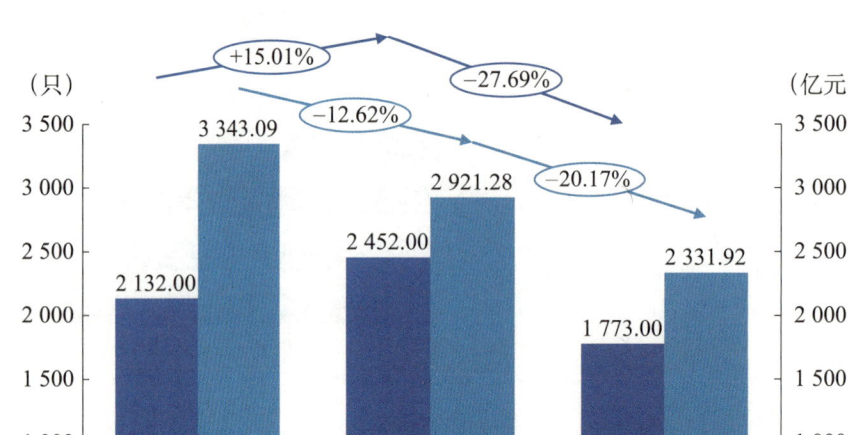

图 4.3.1　2017—2019 年并购基金投资案例数量及投资金额

资料来源：中国证券投资基金业协会 AMBERS 系统。

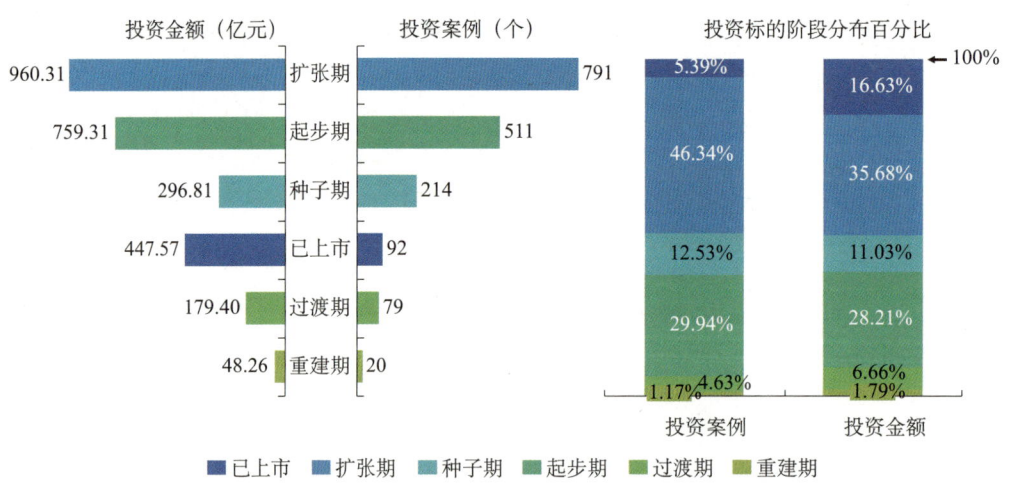

图 4.3.2　2019 年并购基金投资不同阶段的案例数量、投资金额及百分比

资料来源：中国证券投资基金业协会 AMBERS 系统。

积极并购中小企业[①]与高新技术企业[②]，并购基金助力我国各产业转型升级。2018 年以来，并购基金对中小企业的投资案例数量快速增长，2018 年和 2019 年同比增速分别为 37.01% 和 12.03%；截至 2019 年末，在投案例数量达到 3 911 个，在并购基金的所有投资中占比 51.56%，是并购基金的主要投资类型。

并购基金也积极参与到高新技术企业的投资中，2018 年和 2019 年高新技术企业在投案例数量同比增长 44.81% 和 22.87%；截至 2019 年末，在投案例数量达到 2 176 个，在并购基金的所有投资中占比 28.68%。

此外，并购基金 2019 年对初创科技型企业的投资案例数量显著增多，同比增长 47.15%。这可能与宏观经济增速下滑，初创科技型企业[③]被并购意愿上升有关，但从投资总量来看，并购基金对初创科技型企业的投资占比仍然较少，在投案例数量仅占 7.16%，在投金额仅占 1.59%（见图 4.3.3、图 4.3.4）。

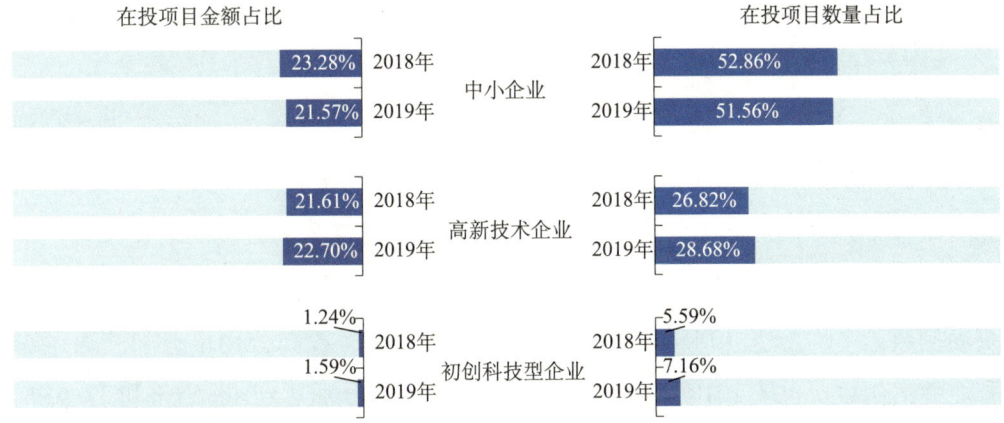

图 4.3.3　截至 2017—2019 年末并购基金投资企业特征占比

资料来源：中国证券投资基金业协会 AMBERS 系统。

4.3.2　医疗、科技是并购热门行业

从投资案例数量来看，截至 2019 年末，前五大并购基金投资热门行业为计

---

① 本章的中小企业认定标准为投资时职工数不超过 500 人、年销售额不超过 2 亿元、资产总额不超过 2 亿元的企业。

② 本章的高新技术企业认定标准同科技部、财政部、国家税务总局以国科发火〔2016〕32 号印发修订后的《高新技术企业认定管理办法》对高新技术企业的判断标准。

③ 本章的初创科技型企业认定标准同《财政部税务总局关于实施小微企业普惠性税收减免政策的通知财税〔2019〕13 号》（财税〔2019〕13 号）对初创型科技企业的判断标准。

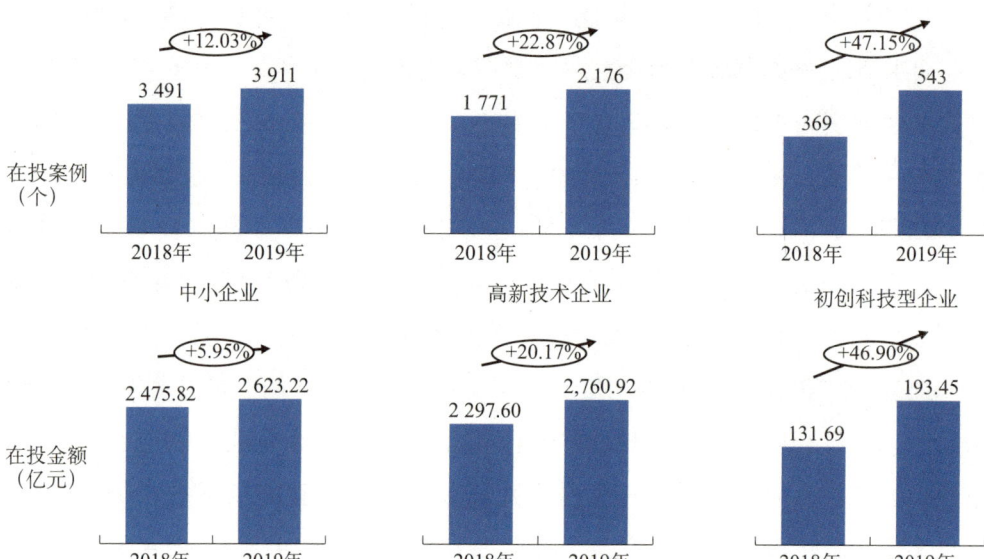

图 4.3.4　截至 2017—2019 年末并购基金投资企业特征情况

资料来源：中国证券投资基金业协会 AMBERS 系统。

算机运用①、资本品②、医疗器械与服务③、医药生物和房地产，投资案例数分别为 1 558 个、778 个、623 个、477 个和 444 个，占比分别为 20.54%、10.26%、8.21%、6.29% 和 5.85%，合计占比 51.15%。从投资案例数量的增速来看，半导体投资案例数较 2018 年末增速最高，同比增长 47.64%，是年度所有行业投资案例数量平均增速（14.87%）的 3 倍以上；同时，投向公用事业和交通运输行业的案例数量也较 2018 年末增长较多，同比增速分别达到 40.63% 和 37.61%（见图 4.3.5）。

从在投金额来看，截至 2019 年末，前五大并购基金投资热门行业为计算机运用、房地产、资本品、其他金融和原材料④，在投金额分别为 1 803.96 亿元、1 438.67 亿元、1 212.30 亿元、782.55 亿元和 777.60 亿元，占比分别为 14.83%、11.83%、9.98%、6.43% 和 6.39%。在投金额排名前五的行业中，资

---

① 本章中计算机运用行业包含互联网服务、信息技术服务、软件开发行业，下同。
② 本章中资本品行业包含航空航天与国防、建筑产品、建筑与工程、电气设备、工业集团企业、机械制造、环保设备、工程与服务行业，下同。
③ 本章中医疗器械与服务行业包括医疗器械、医疗用品与服务提供商行业，下同。
④ 本章中原材料行业包括化学原料、化学制品、建筑材料、容器与包装、有色金属、钢铁、非金属采矿及制品、纸类与林业产品行业，下同。

图 4.3.5 截至 2019 年末并购基金投资行业分布及增长率（按投资案例）

资料来源：中国证券投资基金业协会 AMBERS 系统。

本品、原材料、半导体和计算机运用同比增速较高，分别为 24.53%、23.38%、22.78% 和 16.22%，均高于全行业在投金额增长率[①]（14.40%）（见图 4.3.6）。

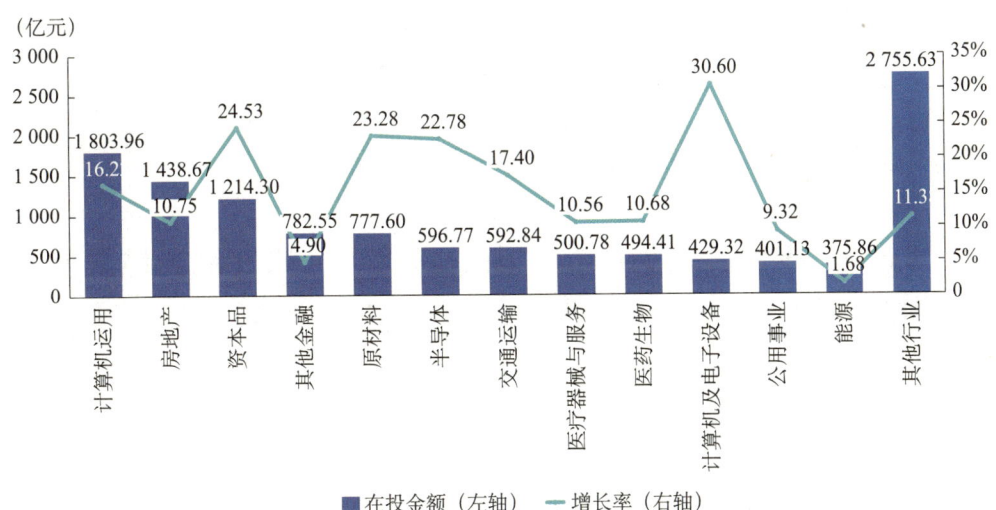

图 4.3.6 截至 2019 年末并购基金投资行业分布及增长率（按在投金额）

资料来源：中国证券投资基金业协会 AMBERS 系统。

受宏观环境影响，2019 年并购基金投资的大部分行业投资案例数量和金额

---

① 全行业在投金额增长率 =（2019 年全行业在投金额 - 2018 年全行业在投金额）/2018 年全行业在投金额

均出现较大幅度下滑，当年投资案例数量和金额靠前的五大行业集中在科技、医疗和房地产行业。

从投资案例数来看，计算机运用、房地产、资本品、医疗器械与服务行业投资案例数量分别为 309 个、181 个、155 个和 144 个，同比分别下降 28.64%、27.60%、36.48% 和 32.08%；半导体行业投资案例数量为 124 个，同比上涨 1.64%，是 2019 年少数投资案例数量逆势上涨的行业之一（见图 4.3.7）。

从投资金额来看，2019 年当年并购基金投资金额排在前五位的行业是房地产、资本品、计算机运用、原材料和半导体行业。5 个行业的投资金额较 2018 年同比分别下降 3.88%、25.53%、20.70%、6.26% 和 7.30%，并购基金整体投资金额收紧。

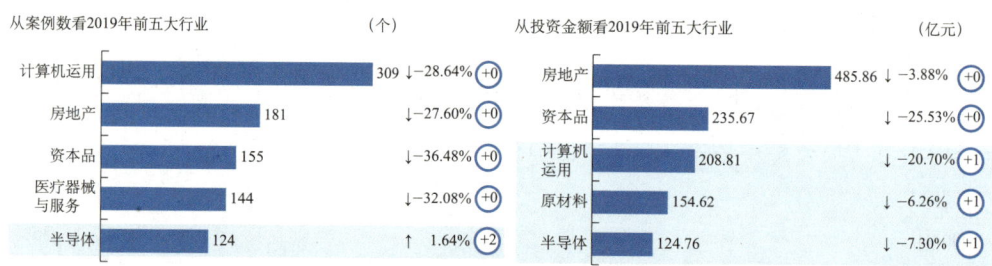

图 4.3.7　2019 年并购基金投资前五大行业分布及增长率

注：百分比表示与上一年对比增/降幅，圆圈内数字表示与上一年对比排序变化。

4.3.3　投资区域集中在东南沿海地区，二三线区域投资增速上升

无论是按投资案例数量还是在投金额划分，并购基金投资区域均集中在北京、广东、上海、浙江、江苏，东南沿海地区是投资重点区域，其他区域投资案例数量和金额相对较少。截至 2019 年末，并购基金投资案例数量和在投金额最多的前 5 个区域为北京、广东、上海、江苏和浙江，合计投资案例数量为 5 007 个，在所有投资案例数量中占 66.00%；合计在投金额 6 804 亿元，在所有在投金额中占 55.94%。同时，并购基金在二三线区域的投资活跃度大幅提升，帮助当地企业转型，支持新兴产业快速发展。截至 2019 年末，海南、新疆、湖北、福建、广西的在投金额同比增长了 84.63%、50.82%、50.72%、46.45% 和 38.73%；广西、甘肃、河北、河南、山东的投资案例数量同比增长了 60.00%、

50.00%、33.72%、33.03%和29.70%（见图4.3.8）。

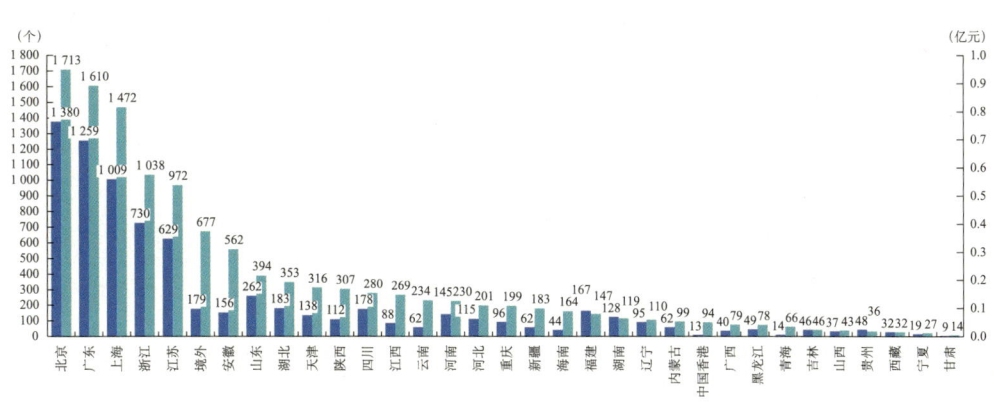

图4.3.8　截至2019年末并购基金投资区域分布

资料来源：中国证券投资基金业协会AMBERS系统。

分区域分行业看，各区域发展行业各有侧重。2019年，并购基金在北京投资金额最高的行业为房地产业，投资金额60.52亿元，投资案例数量最多的行业为计算机运用行业，投资数量为94个；在上海投资金额最高的行业为房地产行业，投资金额90.42亿元，投资案例数量最多的行业为计算机运用行业，投资数量为51个；在广东投资金额最高和投资案例数量最多的行业均为房地产业，投资金额163.63亿元，投资数量为60个；在浙江投资金额最高的行业为房地产业，投资金额47.39亿元，投资案例数量最多的行业为零售业，投资数量为44个；在江苏投资金额最高和投资案例数量最多的均为资本品行业，投资金额37.71亿元，投资数量为22个。房地产行业由于单笔投资金额较大，投资总金额在多数城市都排在第一位（见图4.3.9）。

4.3.4　控股型并购、战略投资人身份得到重视

控股型并购占比提升。协会问卷调查数据显示，并购基金投资呈现参股并购①和控股并购两极分化的格局。从投资案例数量来看，有44.20%的并购基金管理人参股型投资占其总投资案例数量的30%以下（即投资策略以控股型投资为主），有40.58%的并购基金管理人参股型投资占其总投资案例数量的70%以上（即投资策

---

① 参股并购指持股比例低于50%且不能对被投企业实现实际控制。

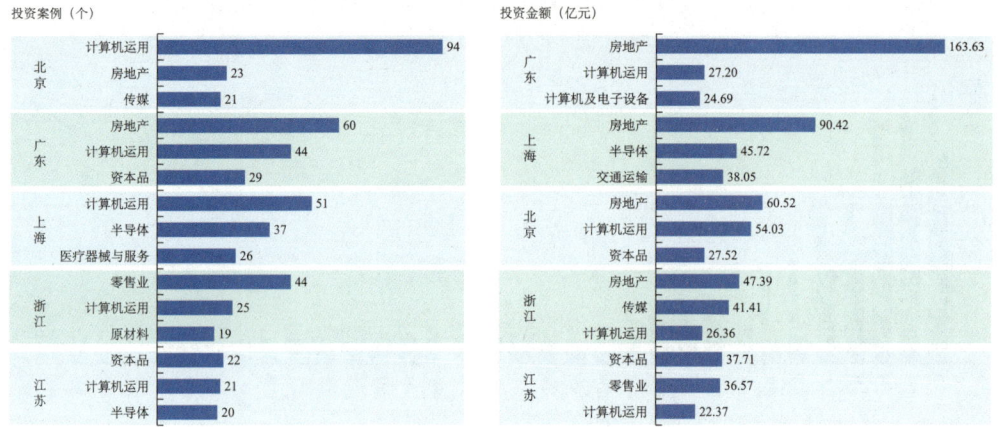

图 4.3.9　2019 年并购基金投资前五大区域前三大行业分布

资料来源：中国证券投资基金业协会 AMBERS 系统。

略以参股型投资为主）。从投资金额来看，有 44.20% 的并购基金管理人参股型投资占其总投资金额的 30% 以下（即以控股型投资为主），有 38.41% 的并购基金参股型投资占其总投资金额的 70% 以上（即以参股型投资为主）。较 2018 年问卷调查中控股型并购占比仅有 31.80% 的比例有所上升（见图 4.3.10）。

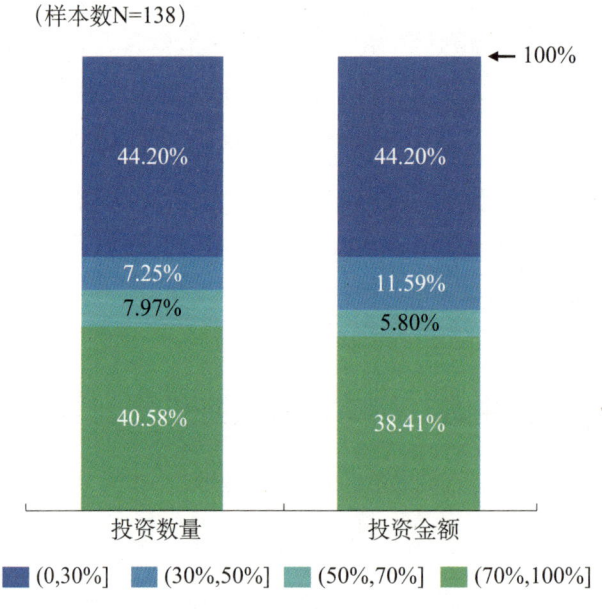

图 4.3.10　2019 年并购基金参股型投资在总投资中的占比分布

资料来源：中国证券投资基金业协会调查问卷。

向战略投资人身份积极转型。经过多年与产业方（非金融国有企业、民营企业）联合投资经验的积累，国内并购基金逐渐有意识地从单纯的财务投资人身份向战略投资人身份转变，独立开展产业化并购投资。协会问卷调查数据显示，有35.13%的并购基金管理人有意向在未来作为战略投资人为公司提供产业资源和增值服务，21.52%的管理人将独立对产业内企业进行并购整合，14.24%的管理人将挑选头部企业合作开展平台并购，仅有28.80%的管理人选择提供资本平台服务，继续依靠产业方投资（见图4.3.11）。

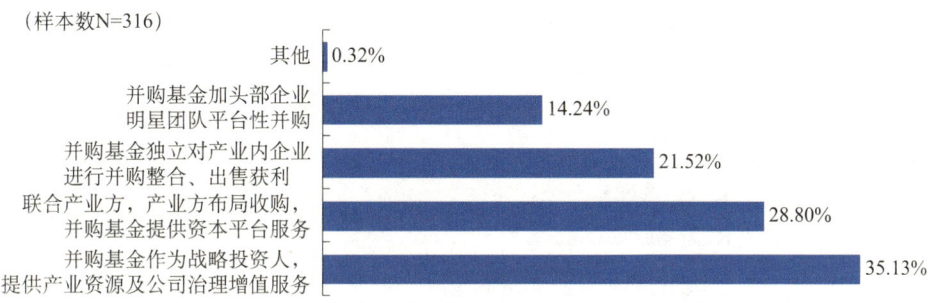

图 4.3.11 受访人认为我国并购基金未来发展的主要模式

资料来源：中国证券投资基金业协会统计数据调查问卷。

4.3.5 并购基金较少配套其他金融工具

协会问卷调查数据显示，在投资过程中配套了并购贷款、信托资金、结构化设计、并购保险等其他金融工具的并购基金占比仅有26.81%，未配套其他金融工具的并购基金占比73.19%（见图4.3.12）。

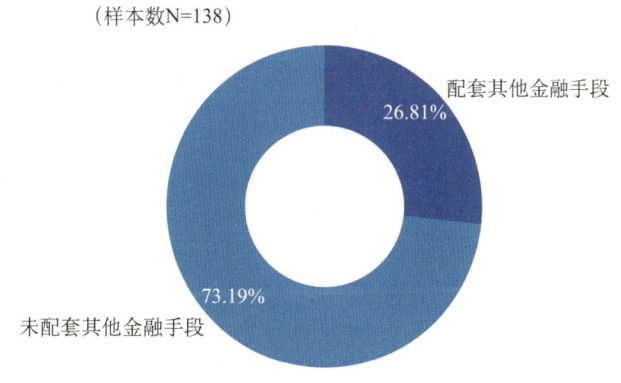

图 4.3.12 并购基金是否配套其他金融工具占比

资料来源：中国证券投资基金业协会调查问卷。

协会问卷调查数据显示,在并购基金的投资过程中,使用的金融工具主要集中在并购贷款和结构化设计上,二者占比均为 42.86%。跨境并购基金使用的金融工具则较为多样,结构化设计、并购贷款、信托资金、购买并购保险和其他配套金融工具均有涉及,占比分别为 33.33%、21.43%、9.52%、4.76% 和 30.95%(见图 4.3.13)。

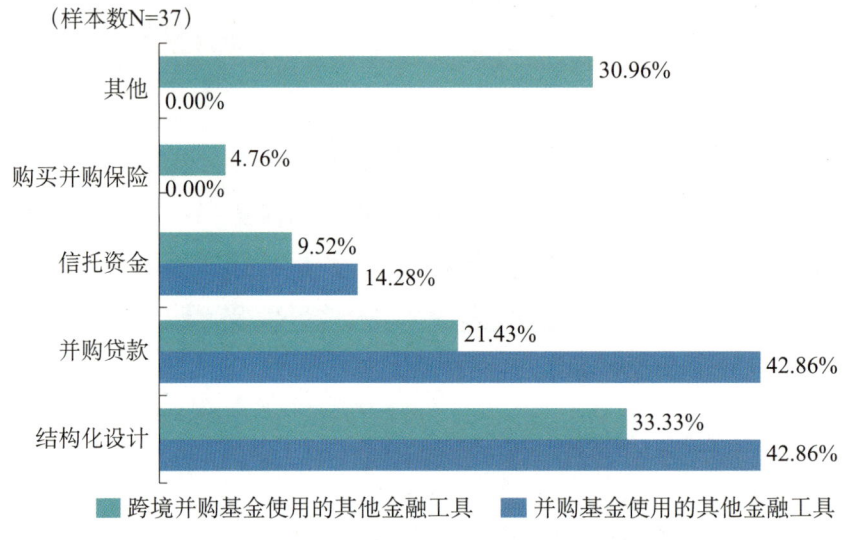

图 4.3.13　并购基金使用其他金融工具情况

资料来源:中国证券投资基金业协会调查问卷。

4.3.6　跨境并购基金投资区域主要集中在美国和欧洲

协会问卷调查数据显示,近七成跨境并购基金管理人主要投向美国和欧洲地区,两者占比均为 37.93%。投向其他区域的跨境并购基金总体较少,其中投向亚洲发达国家的占比为 13.79%,投向东南亚发展中国家、非洲、南美洲的占比均为 3.45%(见图 4.3.14)。

跨境并购基金的未来主要投资区域向"一带一路"沿线国家转移。协会问卷调查数据显示,在对未来跨境并购的区域偏好调查中,32.65% 和 28.57% 的跨境并购基金管理人看好欧洲、美国,与现有投资相比,未来对欧美投资倾向有所下降。得益于我国"一带一路"倡议的践行,跨境并购基金未来对亚洲发达国家和东南亚发展国家的投资意愿大幅度提高,分别有 18.37% 和 12.24% 的跨境并购基金管理人看好该地区投资。

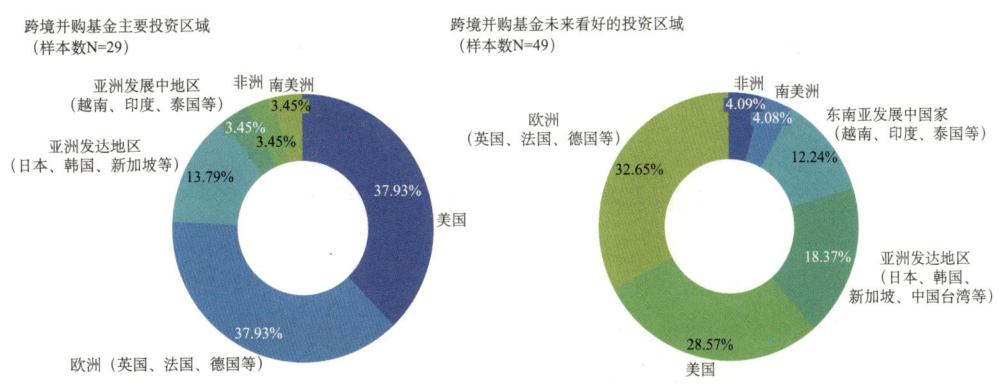

图 4.3.14 跨境并购基金目前及未来主要投资区域

资料来源：中国证券投资基金业协会调查问卷。

协会问卷调查数据显示，超过一半的并购基金管理人认为跨境并购投资受到国际贸易摩擦影响，其中认为受国际贸易摩擦影响导致跨境并购大幅缩减的比例达到24.00%，认为跨境并购受到影响而小幅缩减的比例为28.00%（见图4.3.15）。

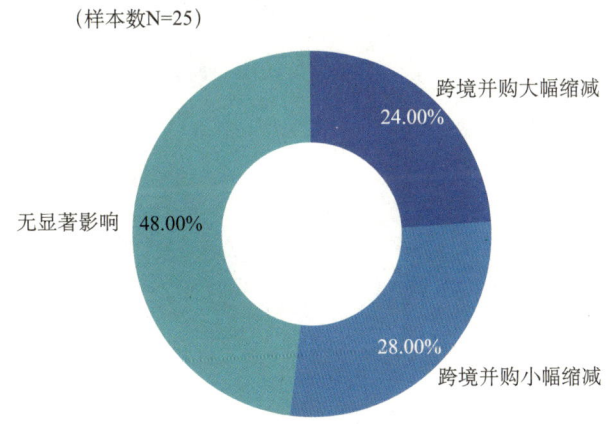

图 4.3.15 国际贸易摩擦对跨境并购影响情况

资料来源：中国证券投资基金业协会调查问卷。

4.4 投后管理情况分析

4.4.1 管理人投后整合措施侧重决策层面

协会问卷调查数据显示，并购基金管理人并购后采取的整合措施主要集中在对企业决策层、监督层的改选和更换上。其中，改选董事会派驻董事是并购基金最常用的整合措施，占受访机构比例的18.77%，与参与股东会、改选监事会两大措施合计占比达到39.34%。在管理层面上，并购基金管理人的参与度大大降低，更换管理层与更换财务人员两大措施合计占比只有20.03%。此外，18.51%的并购基金管理人在整合中参与了企业的资产债务重组，9.77%的并购基金管理人从未对被投企业采取过整合手段（见图4.4.1）。

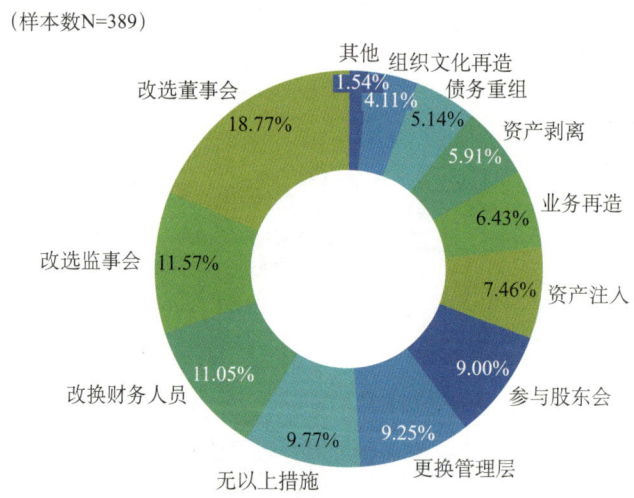

图4.4.1 并购基金管理人对被投企业采取的并购整合措施分布

资料来源：中国证券投资基金业协会统计数据调查问卷。

4.4.2 管理人提供多元化增值服务

增值服务方式分布较为平均，改善公司治理水平占比最高。协会问卷调查数据显示，在并购基金管理人提供的增值服务中，19.75%的管理人认为并购基金主要在改善公司治理水平（包括外派董事、高管、监事及规范公司治理制度等）上发挥作用。同时，分别有 17.75% 和 16.75% 的管理人认为并购基金在提升管理运营效率（包括削减成本、规范制度流程等）和优化资本结构上也发挥了较大作用（见图 4.4.2）。

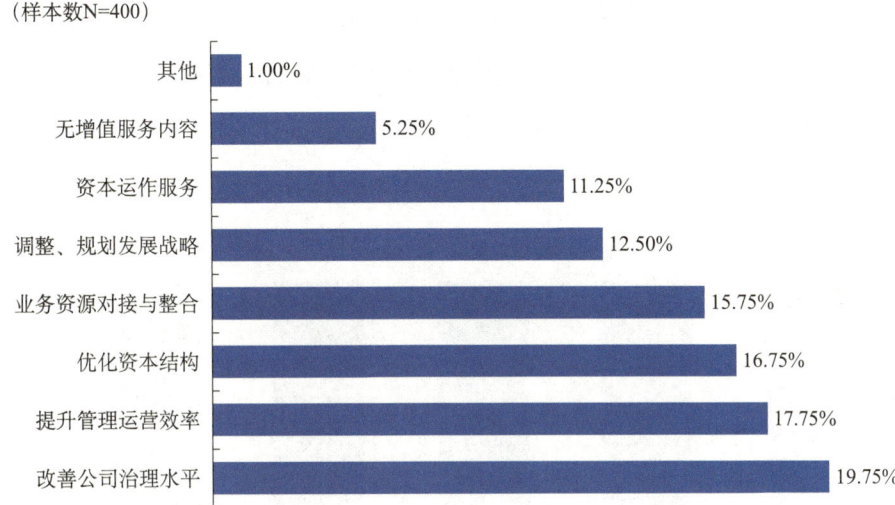

图 4.4.2　并购基金管理人对被投企业提供的增值服务内容分布（选三项）

资料来源：中国证券投资基金业协会统计数据调查问卷。

公司治理层面实施员工激励，统一团队目标，提高绩效。协会问卷调查数据显示，有 40.98% 的并购基金管理人对被投企业的管理团队或核心员工实施股权型激励，14.21% 的并购基金管理人对管理团队实施与业绩报酬挂钩的财务型激励。这说明并购基金管理人非常重视通过员工激励手段调动员工的积极性和主动性，并可能在并购重组中完成组织结构的转型，为提高并购绩效打下基础（见图 4.4.3）。

4.4.3　企业被并购基金投资后综合经营情况有所改善

协会问卷调查数据显示，从企业的经营规模来看，超过五成的并购基金管理人表示被投企业在收入、估值上有显著提高，34.06% 的并购基金管理人表示被投企业的员工人数上升；从资本结构方面来看，35.51% 的并购基金管理人表示投资后被投企业的资产负债率下降；从经营成果上来看，52% 的并购基金管理人表示投资后被投企业的市场占有率有所上升，竞争实力增强（见图 4.4.4）。

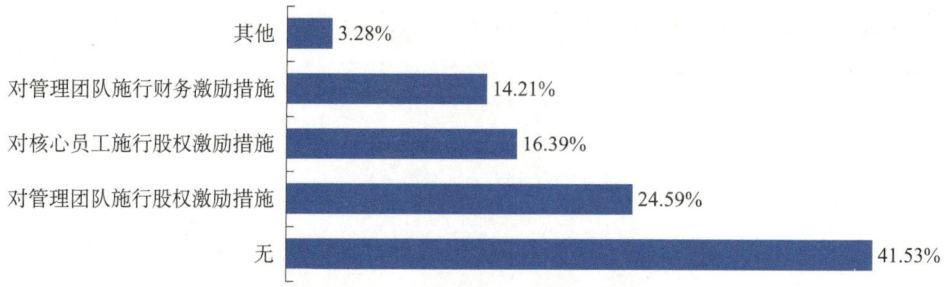

图 4.4.3 并购企业后对被投企业员工激励措施分布

资料来源：中国证券投资基金业协会统计数据调查问卷。

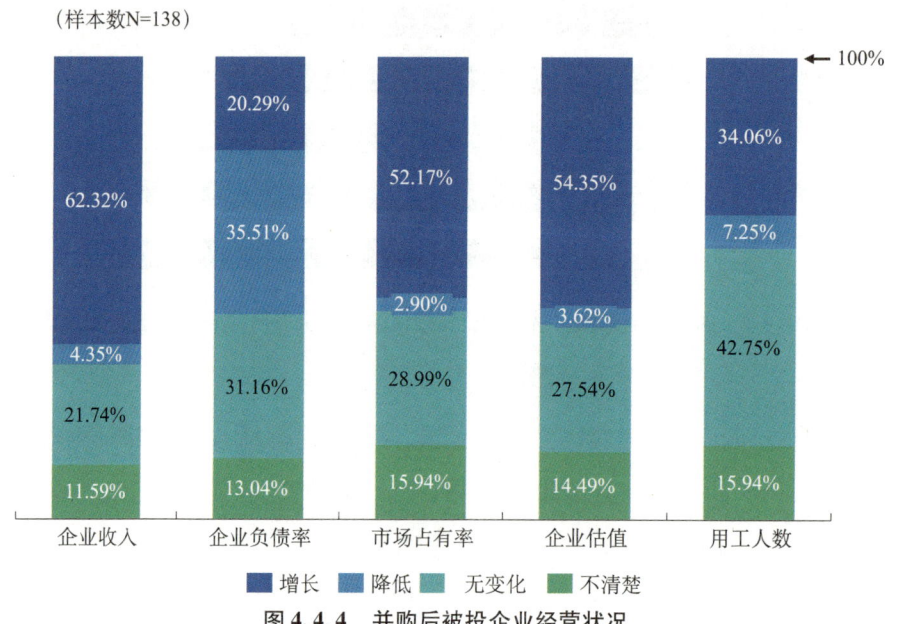

图 4.4.4 并购后被投企业经营状况

资料来源：中国证券投资基金业协会统计数据调查问卷。

4.5 投资退出情况分析

4.5.1 并购基金退出案例数量和退出金额平稳提升

总体来看，随着资本市场退出渠道的不断完善，并购基金的退出情况也有所改善。2019 年并购基金退出案例 827 个，退出本金 1 065.44 亿元，实际退出金额 1 269.72 亿元，分别同比增长 40.17%、51.51% 和 40.43%。但在宏观经济下行的环境下，基金投资收益受到影响，2019 年当年全体项目平均退出回报倍数①1.19 倍，较 2018 年的 1.29 倍下降 7.31%（见图 4.5.1）。

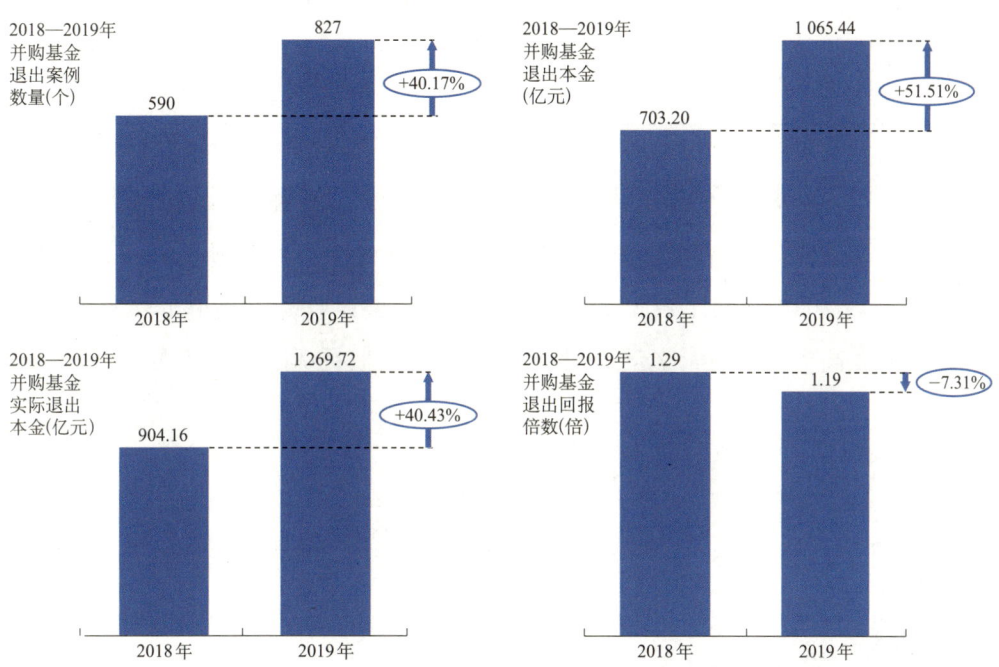

图 4.5.1　2018—2019 年并购基金新增退出案例数量和实际退出金额情况

资料来源：中国证券投资基金业协会 AMBERS 系统。

4.5.2　公开资本市场上市和协议转让是并购基金最重要的退出方式

从退出次数来看，并购基金退出以被投企业分红、协议转让、企业回购和融资人还款方式为主，分别退出 414 次、397 次、301 次和 295 次，分别占比 25.30%、24.20%、18.40% 和 18.00%。值得注意的是，通过整体收购退出的次数仅有 27 次，从数量上看并不是并购基金的主要退出方式（见表 4.5.1）。

---

① 退出回报倍数＝实际退出金额/退出本金，下同。此处全体项目平均退出回报倍数＝全体项目实际退出金额总和/全体项目退出本金总和。

表 4.5.1　　　　　2019 年当年并购基金退出方式退出次数情况

退出方式	被投企业分红	协议转让	企业回购	融资人还款	境内上市	清算	新三板挂牌	整体收购	境外上市	债权转让
退出次数（次）	414	397	301	295	82	62	50	27	6	4
退出次数占比	25.30%	22.20%	18.40%	18.00%	5.00%	3.80%	3.10%	1.60%	0.40%	0.20%

资料来源：中国证券投资基金业协会 AMBERS 系统。

2019 年，并购基金通过协议转让方式退出的实际退出金额最多，达 663.43 亿元，较 2018 年同比增加 12.48%，在当年实际退出总金额中占比 52.20%，较 2018 年同比减少 13.03 个百分点。整体收购方式下平均单笔实际退出金额最高，达 4.10 亿元，比平均值 1.35 亿元高出 2.75 亿元（见图 4.5.2）。

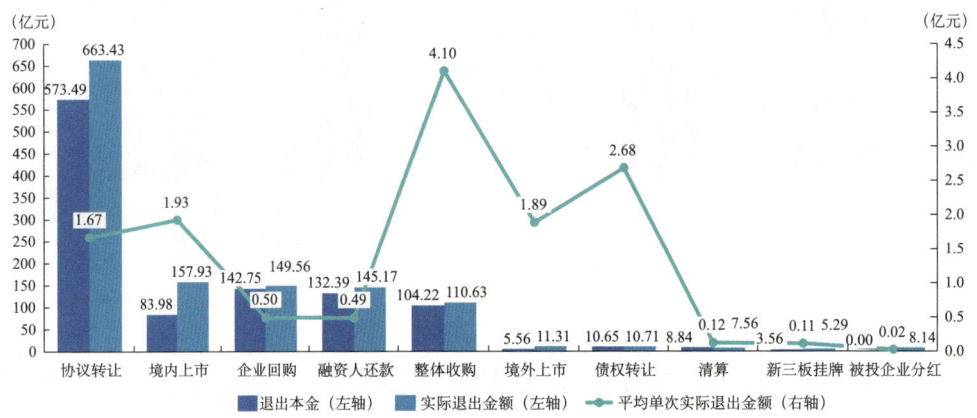

图 4.5.2　2019 年当年并购基金退出方式退出金额情况

资料来源：中国证券投资基金业协会 AMBERS 系统。

从退出回报倍数来看，2019 年并购基金总体平均退出回报倍数为 1.19 倍。其中回报倍数最高的退出方式是境外上市，为 2.03 倍；其次为境内上市，为 1.88 倍；最后为新三板挂牌，为 1.49 倍。退出金额最高的协议转让回报倍数也比较可观，达到 1.16 倍。通过对比，公开资本市场上市的退出溢价最高，结合退出次数及实际退出金额来看，公开资本市场上市与协议转让成为并购基金最重要的退出渠道（见图 4.5.3）。

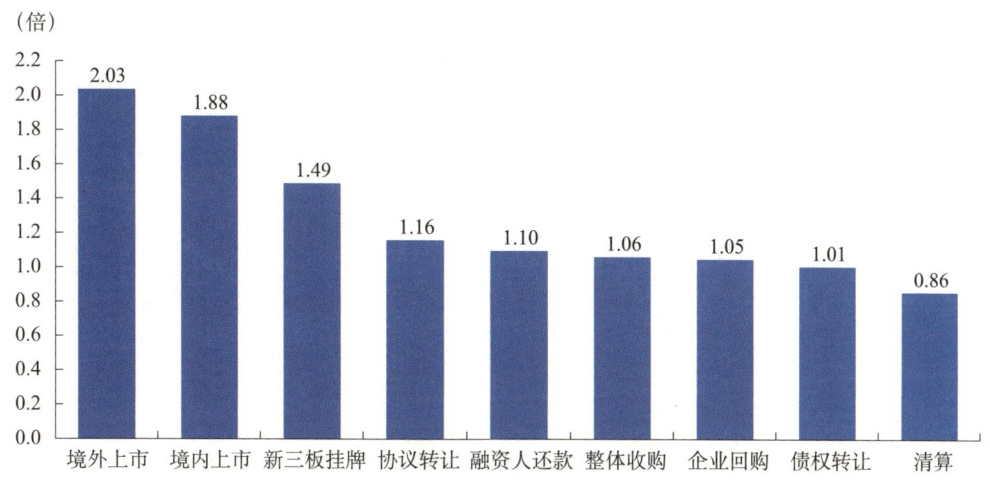

图 4.5.3　2019 年并购基金不同退出方式退出回报倍数[①]

资料来源：中国证券投资基金业协会 AMBERS 系统。

4.5.3　房地产行业退出规模最大，医疗器械与服务行业退出回报倍数最高

从退出行业来看，截至 2019 年末，退出案例数量最多的前五大行业分别是房地产、计算机运用、资本品、商业服务与用品、原材料，退出案例数量分别为 849 个、531 个、260 个、248 个和 245 个，合计 2 133 个，占总退出案例数的 58.34%。累计实际退出金额最大的前五大行业分别是房地产、计算机运用、资本品、原材料、医疗器械与服务业，退出金额分别为 790.69 亿元、470.78 亿元、229.02 亿元、202.31 亿元和 156.64 亿元，合计 1 849.44 亿元，占总退出金额的 57.56%。退出回报倍数最高的前五大行业分别是家庭与个人用品、保险、通信设备、食品与主要用品零售和银行业，退出回报倍数分别为 4.46 倍、2.27 倍、2.10 倍、1.82 倍和 1.67 倍（见图 4.5.4）。

2019 年当年，退出案例数量最多的前五大行业分别是房地产、计算机运用、商业服务与用品、资本品和原材料行业，退出案例数量分别为 543 个、221 个、101 个、99 个和 79 个，合计 1 043 个，占总退出案例数的 63.68%。退出金额最多的前五大行业分别是房地产、计算机运用、资本品、医疗器械与服务和半导

---

① 由于"被投企业分红"方式退出本金为 0，此图不包含该方式退出回报倍数。

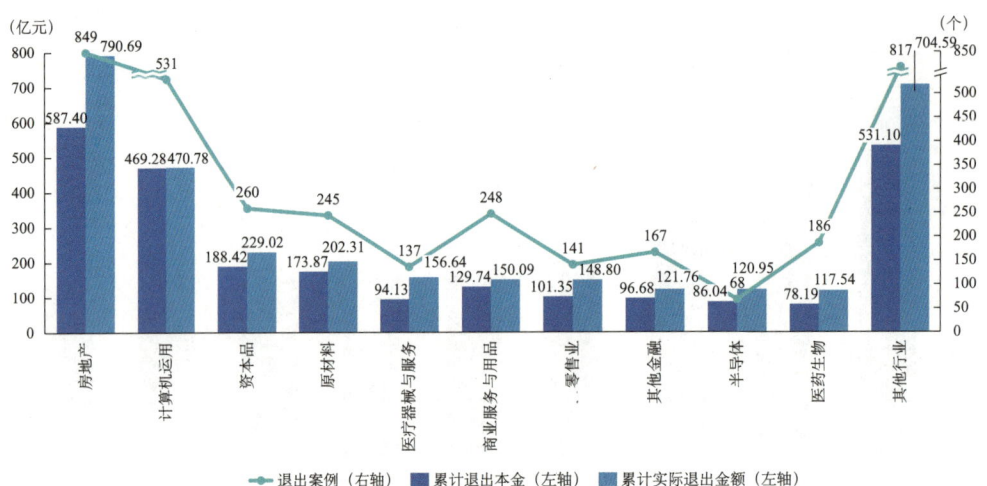

图 4.5.4　截至 2019 年末并购基金退出案例及退出金额

资料来源：中国证券投资基金业协会 AMBERS 系统。

体行业，退出金额分别为 327.90 亿元、139.23 亿元、109.27 亿元、80.15 亿元和 69.31 亿元，合计 725.86 亿元，占退出金额的 57.17%。退出回报倍数最高的前五大行业分别是医疗器械与服务、半导体、银行、传媒和通信设备行业，退出回报倍数分别为 1.72 倍、1.71 倍、1.58 倍、1.57 倍和 1.48 倍。其中，房地产行业是 2018 年当年并购基金退出回报倍数最高的行业，但 2019 年其退出回报下降至第 12 位（见图 4.5.5）。

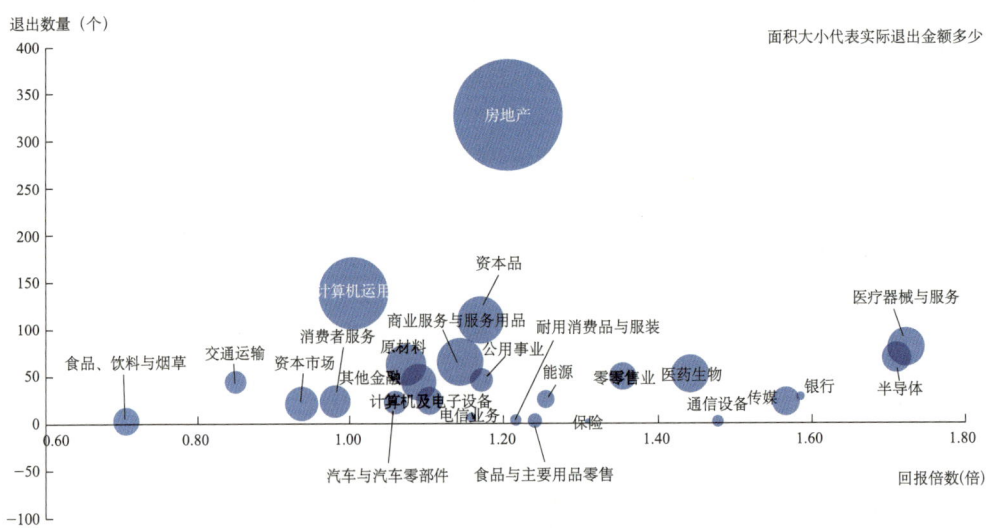

图 4.5.5　2019 年并购基金退出案例及退出金额

资料来源：中国证券投资基金业协会 AMBERS 系统。

4.5.4 并购基金退出地域集中在沿海发达地区

广东是并购基金退出规模最大及退出回报最高的地区。2019 年，并购基金退出区域与投资区域较为一致，主要集中在东南沿海地区。退出案例数位于前三的区域为广东、浙江和上海，分别为 395 个、225 个和 188 个，合计占比 50.09%；实际退出金额前三位的区域为广东、上海和江苏，分别为 282.48 亿元、220.51 亿元和 152.73 亿元，合计占比 56.09%。从退出回报来看，并购基金退出回报倍数排在前三位的区域[①]为广东、天津和安徽，分别达到 1.44 倍、1.42 倍和 1.36 倍，高于全国平均退出回报倍数（1.20 倍）（见图 4.5.6）。

图 4.5.6　2019 年当年并购基金实际退出金额及退出回报

资料来源：中国证券投资基金业协会 AMBERS 系统。

4.5.5 项目持有期限较短

截至 2019 年末，并购基金退出时项目持有期限在两年以下的退出案例为 961 个，实际退出金额 1 325.92 亿元，在总体退出情况中占比分别为 55.81% 和 41.26%，占比较 2018 年末分别下降了 7.12 和 24.39 个百分点，说明并购基金持有项目的期限正在延长（见图 4.5.7）。

---

① 排除黑龙江省退出案例数量为 1 个，退出回报 3.54 的特殊情况。

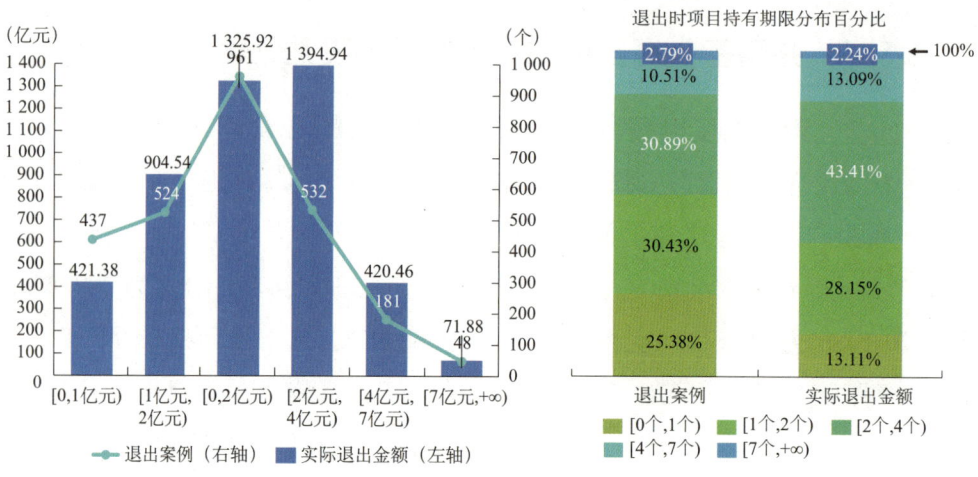

图 4.5.7 截至 2019 年末并购基金项目持有期限及退出情况

资料来源：中国证券投资基金业协会 AMBERS 系统。

4.5.6 不同类型基金管理人退出情况差异较大

2019 年，由自然人及其所控制民营企业所控股的并购基金管理人管理的并购基金退出数量及实际退出金额最高，分别为 1 333 次和 677.89 亿元；这与投资趋势基本一致。该类型基金管理人是并购基金市场上最主要的投资主体。2019 年，外商控股的并购基金管理人管理的并购基金退出回报倍数最高，达到 1.30 倍。造成这个结果的因素是多方面的，包括外资基金的募资构成、项目来源、投资策略、投后管理和持有项目期限等（见图 4.5.8）。

4.5.7 被投企业的盈利水平下滑成为影响基金退出收益的最主要原因

协会问卷调查数据显示，39.86% 的受访管理人认为，2019 年在宏观环境的剧烈波动下，被投企业的盈利水平下滑幅度较大，是影响基金退出收益的最主要的原因。同时，有 26.09% 的受访管理人认为，受资管新规等政策影响，市场层面流动性收紧，降低了被投项目退出渠道的可选择性和退出收益。此外，15.22% 的受访管理人认为项目投资时估值过高挤压了基金退出的收益空间，12.32% 的受访管理人认为退出收益受到限制的主要原因是并购基金对被投项目提供的增值服务和价值提升能力有限（见图 4.5.9）。

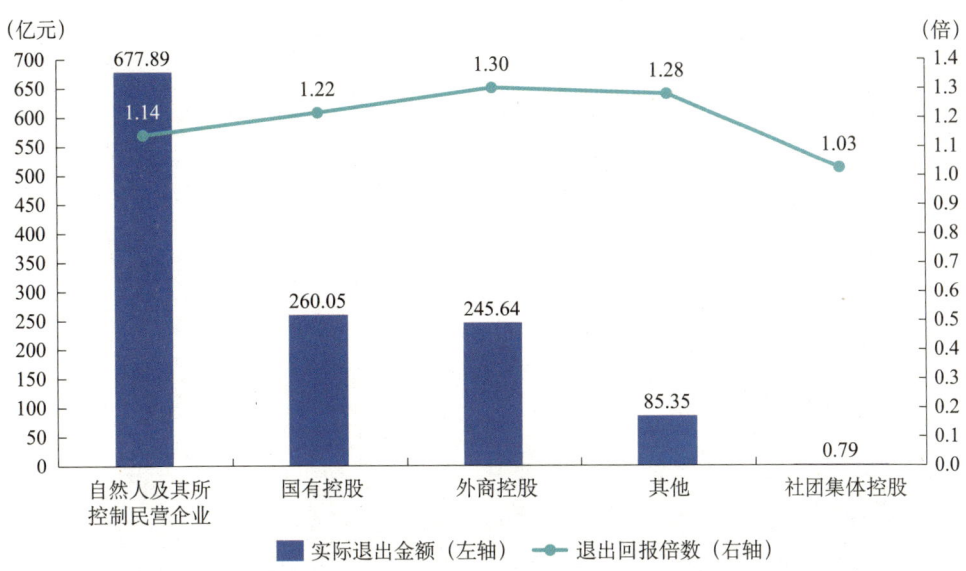

图 4.5.8 2019 年按并购基金管理人控股股东分类的项目退出金额与回报

资料来源：中国证券投资基金业协会 AMBERS 系统。

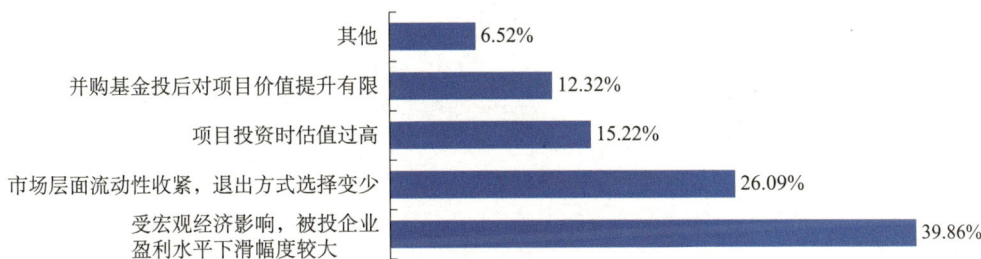

图 4.5.9 2019 年影响退出收益的主要原因

资料来源：中国证券投资基金业协会统计数据调查问卷。

第 5 章　私募股权母基金发展情况*

---

* 本报告仅研究已在中国证券投资基金业协会备案的人民币母基金，未包含美元母基金、证券公司私募基金子公司。

统计口径说明：2017 年，协会更新升级私募基金登记备案系统，上线"资产管理业务综合报送平台"（AMBERS 系统），其中私募股权投资类 FOF、创业投资类 FOF 进行细化区分出母基金和投向单一资管计划基金，因此 2014—2016 年和 2017 年及之后的数据口径存在差异，主要是 2017 年及之后的母基金管理人及产品数量剔除了投向单一资管计划基金的数据。下文中，2014—2016 年和 2017 年及之后的其他统计结果同样存在数据统计口径变化的问题。

5.1 母基金管理人情况分析

5.1.1 母基金管理人数量与管理规模整体增长,但管理规模增速大幅放缓

截至2019年末,在协会已登记的母基金管理人[①]数量为1 027家;管理各类基金数量[②] 9 003只;管理基金规模[③] 32 008.18亿元,分别占私募股权、创投基金管理人数量、管理基金规模的6.90%、31.33%(见图5.1.1)。2018年第三季度以来,受多方因素影响,母基金管理人的数量,以及母基金管理人所管理的各类基金[④]数量、规模增速相对有所放缓。为梳理资管新规对私募股权行业的影响,报告编写组以2018年第三季度为增速时点,对该时点前后增速的变化进行了分析。2018年第三季度至2019年第四季度母基金管理人的数量,以及母基金管理人所管理的各类基金数量、规模季度复合增长率分别为3.09%、3.56%和4.55%(见图5.1.2),而2017年第一季度至2018年第三季度上述指标季度复合增长率分别为13.43%、14.54%和13.15%。

5.1.2 国有控股母基金管理人管理规模大,占据市场主导地位

2019年母基金管理人控股类型分布情况同2018年较为接近,民营控股母基金管理人数量领先,国有控股母基金管理人在资金集聚优势更为明显,约25%的国有控股管理人管理着约48%的母基金。与2018年末相比,截至2019年末,在协会已登记的国有控股母基金管理人数量占比有所上升,从22.30%升至

---

① 母基金管理人是指截至统计时点管理正在运作的私募股权FOF、创业投资FOF(不含单一资管计划)的私募股权、创业投资基金管理人,不含未确认机构类型的管理人。
② 管理基金数量是指管理正在运作的各类私募基金的数量之和。
③ 管理基金规模是指管理正在运作的各类私募基金的净资产之和。
④ 母基金是指截至统计时点在协会备案的产品类型为私募股权投资类FOF、创业投资类FOF(不含单一资管计划)的私募基金。这里的母基金限制了管理人的类型是私募股权、创投基金管理人管理的,因此在统计范围上大于下文中所有备案的母基金数据。

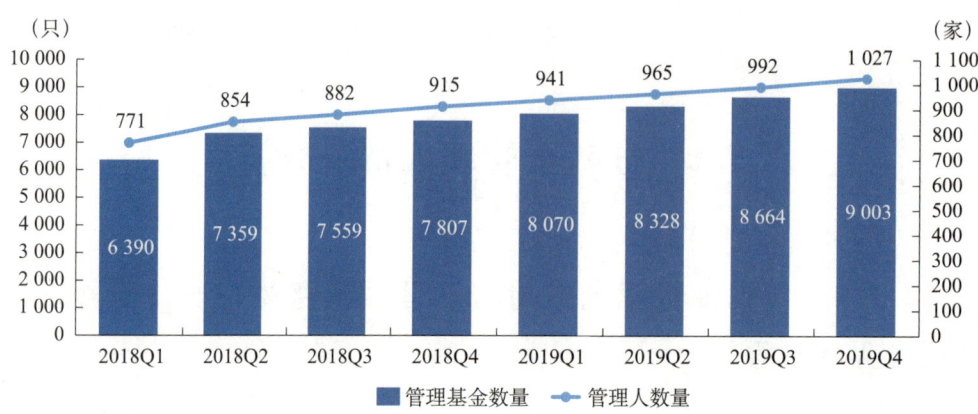

图 5.1.1　2018 年第一季度—2019 年第四季度各季度末母基金管理人数量、基金数量情况

资料来源：中国证券投资基金业协会 AMBERS 系统。

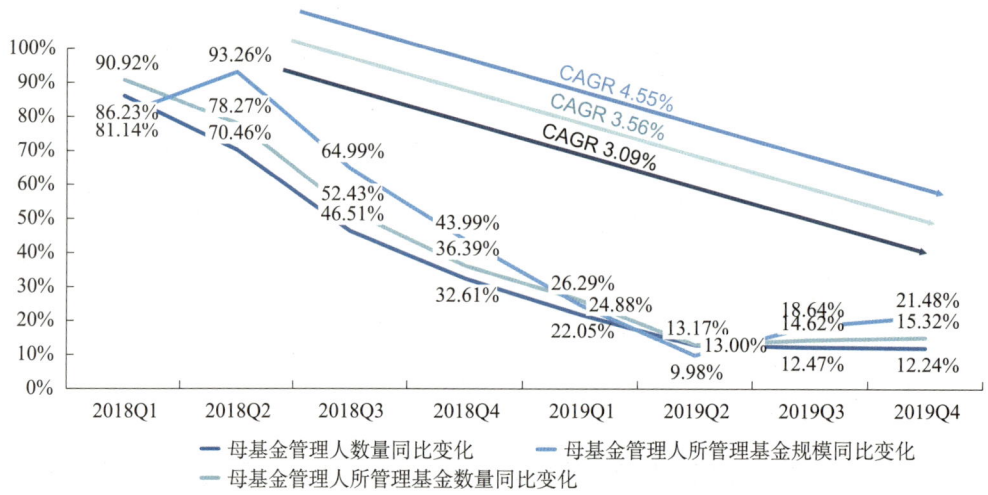

图 5.1.2　2018 年第一季度—2019 年第四季度各季度末母基金管理人数量、母基金管理人所管理基金数量及规模同比增速

资料来源：中国证券投资基金业协会 AMBERS 系统。

25.41%；对应管理母基金规模占比为 47.58%，较 2018 年略有上升。2019 年末民营控股的母基金管理人，机构数量占比仍居第一，但其数量、对应管理的母基金规模占比与 2018 年末相比均有所下降，分别从 68.20%、38.14% 下降至 64.26%、37.98%。2019 年末外商控股的母基金管理人机构数量占比 2.34%，与 2018 年末相比小幅上升，对应管理的母基金规模占比有所下降，从 2.19% 下降至 1.51%（见图 5.1.3）。

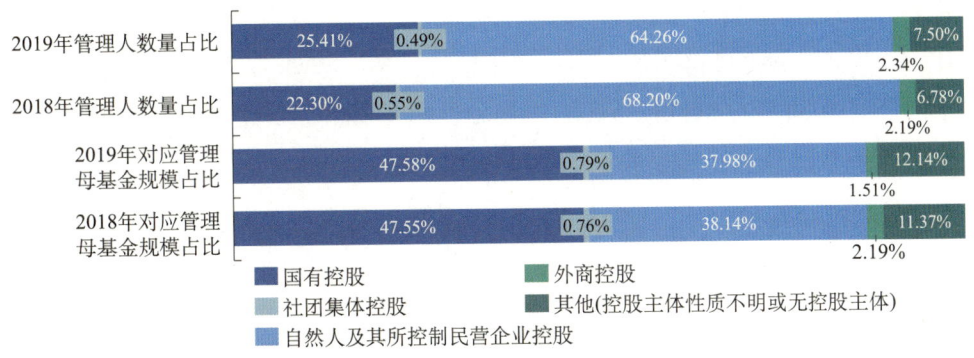

图 5.1.3　截至 2019 年末母基金管理人控股类型分布情况

资料来源：中国证券投资基金业协会 AMBERS 系统。

5.1.3　母基金管理人呈现明显头部集聚效应

国内母基金管理人规模普遍较小，七成母基金管理人在管母基金规模不足 5 亿元，头部母基金管理人资金集聚能力较强。截至 2019 年末，母基金管理人的平均管理母基金规模为 10.10 亿元。其中，2019 年末在管母基金规模集中于 5 亿元及以下的母基金管理人数量占比近 71.59%，对应管理母基金规模占比不足 8%，而在管母基金规模超过 100 亿元的母基金管理人占 1.76%，对应管理母基金规模占比 38.68%，资金向头部母基金管理人集中的特征明显（见图 5.1.4）。

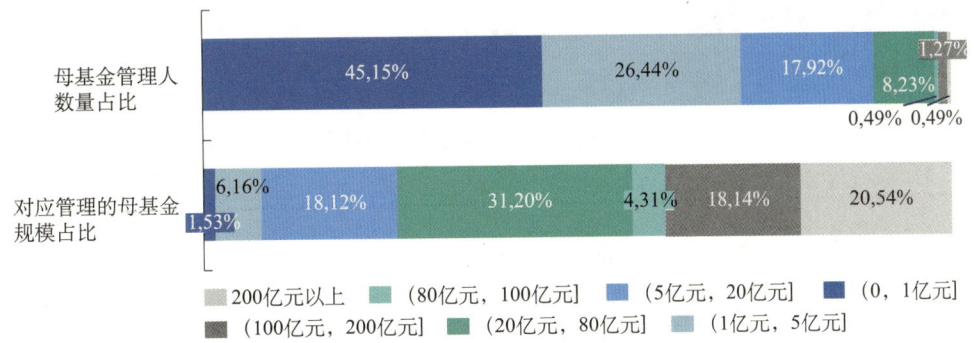

图 5.1.4　截至 2019 年末母基金管理人管理母基金规模分布情况

资料来源：中国证券投资基金业协会 AMBERS 系统。

5.1.4　母基金管理人主要集中在一线城市以及中东部发达地区

从存量看，母基金管理人办公地主要集中在一线城市，其次为东部和中部发达地区。整体来看，2019年在北京办公的母基金管理人管理的母基金规模维持在第一位，在深圳办公的母基金管理人管理规模超过上海，位列全国第二。以中国证监会36个派出机构所在辖区划分，截至2019年末，在协会已登记的母基金管理人办公地主要集中在北京、上海、深圳，三地数量合计占比58.91%，对应在管母基金规模合计占比67.97%。第二梯队集中在江苏、广东（不包括深圳）、湖北、浙江（不包括宁波）等东部和中部发达地区，数量合计占比19.28%，对应在管母基金规模合计占比17.54%（见图5.1.5）；黑龙江、西藏实现母基金管理人落地办公零的突破，目前仅有甘肃暂无母基金管理人落地办公。母基金地区发展程度差异大，主要与地区产业发展水平以及股权市场发达程度、居民及企业财富实力、政策支持力度等因素密切相关。一方面，母基金管理人地区分布与金融机构、高净值人群等资金来源分布重合度较高；另一方面，北京、上海、深圳三地在母基金行业政策支持、专业人才吸引、税收优惠政策等方面发展均较为突出。

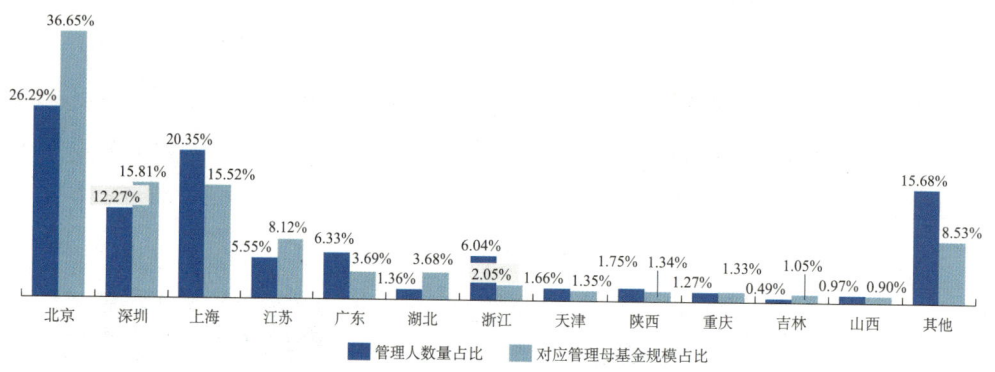

图 5.1.5 截至 2019 年末母基金管理人办公地区分布占比情况

资料来源：中国证券投资基金业协会 AMBERS 系统。

从增量上看，2019年各地区新增母基金管理人数量、母基金数量、母基金规模增长较2018年均明显减少，上海、深圳和江苏母基金规模增长乏力，但河北、内蒙古等地异军突起，2019年辖区内新增办公的母基金规模增量较多。当年母基金规模的增长主要来自河北、北京、内蒙古、广东，四地新增母基金管理人数量及对应管理的母基金数量、规模分别占行业整体增长量的38.46%、39.53%和86.42%（见图5.1.6）。而2019年在黑龙江和西藏办公的母基金管理人数量首次"破零"。

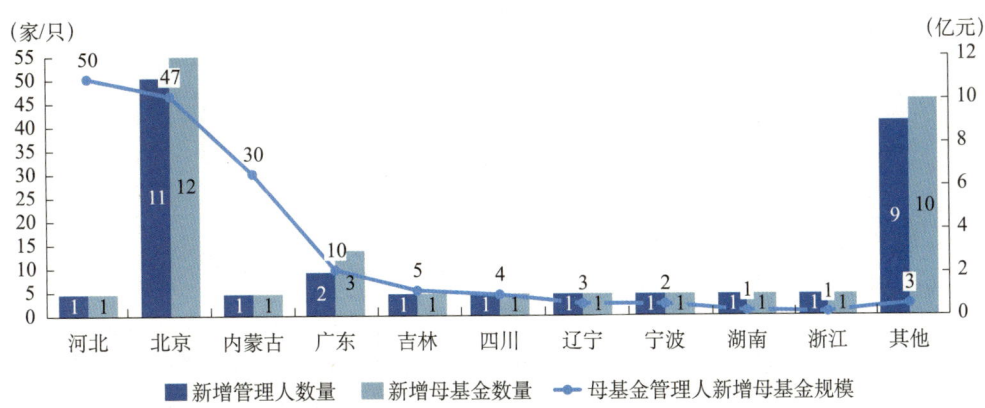

图 5.1.6　2019 年各辖区新增办公的母基金管理人及其管理的母基金情况

资料来源：中国证券投资基金业协会 AMBERS 系统。

5.2　备案及募资情况分析

5.2.1　2019 年母基金行业新增募资规模大幅下降，累计增速持续下降

累计备案的母基金管理规模整体保持增长，但增速持续大幅放缓。截至 2019 年末，在协会已备案的母基金规模为 10 769.07 亿元，数量为 2 730 只。在经济波动与监管政策调整等因素影响下，母基金行业增速近年有所放缓，在协会累计备案母基金管理规模同比增速从 2017 年末的 70.67% 下降至 2019 年末的 16.67%。但相较于整个私募股权基金行业累计管理规模的同比增速，母基金行业累计管理规模的增速仍保持领先。同时，母基金在私募股权基金总规模的占比已从 2017 年的 9.16% 上升至 2019 年的 10.68%，母基金行业在整个私募股权行业增长放缓的状态下表现出较强的韧性（见图 5.2.1）。

2018 年第三季度以来累计备案的母基金规模季度增幅均在 2%~3%，母基金规模增长略显乏力，但整体韧性较强（见图 5.2.2）。2018 年以来，受国际政治经济环境动荡、国内经济周期波动、金融去杠杆政策等因素的影响，母基金行业陷入增长低迷期，但行业整体上仍保持正增长。尽管目前母基金行业仍处在增速换挡期，但周期性的调整将加速优质母基金走向成熟。伴随着金融去杠

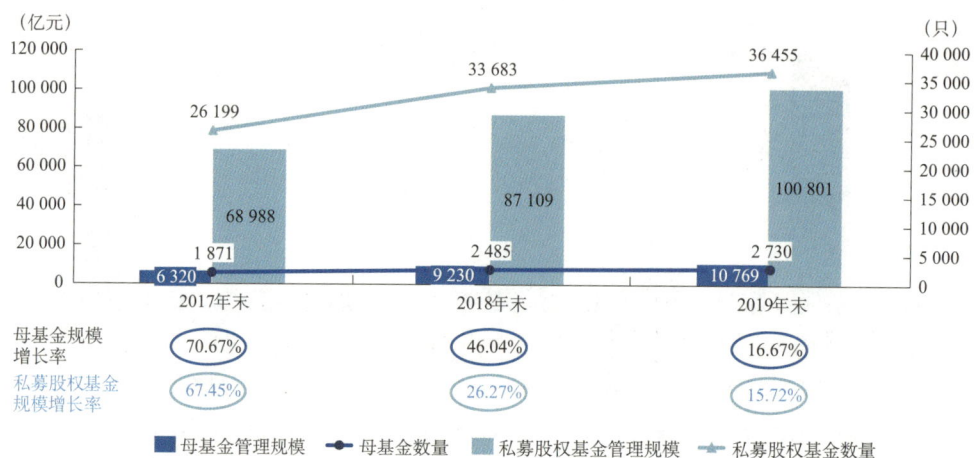

图 5.2.1 2017—2019 年末累计备案母基金、私募股权基金管理规模、数量及规模增长率

资料来源：中国证券投资基金业协会 AMBERS 系统。

杆政策的调整以及资本市场改革逐步深化，母基金行业将继续把握市场发展机遇，以更为灵活的投资策略保持长期发展的势能。

图 5.2.2 2018 年第一季度—2019 年第四季度累计备案母基金年度管理规模及增长率

资料来源：中国证券投资基金业协会 AMBERS 系统。

2019 年新增备案的母基金规模显著下降，清算的母基金规模上升。2019 年当年新增备案母基金 413 只规模为 508.33 亿元，较 2018 年同比分别下降 47.25% 和 78.48%。延续上一年的下滑趋势，2019 年前两个季度新增母基金规模与数量同比大幅下降，其中 2019 年第一季度规模降幅最大，第二季度增速降幅最大，第三和第四季度下滑趋势有所好转（见图 5.2.3）。其中，备案为创投类的母基金 101 只，管理规模为 80.13 亿元，分别占比 24.46% 和 15.76%，备案为私募股权类母基金管理规模为 428.2 亿元，数量 312 只，分别占比 84.24% 和 75.54%。2019 年母基金清算规模上升，全年清算母基金规模 147.06 亿元，较 2018 年同比上升 31.76%，母基金行业经过快速发展后，存量母基金逐步迎来退出浪潮（见图 5.2.4）。

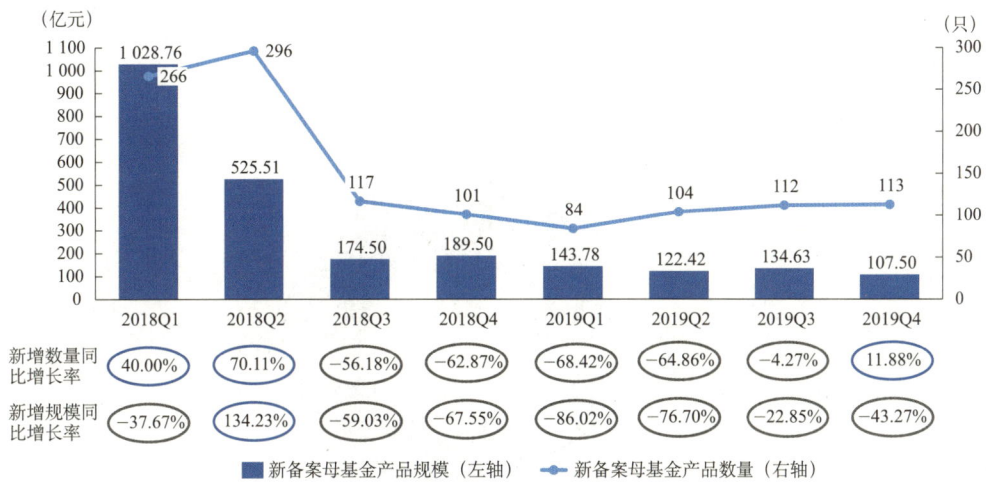

图 5.2.3　2018 年、2019 年季度新增备案母基金数量与规模情况

资料来源：中国证券投资基金业协会 AMBERS 系统。

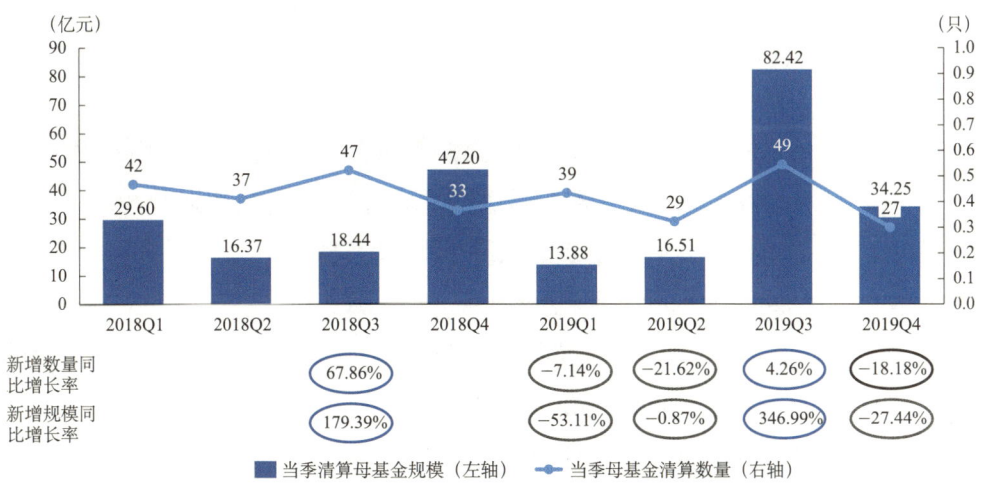

图 5.2.4　2018 年、2019 年季度清算母基金数量与规模

资料来源：中国证券投资基金业协会 AMBERS 系统。

协会调查问卷反馈显示，一半的受访机构认为 2019 年母基金筹款周期变长，整体募资难度加剧。同时，受访的机构认为，造成募资难的主要因素包括社会资金（金融机构、上市公司等）缺乏、金融监管政策趋严、二级市场行情差、国资监管趋严等。60.40%的受访机构认为，与2019年相比，2020年市场资金依然会较紧张，甚至更困难，国际经济政治局势的不确定与国内经济的周期波动加剧了市场对于2020年募资的悲观态度。26.73%的机构表示长期资金依然缺乏，该比例较上一年有所下降，反映出机构对于长线资金的期待有所上升（见图5.2.5、图5.2.6和图5.2.7）。

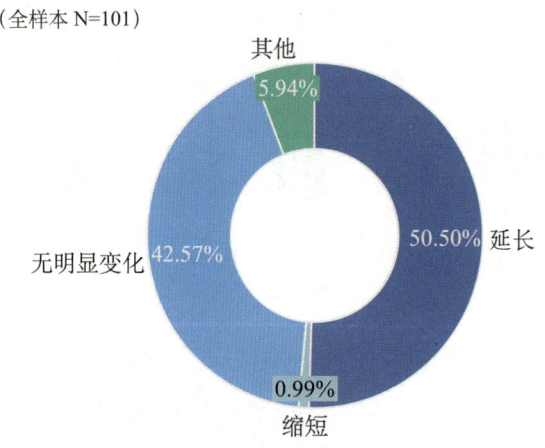

图 5.2.5　2019 年母基金的平均筹款周期变化

资料来源：2020 年中国证券投资基金业协会调研。

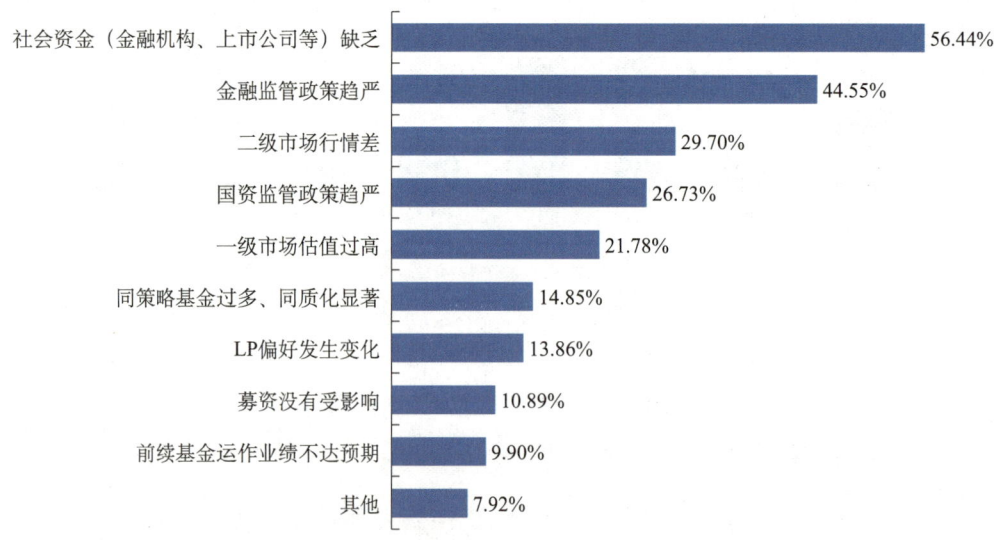

图 5.2.6　2019 年募资与 2018 年相比难度加大的原因

资料来源：2020 年中国证券投资基金业协会调研。

(全样本 N=101)

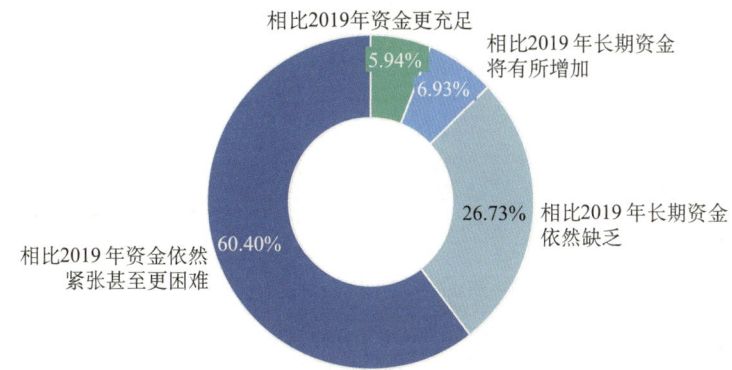

图 5.2.7　母基金管理人对 2020 年行业募集环境预测情况

资料来源：2020 年中国证券投资基金业协会调研。

5.2.2　母基金平均规模上升，头部效应明显

母基金产品中，小规模基金数量占比大，大规模基金数量少但整体规模大，头部集中趋势明显。截至 2019 年末，在协会已备案的母基金产品平均规模为 3.98 亿元，较 2018 年的平均规模 3.71 亿元有所上升。单只产品规模分布在 5 亿元及以下的"小规模基金"合计数量占比 86.87%，合计规模占比 20.58%；单只产品规模分布在 20 亿元以上的母基金合计数量和规模分别占 3.33% 和 55.29%；单只产品规模在 100 亿元以上的大规模基金数量仅占 0.44%，但基金规模合计占 27.51%（见图 5.2.8）。与头部管理人的资金集聚效应类似，大体量母基金是行业规模的主要贡献者。

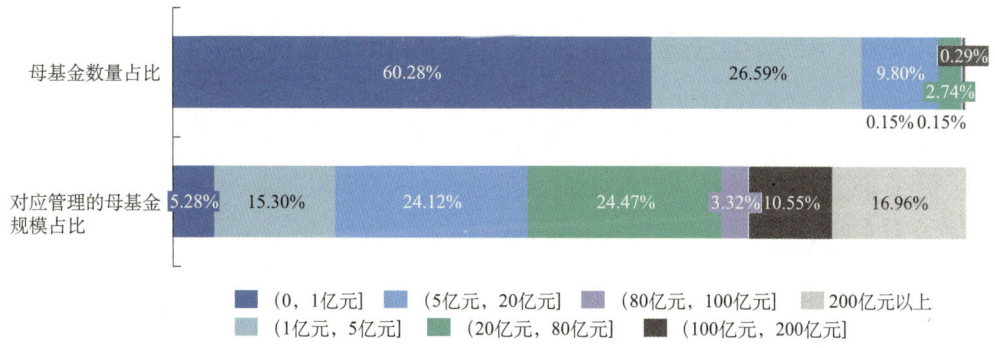

图 5.2.8　截至 2019 年末私募基金管理人管理母基金规模分布情况

资料来源：中国证券投资基金业协会 AMBERS 系统。

从收入来源看，我国母基金的管理费以固定金额管理费形式为主，整体管理费率与国外水平接近。截至 2019 年末，在协会已备案的母基金中，收取固定比例管理费的母基金数量占 61.17%，平均费率为 1.13%；无管理费的母基金数量占 24.54%；收取差异化管理费的母基金数量占 8.61%，平均费率为 0.77%，差异化费率区间最大为 1.4%、最小为 0.63%。整体上我国母基金管理费率与海外市场中位数 0.81% 接近。

协会 AMBERS 系统数据显示，规模在 1 亿—5 亿元的母基金固定比例管理费率为 0.99%—1.25%，规模在 5 亿—80 亿元的母基金固定比例管理费率为 0.81%~0.91%，规模在 80 亿—200 亿元的母基金固定比例管理费率为 0.28%—0.99%，规模在 200 亿元以上的母基金固定比例管理费率约为 0.26%。整体来看，小规模母基金管理费率较高，中型规模母基金管理费率居中，200 亿以上大型母基金费率较低。

5.2.3　母基金产品注册地主要集中在我国东部地区[①]

母基金产品的注册地集中在北京、深圳、江苏、上海，与其管理人办公地分布基本一致。根据中国证监会 36 个派出机构所在辖区划分，截至 2019 年末，按照母基金规模分布来看，母基金产品主要集中在北京、深圳、江苏和上海四个地区，占比分别为 21.78%、13.40%、11.74% 和 10.96%，均超过 10%，合计为 61.04%，母基金产品注册地与母基金管理人办公地分布类似（见图 5.2.9）。

5.2.4　母基金主要资金来源是企业和资管计划

母基金行业的主要出资人为企业和资管计划，财政出资日益发挥重要的作用，但仍缺乏社保基金、慈善基金、企业年金、保险资金等长期资本。截至 2019 年末，母基金主要资金来源于企业、资管计划、居民、政府等，对应出资金额占比分别为 54.57%、20.26%、13.45% 和 9.48%，数量占比分别为

---

① 国家统计局资料显示，我国东部地区包括：北京、天津、河北、上海、江苏、浙江、福建、山东、广东和海南，http：//www.stats.gov.cn/ztjc/zthd/sjtjr/dejtjkfr/tjkp/201106/t20110613_71947.htm。

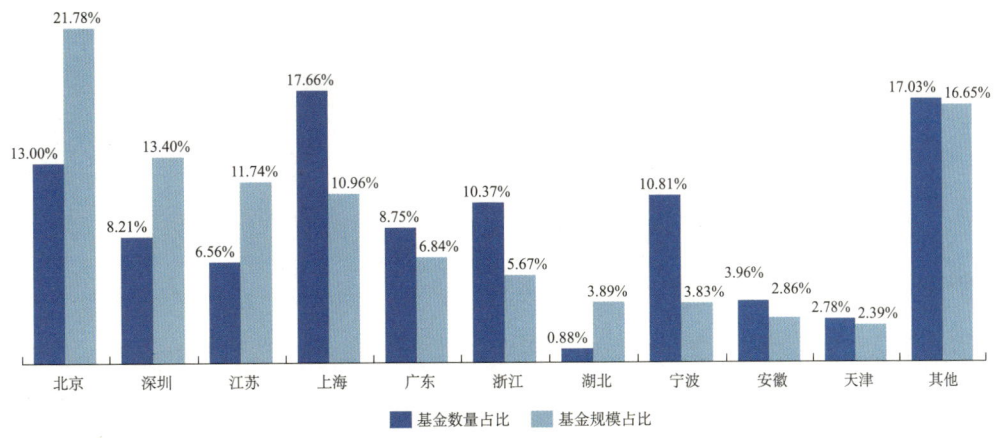

图 5.2.9 截至 2019 年末母基金产品注册地分布情况

资料来源：中国证券投资基金业协会 AMBERS 系统。

4.19%、2.09%、90.92% 和 0.12%。整体来看，企业是母基金最主要的投资人，其中大量企业具有国有背景，国有资本是母基金的重要支撑。此外，政财直接出资、政府类引导基金[①]直接出资发挥越来越重要的作用，2019 年末其出资金额分别占 5.03% 和 4.44%，累计出资额较 2018 年上升 36.95%。与此同时，养老金、社会基金等长期资金出资金额合计占比仅为 0.35%，长线资金对母基金的参与度仍有待提升（见图 5.2.10）。

受经济波动与监管趋严影响，2019 年母基金募资新增规模整体下降 77.09%，行业增速大幅放缓。资管新规影响下，资管计划向母基金出资规模锐减 91.31%。国资监管趋严、激励机制不足以及资金受限严重导致政府资金对母基金的出资规模缩减 91.53%；经济周期性波动导致民间财富的风险厌恶上升，同时高净值客户参与私募股权基金亦存在一定的制度限制，居民对于母基金的出资规模同比减少 83.70%；国内经济金融环境的不确定性增加，加重了企业的经营风险，使得企业投资更为审慎，2019 年企业对于母基金的出资规模下降 61.51%（见图 5.2.11）。

投资者配置母基金时的核心考虑因素是业绩回报、产业引导和资产配置情况，产业引导的受重视程度上升。从调研反馈结果来看，80.20% 的受访机构表

---

① 此处仅包含在中国证券投资基金业协会备案的政府引导基金，未包含由国企代政府出资的情况。

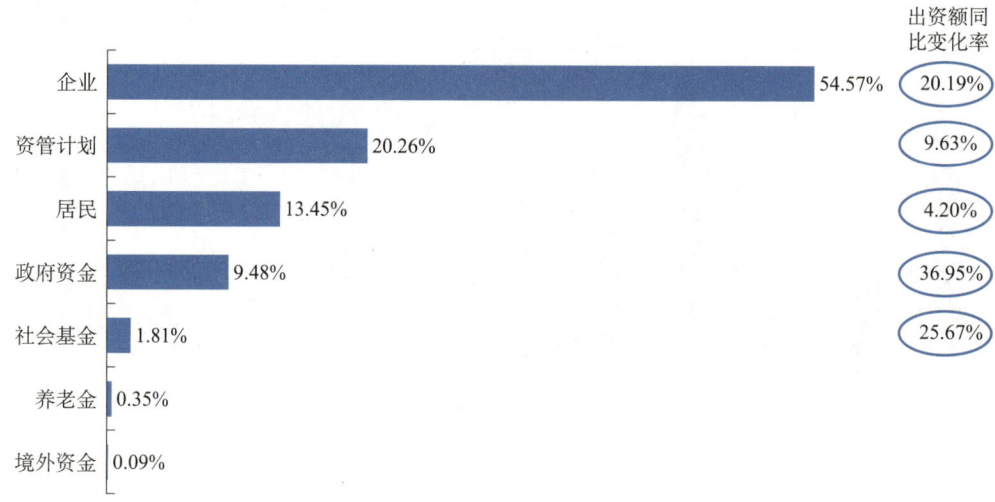

图 5.2.10　截至 2019 年末母基金各类投资人出资金额占比情况

资料来源：中国证券投资基金业协会 AMBERS 系统。

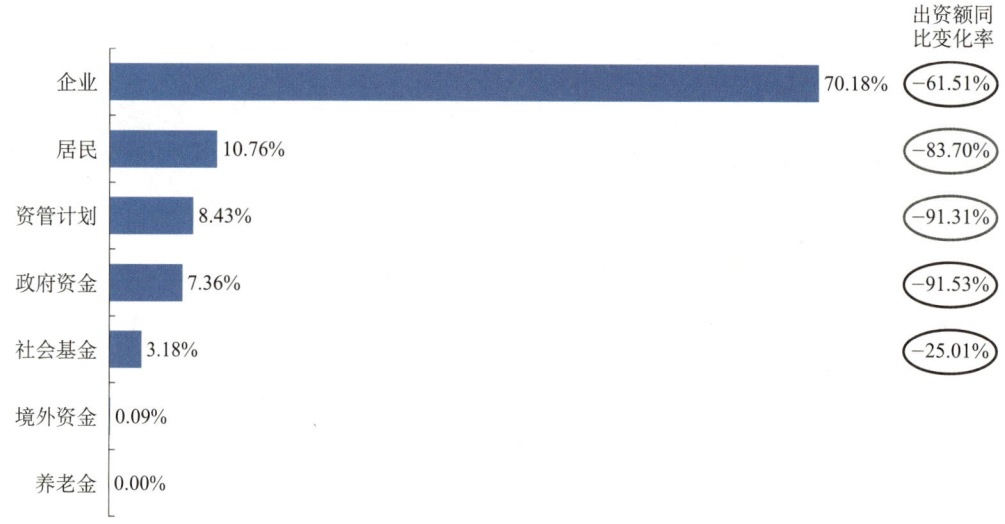

图 5.2.11　2019 年母基金各类投资人出资金额占比情况

资料来源：中国证券投资基金业协会 AMBERS 系统。

示业绩回报是投资母基金时的首要考虑因素，44.55% 的受访机构看重产业引导的功能，这与母基金资源分享优势、跟投机会丰富的特点有关，在政府、国企资金占比增大的背景下，母基金产业引导的作用超越资产配置，跃居第二大核心考虑因素（见图 5.2.12）。

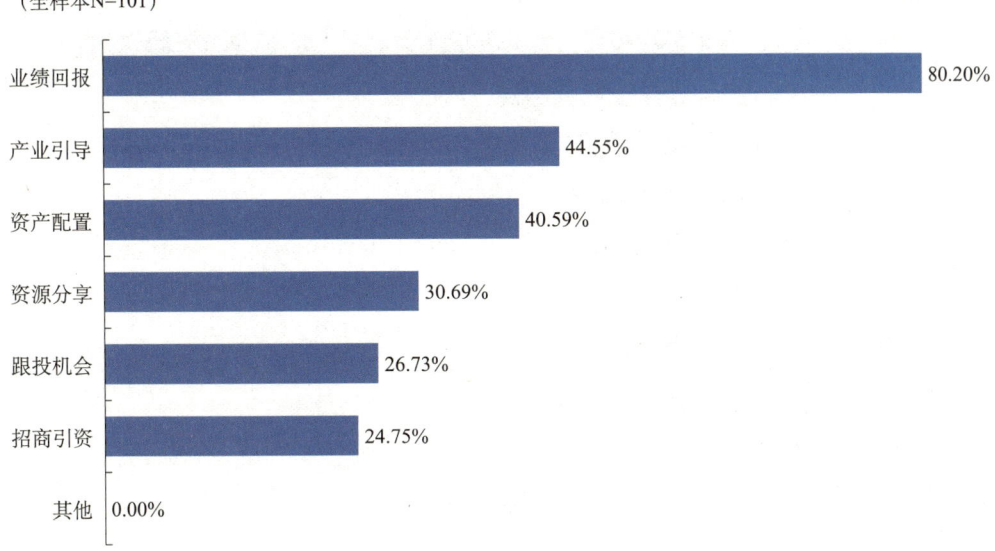

图 5.2.12　我国投资者选择投资母基金的原因

资料来源：2020 年中国证券投资基金业协会调研。

已获得社保、保险、企业年金资金的机构对该类资金优劣势做出较为客观的评价。从调研反馈结果来看，20.79%、12.87% 和 7.92% 的受访机构对社保、保险、企业年金的资金体量大，期限长，投资意愿强等优点较为认可，但 16.83%、9.90% 和 6.93% 的受访机构也表示该资金监管限制多、投资领域限制多、投资区域限制多（见图 5.2.13）。此外，七成受访机构无计划向社保、保险、企业年金募集资金，有意向募集该类资金的机构面临的最大困难为相关渠道不畅通以及监管限制（见图 5.2.14）。当前母基金募资愈发艰难，亟待有关部门引导相关长线资金入市，推动长线资金和母基金合作，支持行业的可持续发展。

5.3　投资情况分析

5.3.1　母基金投资保持增长

2019 年母基金整体投资规模保持增长，在所投子基金中的出资到位率及杠

(全样本N=101)

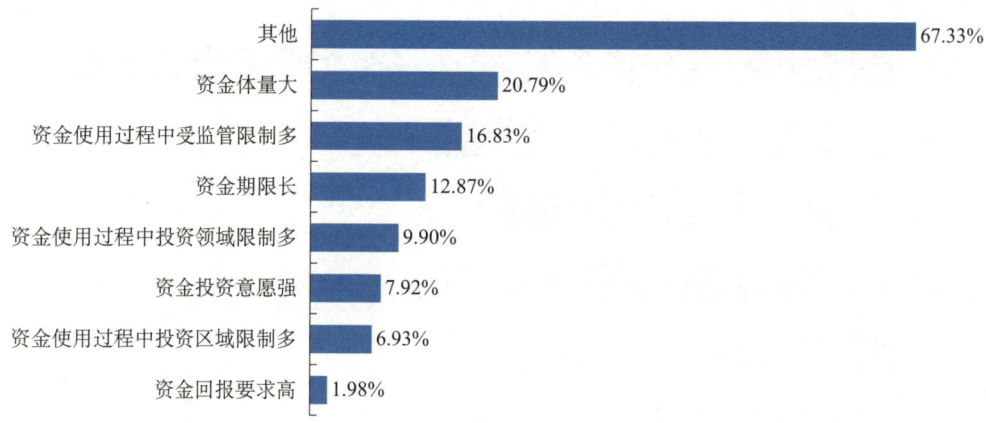

图 5.2.13　已经获得社保、保险、企业年金的资金的机构对社保、保险、企业年金的评价

资料来源：2020 年中国证券投资基金业协会调研。

(全样本N=101)

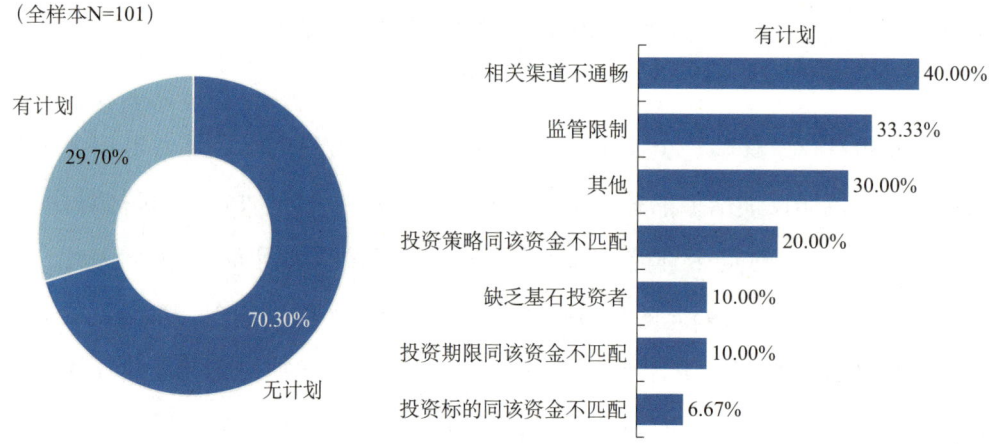

图 5.2.14　有计划向社保、保险、企业年金募集资金的机构所认为的募集难点

资料来源：2020 年中国证券投资基金业协会调研。

杆放大倍数①相对于 2018 年基本持平。截至 2019 年末，母基金累计投资子基金 3 152 只，累计认缴规模 9 086.38 亿元，实际出资 5 376.48 亿元，所投子基金管理规模达 18 002.01 亿元，母基金累计认缴规模同比增长 36.81%，累计出资规模同比增长 33.53%，累计投资子基金数量同比增长 26.89%，母基金整体投资规模仍保持增长。截至 2019 年末，母基金在所投子基金中的出资到位率为 59.19%，较 2018 年末出资到位率 60.65% 基本持平，母基金出资的杠杆放大倍

---

①　杠杆放大倍数 = 子基金总规模/母基金出资规模 − 1，例如，某基金总规模为 10 亿元，其中某母基金出资 2 亿元，则该母基金的出资的杠杆放大倍数为 4 倍。

数为 2.35 倍，较 2018 年末的杠杆放大倍数 2.41 变动较小（见图 5.3.1）。

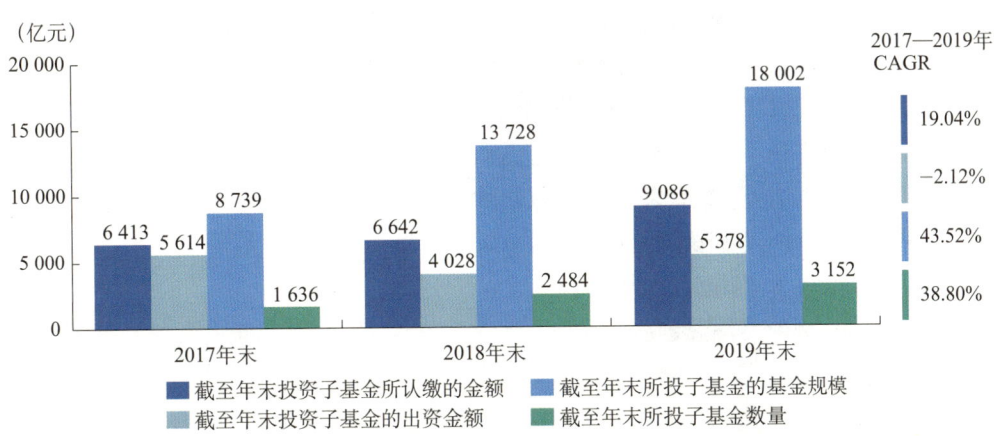

图 5.3.1　2017 年、2018 年和 2019 年末母基金所投子基金数量与规模情况

资料来源：中国证券投资基金业协会 AMBERS 系统。

协会问卷调查数据显示，31.68% 的受访机构反映其实际投资节奏未放缓甚至有所加快，而 68.32% 的受访机构认为其 2019 年的投资节奏有所放缓，这一比例较 2018 年有所上升。受访机构认为投资放缓主要是受到资产标的质量、资金储备情况以及一、二级市场行情等因素影响，具体包括未找到好的投资标的、新基金未募集到位、二级市场行情不佳、一级市场估值调整等原因，分别占比为 40.59%、22.77%、16.83% 和 13.86%。值得注意的是，新基金未募集到位超过一、二级市场行情不佳成为投资放缓的第二大影响因素，反映出资金端的紧张对投资造成较大的冲击（见图 5.3.2）。

5.3.2　母基金的投资有力支持区域经济发展

母基金所投子基金注册地主要聚集在北京、江苏、上海、深圳和浙江。在所投资子基金管理规模中，合计出资比例约为 30%，行业平均放大倍数为 2.35 倍。截至 2019 年末，按照数量划分，母基金所投子基金注册地主要分布在江苏、上海、浙江、北京和广东，合计占比 54.44%；按照被投子基金规模划分，排在前五位的分别是北京、上海、江苏、深圳和浙江，合计占比 63.32%；母基金出资金额前五名分别是北京、江苏、上海、深圳和浙江，合计占比 58.62%；母基金在所投资子基金管理规模中合计的出资比例约为 30%，助力被投子基金撬动更多社会资金，放大倍数最大的前三位分别是上海、天津、北京、宁波和江苏，均超

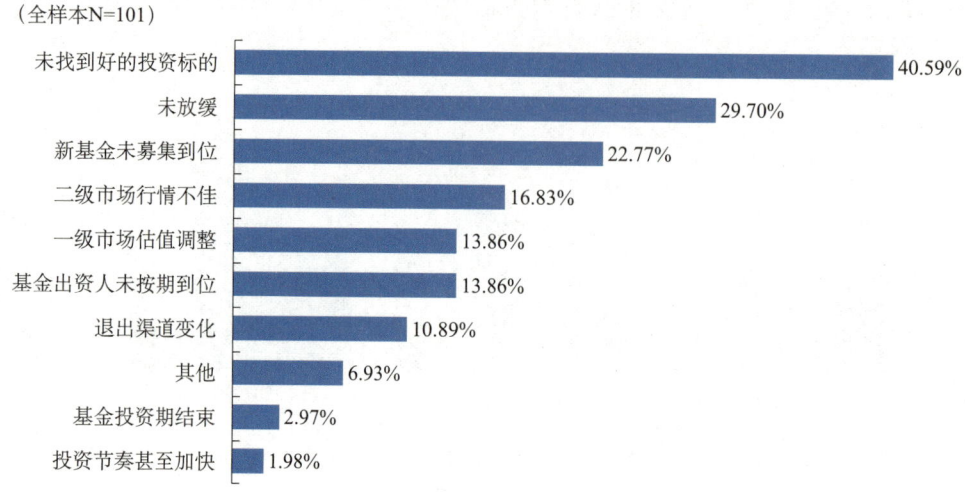

图 5.3.2　2019 年母基金投资节奏是否放缓及其原因

资料来源：2020 年中国证券投资基金业协会调研。

过 2.2 倍，上海最高，达 3.35 倍，行业平均放大倍数是 2.35 倍（见图 5.3.3）。

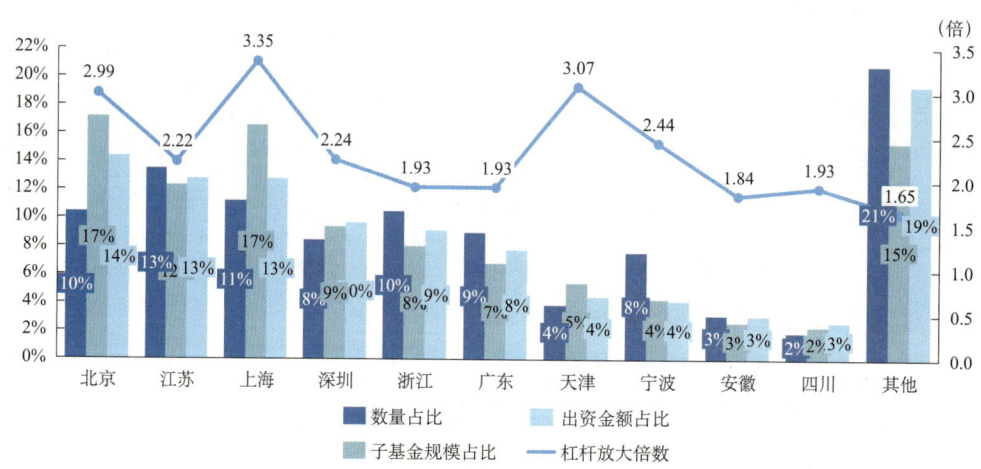

图 5.3.3　截至 2019 年末母基金所投资子基金注册地分布情况

资料来源：中国证券投资基金业协会 AMBERS 系统。

广东为母基金直投规模最大地区[①]。2019 年，母基金直接投资项目 473 个，在投金额 600.32 亿元，母基金直接投资项目主要集中在广东、上海、浙江和山东等地，直投项目数量合计 211 个、投资金额 305.3 亿元，投资数量与金额占比分别为 44.61% 和 50.86%（见图 5.3.4）。

---

① 母基金直投规模按中国证监会 36 个派出机构所在辖区划分。

截至 2019 年末,广东是直投项目最终投向最集中的辖区,项目数量和投资本金占比分别为 13.11% 和 19.49%。上海紧随其后,项目数量和出资金额占比分别为 12.05% 和 9.21%(见图 5.3.5)。

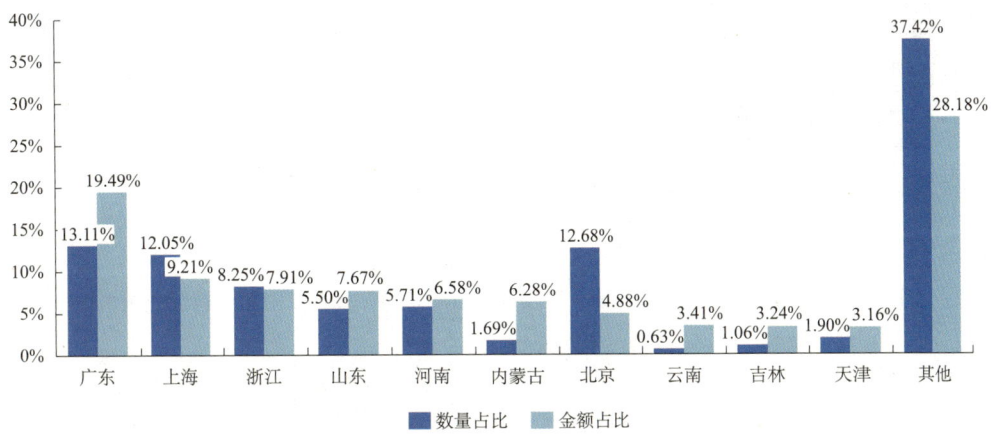

图 5.3.4 2019 年当年母基金直接投资项目所在地区分布情况

资料来源:中国证券投资基金业协会 AMBERS 系统。

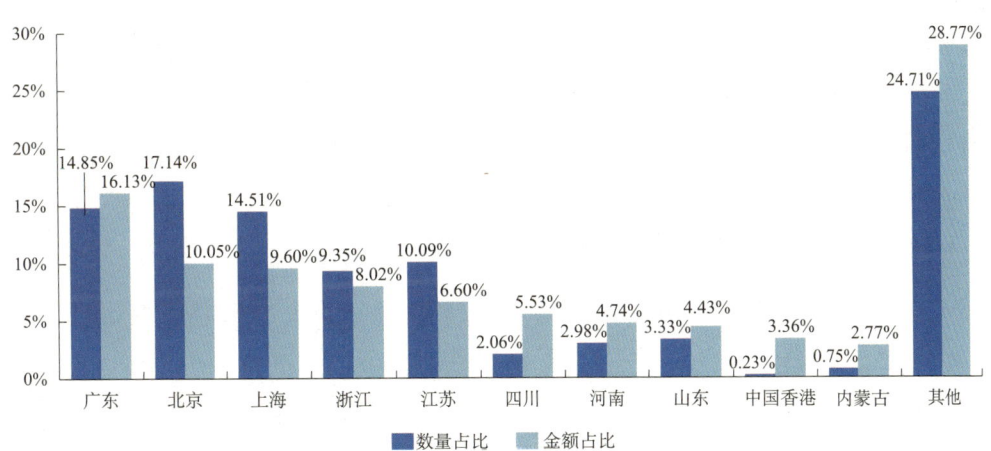

图 5.3.5 截至 2019 年末母基金直接投资项目所在地区分布情况(规模及数量)

资料来源:中国证券投资基金业协会 AMBERS 系统。

北京成为项目最终投向最集中的地区,上海紧随其后。截至 2019 年末,母基金直接投资项目及其所投子基金投资项目合计案例数量 18 966 个,投资本金 11 915.29 亿元,其中母基金直接投资及所投子基金的投资主要集中在北京、上海、广州、江苏和浙江等地,累计投资项目 14 426 个、投资金额 7 333.82 亿元,投资数量与金额占比分别为 76.06% 和 61.55%(见图 5.3.6)。

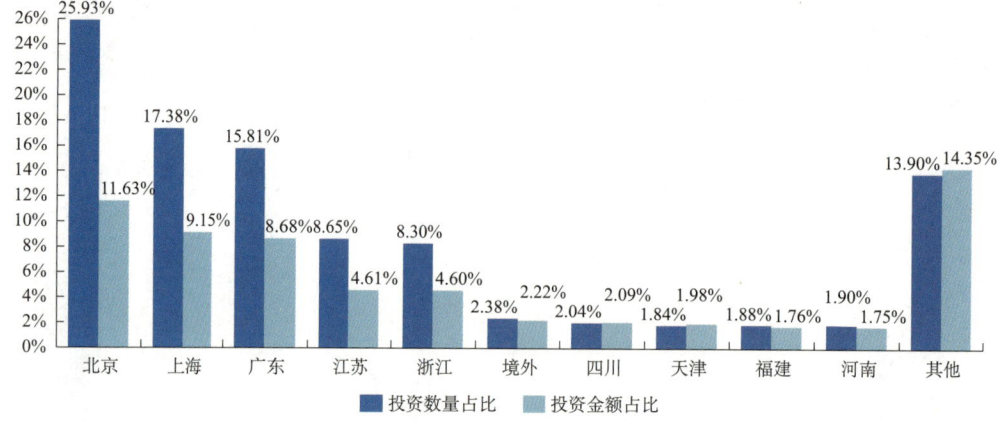

图 5.3.6 截至 2019 年末母基金直接投资项目和所投子基金投资项目辖区分布情况

资料来源：中国证券投资基金业协会 AMBERS 系统。

5.3.3 母基金的投资有力支持新兴行业与部分传统行业发展

母基金直接和间接投资项目主要分布在信息技术、医疗健康、半导体等战略新兴行业以及资本品、房地产等传统行业。按照中证行业分类标准的二级行业来看，截至 2019 年末，母基金直接投资项目及其所投子基金投资项目合计案例 18 966 个，在投金额 11 915.28 亿元；其中资本品[①]、计算机运用、其他金融、房地产、交通运输、医药生物[②]、医疗器械与服务[③]、半导体、原材料、消费者服务分别占比 17.54%、13.25%、8.24%、7.47%、6.06%、5.90%、5.11%、4.84%、4.62% 和 3.30%，合计占比 76.33%，累计投资 9 095.11 亿元（见图 5.3.7）。伴随科技的持续进步与众多产业商业模式的不断革新，创投基金、成长型基金发展迅猛，而母基金通过投资创投基金、成长期基金助力新一代高端装备制造、信息技术、医疗、半导体等战略新兴产业的发展，分享中国经济快速发展的成长红利。此外，母基金亦通过私募股权基金参与资本品、房地产等传统产业的投资，在成熟产业中获取稳定回报，并推动传统产业转型升级与城镇化建设。

---

① 资本品包含航空航天与国防、建筑产品、建筑与工程、电气设备、工业集团企业、机械制造、环保设备、工程与服务行业。
② 医药生物行业包括生物科技、制药、制药与生物科技服务行业。
③ 医疗器械与服务行业包括医疗器械、医疗用品与服务提供商行业。

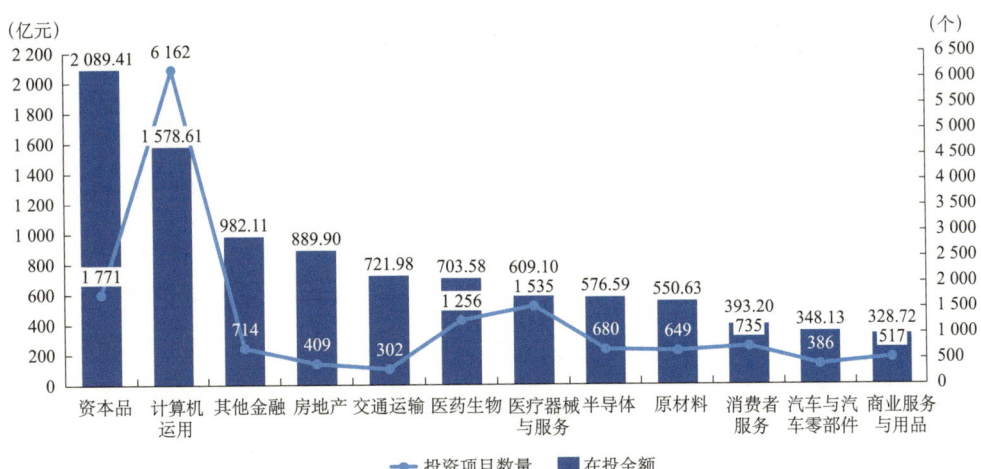

图 5.3.7　截至 2019 年末母基金直接投资项目及所投子基金所投项目行业分布情况

资料来源：中国证券投资基金业协会 AMBERS 系统。

协会问卷调查数据显示，68.32% 的母基金管理人表示未来将重点布局医疗健康产业，约 50% 的受访机构表示会关注高端装备制造、人工智能产业，新材料、IT 及信息化、新能源、半导体等行业也是下一步重点投资方向。较 2018 年，受访机构对于新能源、消费升级投资热情下降，对于人工智能、新材料的投资意愿上升（见图 5.3.8）。

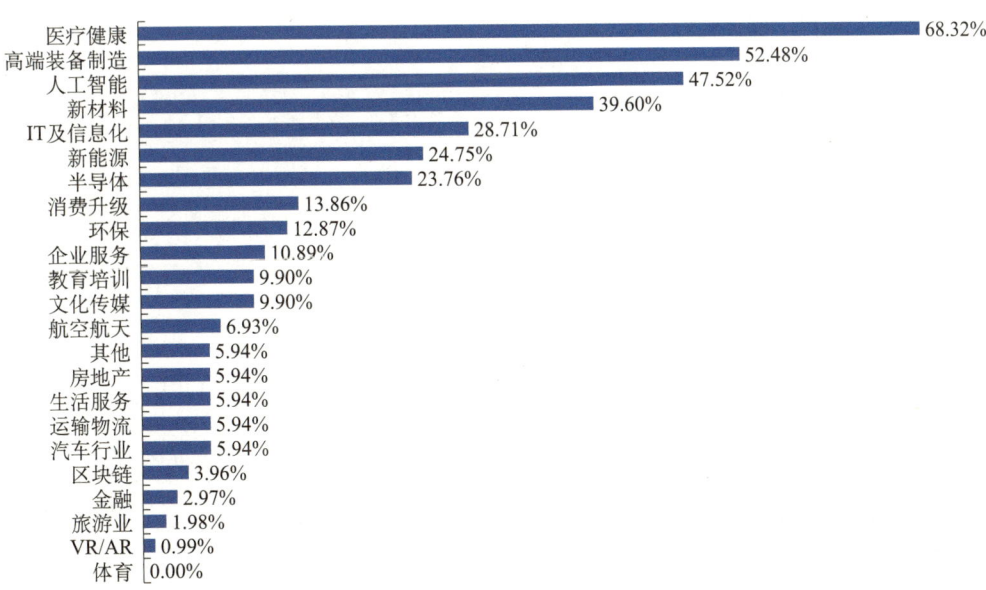

图 5.3.8　2020 年重点投资的方向

资料来源：2020 年中国证券投资基金业协会调研。

5.3.4 母基金投资子基金时核心关注因素是团队背景和过往业绩等因素

母基金投资子基金的决策周期集中在 3—6 个月，在投资子基金时最关注团队背景，在复投子基金时最关注基金策略是否变化，以及团队是否能在该领域展示出优势。决策时间在一定程度上反映了母基金管理人的投资效率。协会问卷调查数据显示，多数母基金管理人的决策周期在 3—6 个月，其次是 6—12 个月。在筛选备选的子基金时，母基金管理人最看重的因素依次是团队背景、过往业绩、所投行业及轮次；相反的是，不再复投子基金的最主要原因是策略变化或未能展示行业优势，以及过往业绩未达预期，其次是主要管理团队发生变化，以及之前其他投资者相关要求限制过多影响了基金的运作等因素（见图 5.3.9、图 5.3.10 和图 5.3.11）。

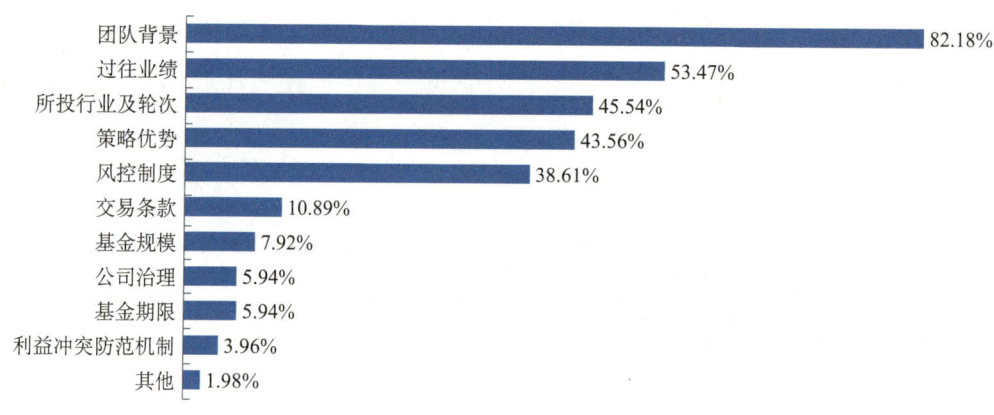

图 5.3.9　母基金筛选被投基金的标准[①]

资料来源：2020 年中国证券投资基金业协会调研。

5.3.5 创投与成长型基金是母基金的主要投资方向

母基金实际投资中倾向于投资创投基金与成长型基金。协会问卷调查数据显示，母基金偏好投资创投基金与成长期基金，38% 的受访母基金管理人对创

---

① 受访母基金在问卷中选择筛选被投基金时最重要 3 个标准。

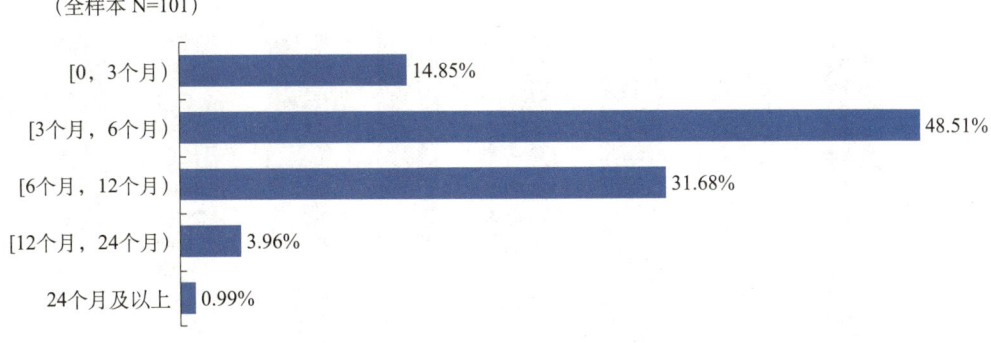

图 5.3.10　母基金从接触子基金到做出投资决定所用平均时间

资料来源：2020 年中国证券投资基金业协会调研。

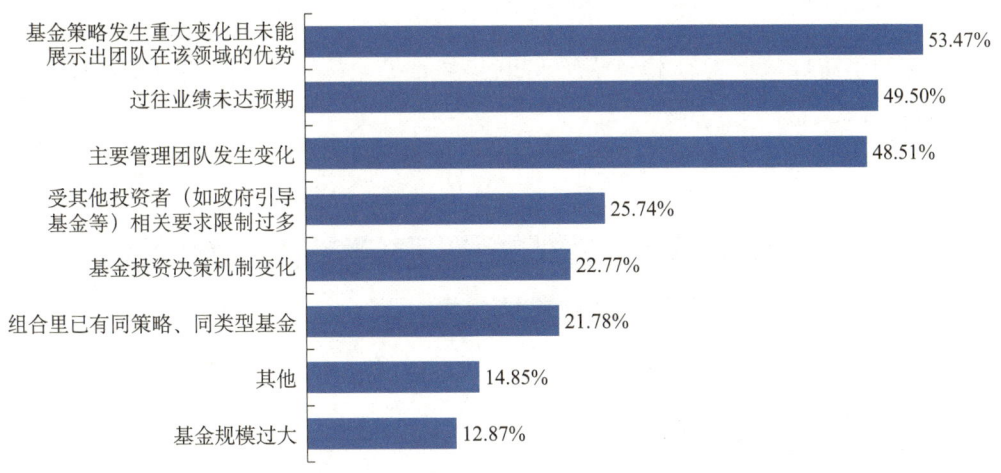

图 5.3.11　母基金考察曾经投资团队的新募集基金时，最终不进行再次投资的原因

资料来源：2020 年中国证券投资基金业协会调研。

投基金的配置比例大于 40%，45% 的受访母基金管理人对成长型基金的配置比例大于 40%，9% 的受访母基金管理人对并购基金的配置比例大于 40%，10% 的受访母基金管理人对母基金的配置比例大于 40%，而对于房地产基金、基础设施基金、自然资源基金配置比例相对较少（见图 5.3.12）。母基金配置状况与我国私募股权市场整体状况接近。

母基金对直投项目的配置相对有限。协会问卷调查数据显示，31.68% 的受访母基金不进行直接投资，35.64% 的受访母基金有直投项目，但比例小于 20%，仅有 27.72% 的母基金直投比例在 20%—50%（见图 5.3.13）。此外，

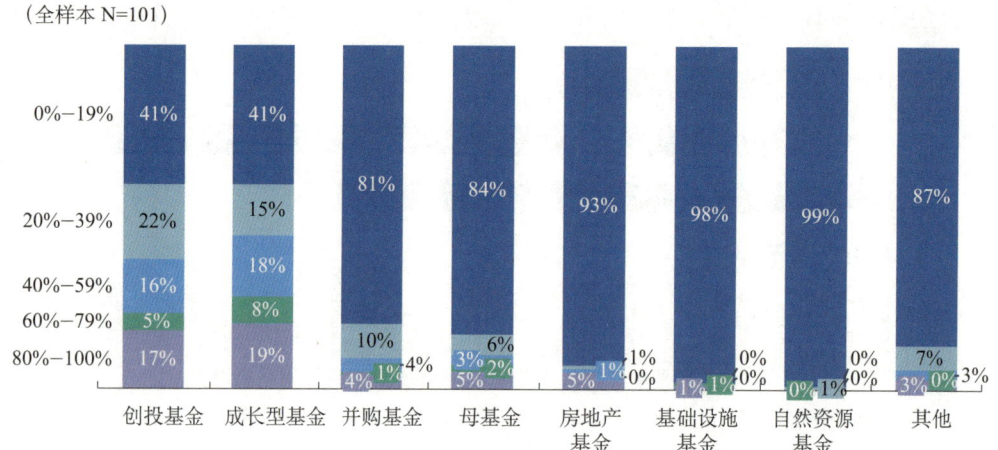

图 5.3.12　母基金实际投资中，主要投向子基金种类及具体比例

资料来源：2020 年中国证券投资基金业协会调研。

77.23% 的受访母基金表示不会提升 2020 年的直投比例，基金策略将整体保持不变（见图 5.3.14）。

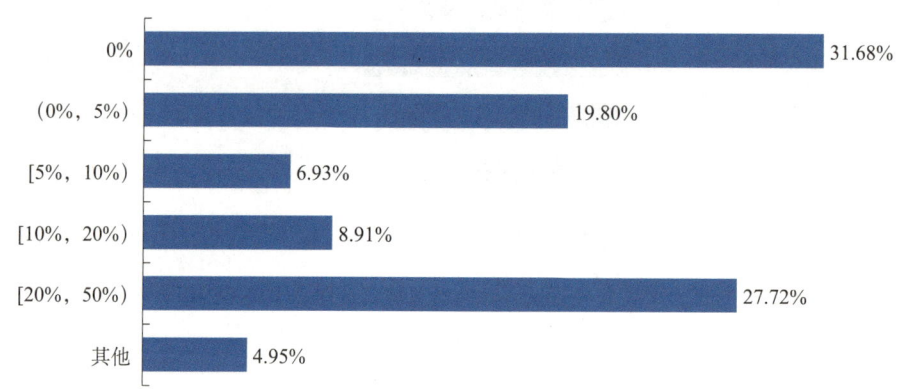

图 5.3.13　母基金直接投资项目的比例

资料来源：2020 年中国证券投资基金业协会调研。

2020 年新募母基金将主要投资于创投基金与成长型基金。协会问卷调查数据显示，六成的受访母基金 2020 年无新一期母基金募集计划，有募集计划的母基金管理人计划将新基金主要投资于创投基金以及成长型基金，有计划募集新基金的受访机构中，二者的比例分别为 56.41% 和 41.03%（见图 5.3.15）。

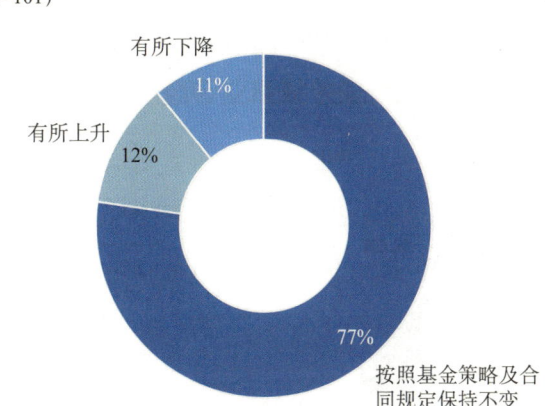

图 5.3.14　2020 年相比 2019 年对直接投资项目的投资比例偏好变化

资料来源：2020 年中国证券投资基金业协会调研。

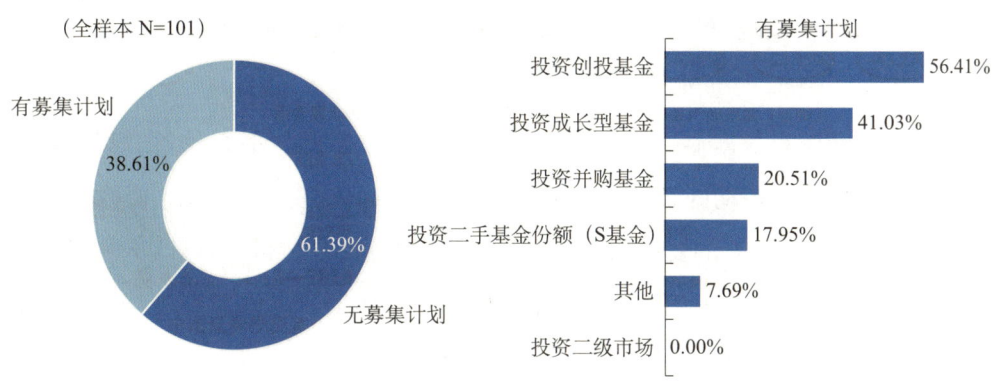

图 5.3.15　2020 年新募母基金将采取何种投资策略

资料来源：2020 年中国证券投资基金业协会调研。

5.4　投后管理分析

5.4.1　母基金对子基金的投后管理机制整体较为完备

协会问卷调查数据显示，受访母基金已基本实现管理软件与管理体系构建。53.46% 的受访母基金通过自建、外购等方式构建信息系统，用于日常监测被投基金情况。39.60% 的受访机构认为应该加入子基金的投资决策委员会，避免母基金利益受到损害。同时，32.67%的受访机构表示应该视情况干涉子基金的发展，仅有24.75%的受访母基金认为不应干涉子基金（见图5.4.1）。

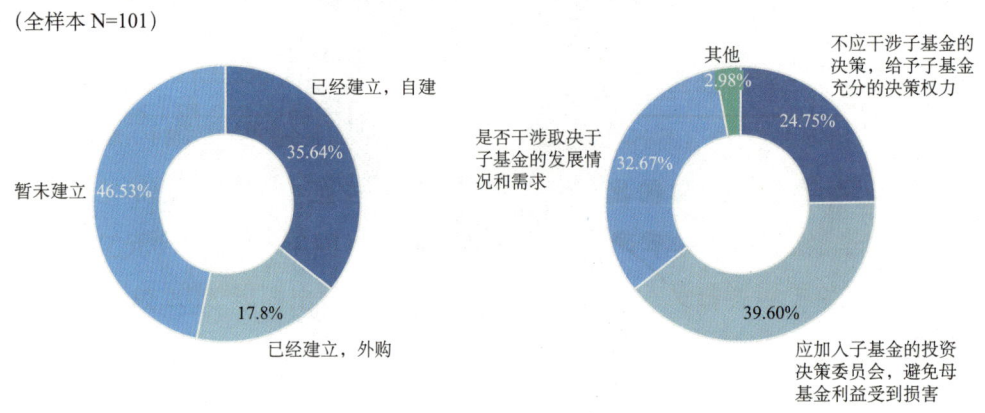

图5.4.1 母基金建立信息管理系统的具体情况以及对参与子基金的决策的态度

资料来源：2020年中国证券投资基金业协会调研。

协会问卷调查数据显示，母基金有较强的跟投意愿，平衡收益、具有政策意义是跟投的主要驱动因素。受访母基金中，56.44%有意向跟投，有意跟投的受访母基金中54.39%的受访母基金倾向于跟投高收益项目，42.11%的母基金倾向于跟投有政策意义的项目（见图5.4.2）。整体上，高收益是母基金跟投的第一驱动力，除此之外，政策驱动是最主要驱动力。

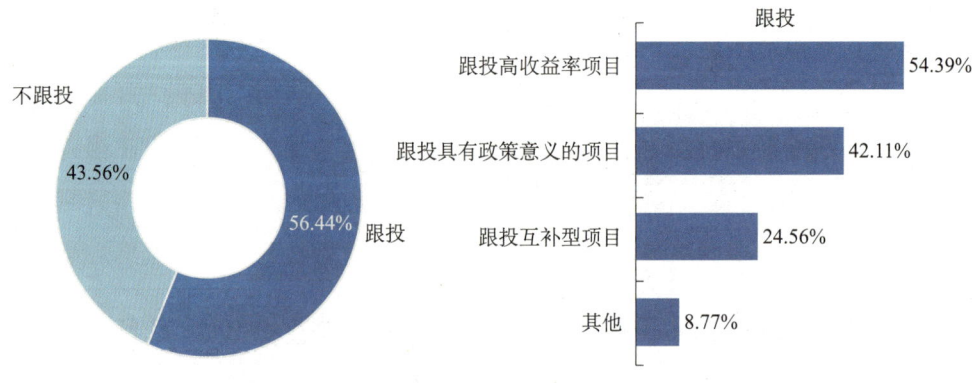

图5.4.2 母基金跟投情况

资料来源：2020年中国证券投资基金业协会调研。

持续赋能被投子基金，为 LP 挖掘投资机会将成为母基金的核心竞争力。随着市场竞争加剧，母基金需要在资金与资产两端强化自身优势。在资产端，母基金需要对被投子基金提供大量增值服务，在推介项目、开拓融资渠道、提供退出支持、提供战略规划与人才推介等处着手，在募、投、管、退全流程中为被投基金赋能，与被投子基金建立长期良好的合作关系。在资金端，母基金需要凭借自身专业化投资分析与基金运营能力得到 LP 信任，更重要的是，母基金要凭借自身信息优势向 LP 提供优质跟投机会，并基于自身影响力帮助 LP 取得市场上紧俏的份额，强化自身同 LP 的合作关系。

5.4.2 母基金对子基金提供多元化增值服务

伴随母基金行业成熟与发展，母基金为被投子基金提供大量增值服务。协会问卷调查数据显示，75.25% 的受访母基金为被投子基金提供增值服务。提供增值服务的母基金中，76.32% 的受访母基金为子基金推介项目，69.74% 的母基金帮助子基金开拓融资渠道，42.11% 的母基金为子基金提供退出指导，39.47% 的母基金为子基金提供战略规划，39.47 的母基金为子基金提供人才推介（见图 5.4.3）。随着母基金行业逐步走向成熟，母基金由单一的"投资向投资 + 投后赋能转"型，逐步营造投资生态，从投资端、募资端、管理端、退出端为被投基金提供全生命周期的赋能，在价值创造中共享生态成长的收益。

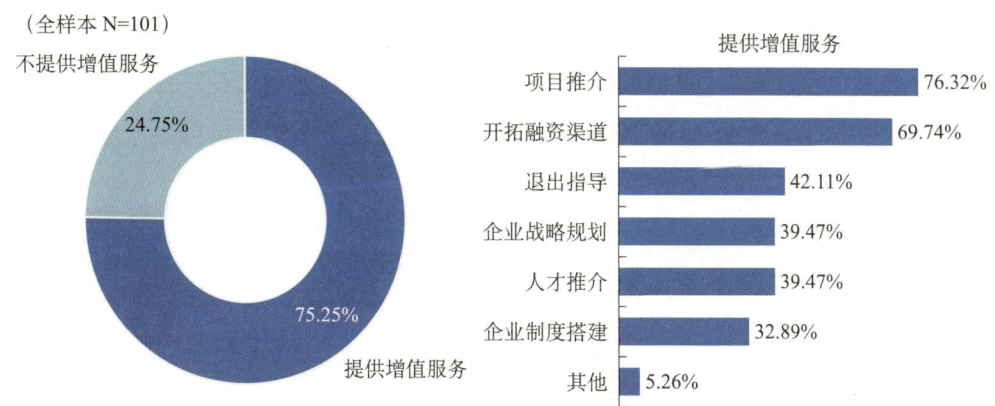

图 5.4.3　母基金对所投资基金提供的增值服务

资料来源：2020 年中国证券投资基金业协会调研。

5.5 投资退出情况分析

5.5.1 2019年母基金退出大幅增多，协议转让为主要退出方式

2019年母基金退出大幅增多，协议转让、境内上市为主要退出方式。2019年母基金直接投资项目和所投子基金投资项目实现退出1 802次，同比上升74.11%，退出本金659.71亿元，同比上升38.11%，实际退出金额939.85亿元，同比上升31.77%。截至2019年末，母基金直接投资项目和所投子基金投资项目已累计实现退出①3 006个，发生退出行为②4 900次，累计退出本金③1 766.5亿元，累计实际退出金额④3 014.34亿元。2019年母基金直接投资项目及所投子基金投资项目的主要退出渠道为协议转让与境内上市，占比分别为50.05%和17.47%。截至2019年末，母基金直接投资项目及所投子基金投资项目退出的主要渠道为协议转让、境内上市和融资人还款，分别占比39.51%、29.87%和12.87%。

2019年协议转让的市场占比50.05%，较2018年47.34%的占比有所上升。母基金行业经历长期发展，已经进入密集退出期。当前母基金行业存在众多待转让项目，大量期限不足的母基金转让存量项目的诉求强烈。此外，中国每年境内上市公司数量有限，远远不能满足市场退出需求，并且中国尚未形成完备的并购市场。在此背景下，协议转让成为包括母基金在内的私募股权基金重要的退出渠道。伴随母基金的退出压力的增加，协议转让占比持续上升（见图5.5.1）。

---

① 实现退出次数指截至统计时点所投资案例退出（含完全退出）的数量。
② 发生退出行为（次）指截至统计时点产品投资案例发生退出行为的次数。
③ 退出本金（亿元）指截至统计时点产品退出案例时累计投资案例的金额。
④ 实际退出金额（亿元）指截至统计时点产品退出案例时实际退出金额，实际退出金额＝退出本金＋股权增值。

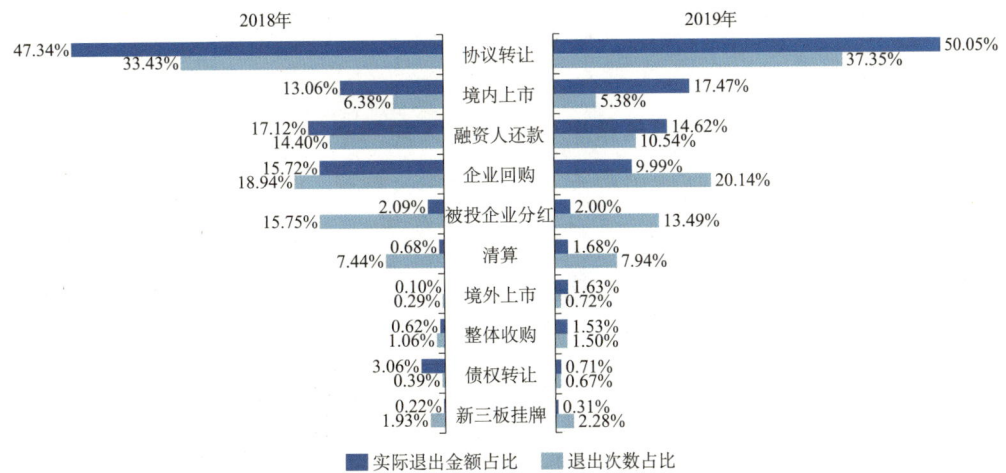

图 5.5.1　2018 年、2019 年母基金直接投资项目及所投子基金投资项目退出渠道分布

资料来源：中国证券投资基金业协会 AMBERS 系统。

5.5.2　退出倍数①整体同上一年基本持平，境内上市退出倍数最高

2019 年当年退出项目的整体退出倍数有所下降，项目境内上市退出倍数最高。2019 年，各类退出方式平均退出倍数为 1.42 倍，较 2018 年平均退出倍数 1.49 倍基本持平。在 2019 年各类退出方式中，境内上市以 2.50 倍的退出倍数位列第一，但较 2018 年境内上市 4.79 倍的退出倍数有所下降，主要与新上市公司的二级市场表现有关（见图 5.5.2）。

5.5.3　退出项目主要集中在计算机、房地产等领域，原材料行业退出倍数最高

计算机运用成为退出案例数量最多的行业，原材料的退出倍数居全行业第一。2019 年，母基金直接投资项目及所投子基金投资项目退出案例数量主要来自计算机运用、房地产、金融等行业。其中，计算机运用行业发生 385 个退出案例，数量占比 21.37%，实际退出金额占比 10.59%，房地产发生 156 起退出案例，数量占比 8.66%，实际退出金额占比 28.57%。从退出的平均回报率倍数来看，原

---

① 本章退出倍数计算公式 = 实际退出金额/退出本金

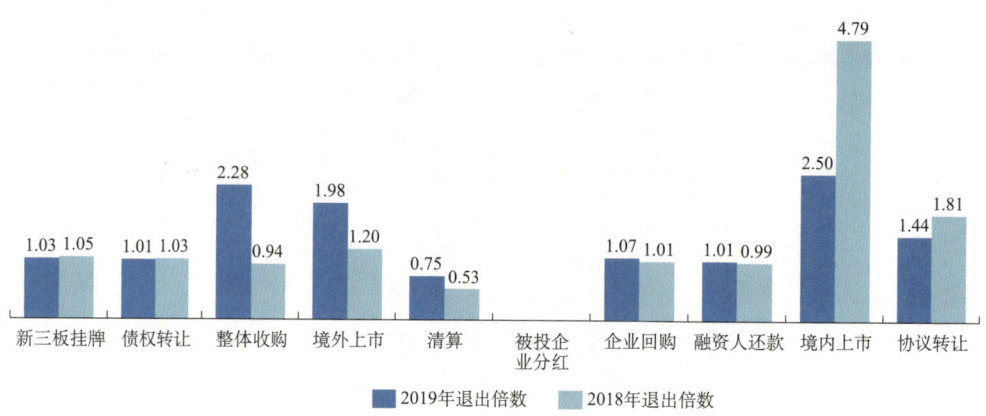

图 5.5.2　2018 年、2019 年母基金直接投资项目及所投子基金投资项目退出倍数

资料来源：中国证券投资基金业协会 AMBERS 系统。

材料超越生物医药位居行业第一，退出倍数为 1.91 倍（见图 5.5.3）。

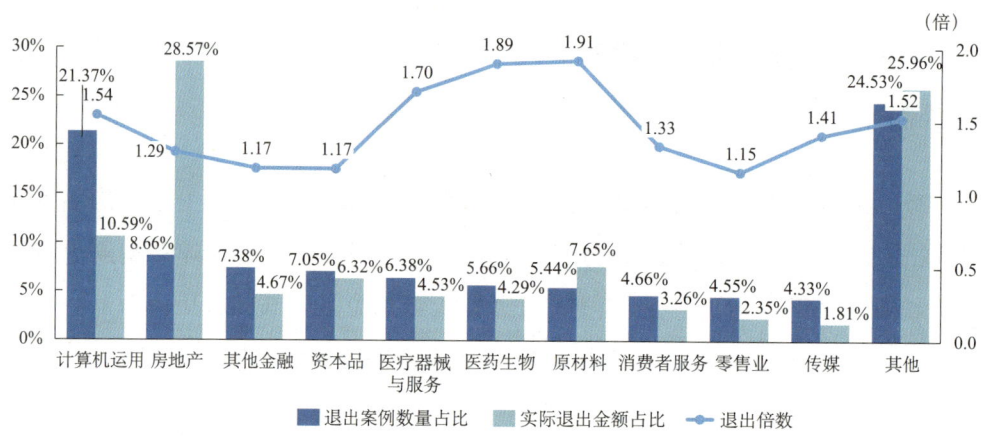

图 5.5.3　2019 年母基金直接投资项目及所投子基金投资项目行业退出案例数量与退出倍数情况

资料来源：中国证券投资基金业协会 AMBERS 系统。

5.5.4　母基金存在清算退出困难

母基金市场存在一定的清算退出困难。从受访机构反馈来看，母基金市场存在的主要清算退出困难来自市场难以预期、收益不佳、减持时间过长。18.81% 的受访母基金认为资本市场退出节奏不好预期，11.88% 的母基金认为基金的投资收益及退出安排不及预期。仅有 10.89% 的母基金表示基金清算不存在困难，而占比最多的是 66.34% 的母基金管理人由于基金未到期尚未考虑这一问题（见图 5.5.4）。母基金行业经过多年发展，逐步迎来密集退出期，若市场清算退出困难未能逐步改善，母基金行业未来将面临较大的退出压力。

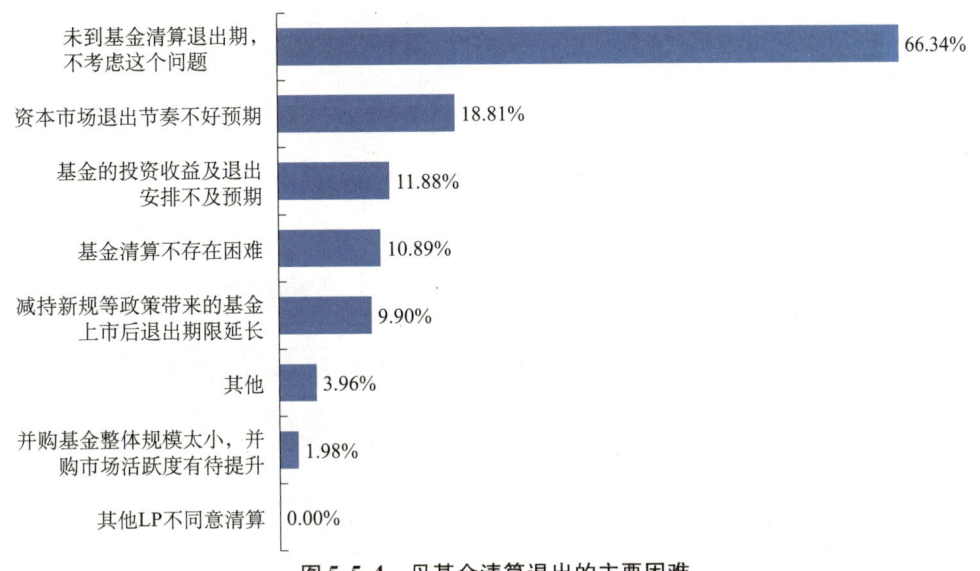

图 5.5.4　母基金清算退出的主要困难

资料来源：2020 年中国证券投资基金业协会调研。

5.5.5　母基金存在转让份额需求，私募股权二级市场及 S 基金（Secondary Fund）有待进一步探索发展

随着私募股权市场的进一步繁荣和发展，国内私募股权二级市场（PE Secondary 市场）将逐步兴起，为私募股权市场提供流动性和替代资本。协会问卷调查数据显示，38.61% 的受访机构表示其 LP 有份额转让需求，主要因素包括资金流动性需求、调整投资组合或者受政策和监管影响（见图 5.5.5）。

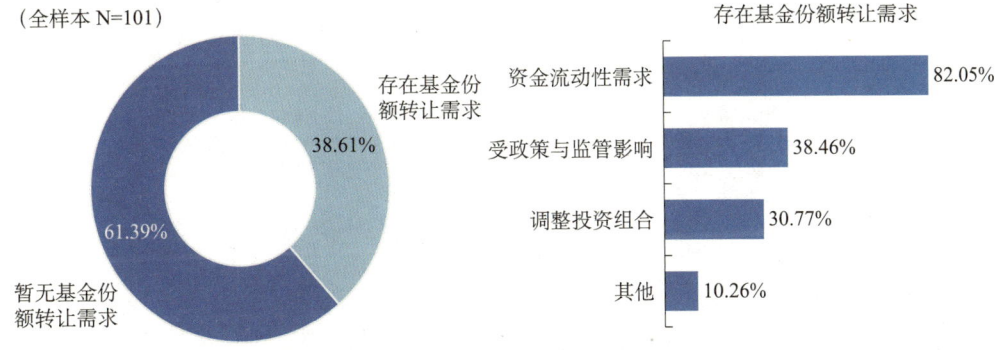

图 5.5.5　2019 年母基金 LP 份额转让需求情况

资料来源：2020 年中国证券投资基金业协会调研。

目前仅有少量母基金已采取S基金作为退出手段，不了解S基金以及缺乏专业机构是S基金发展的主要挑战。协会问卷调查数据显示，仅有1.98%的受访机构使用过S基金作为退出手段，35.64%的受访机构考虑采取S基金作为退出手段。目前S基金尚未被大面积使用的主要原因是母基金不了解S基金和缺乏专业S基金。67.66%的受访母基金表示不了解S基金，37.62%的受访母基金缺乏了解S基金的渠道，40.59%的母基金表示市面上缺乏专业S基金（见图5.5.6）。

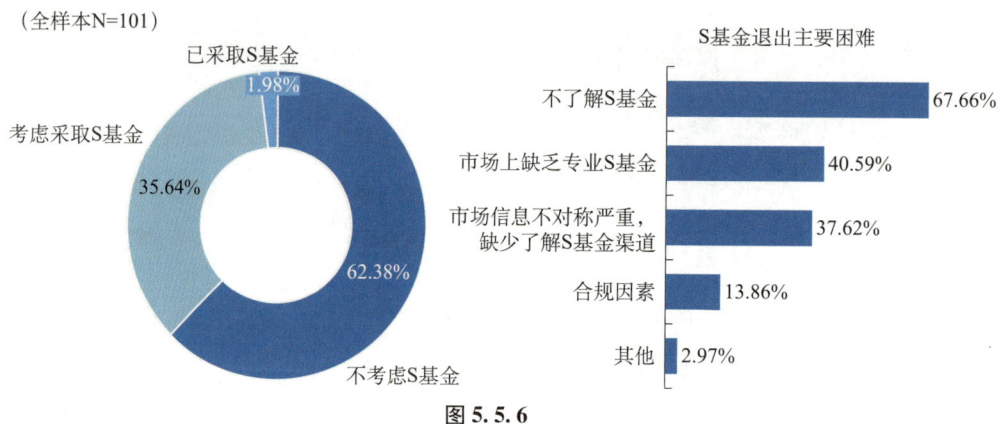

图 5.5.6

资料来源：2020 年中国证券投资基金业协会调研。

5.6 政府引导基金发展情况*

5.6.1 政府引导基金数量与管理规模稳步上升

政府引导基金管理人与基金数量稳步上升，管理规模大幅上涨。截至2019

---

* 2008 年发改委联合财政部发布的《关于创业投资引导基金规范设立与运作的指导意见》对创业投资引导基金的定义为，由政府设立并按市场化方式运作的政策性基金，主要通过扶持创业投资企业发展，引导社会资金进入创业投资领域。其中，明确引导基金本身不直接从事创业投资业务，宗旨是发挥财政资金的杠杆放大效应，增加创业投资资本的供给。

2015 年财政部发布的《政府投资基金暂行管理办法》（财预〔2015〕210 号）将政府投资基金的定义为，指由各级政府通过预算安排，以单独出资或与社会资本共同出资设立，采用股权投资等市场化方式，引导社会各类资本投资经济社会发展的重点领域和薄弱环节，支持相关产业和领域发展的资金。

2016 年国家发展改革委印发的《政府出资产业投资基金管理暂行办法》将政府出资产业投资基金的定义为，有政府出资，主要投资于非公开交易企业股权的股权投资基金和创业投资基金。从目的和功能角度来看，以上政府出资的引导性基金都是利用国有资金引导社会资本支持国家及区域经济、产业发展，本书统一采用政府引导基金作为名称。

① 本报告仅研究已在中国证券投资基金业协会备案的政府引导基金，未包含获得政府财政出资但未备案为政府引导基金类型的基金。政府引导基金多采用母基金业务模式。

年末，在协会已备案的政府引导基金管理人数量 1 071 家，同比增长 13.57%，政府引导基金数量 1 434 只，同比增长 17.64%（见图 5.6.1），管理规模 8 343.46 亿元，同比增长 27.68%（见图 5.6.2）。2019 年政府引导基金快速增长，在金融监管趋严的背景下，政府引导基金的市场影响力日益凸显。

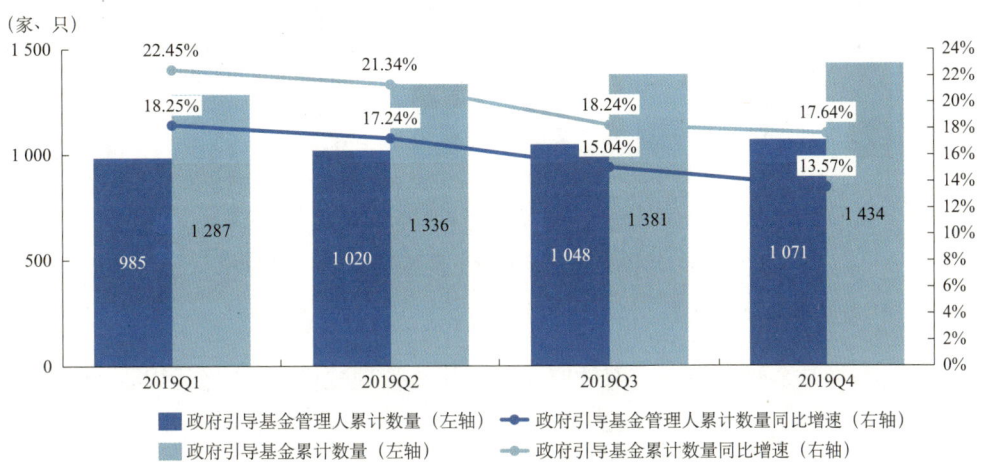

图 5.6.1　2019 年各季度政府引导基金管理人及政府引导基金累计数量及同比增速

资料来源：中国证券投资基金业协会 AMBERS 系统。

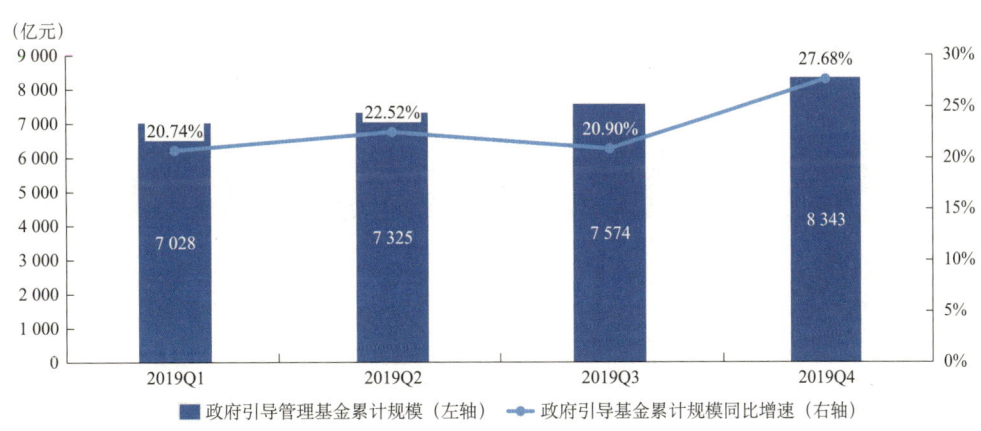

图 5.6.2　2019 年各季度政府引导基金累计规模及同比增速

资料来源：中国证券投资基金业协会 AMBERS 系统。

2019 年，政府引导基金新增数量与规模大幅增长。2019 年新增政府引导基金 248 只，同比增长 45.88%，新增规模 766.95 亿元，同比增长 61.23%（见图 5.6.3）。在私募股权投资基金行业募资整体乏力的状态下，政府引导基金逆势取得大幅增长，对资本市场的引导与助推作用持续提升。

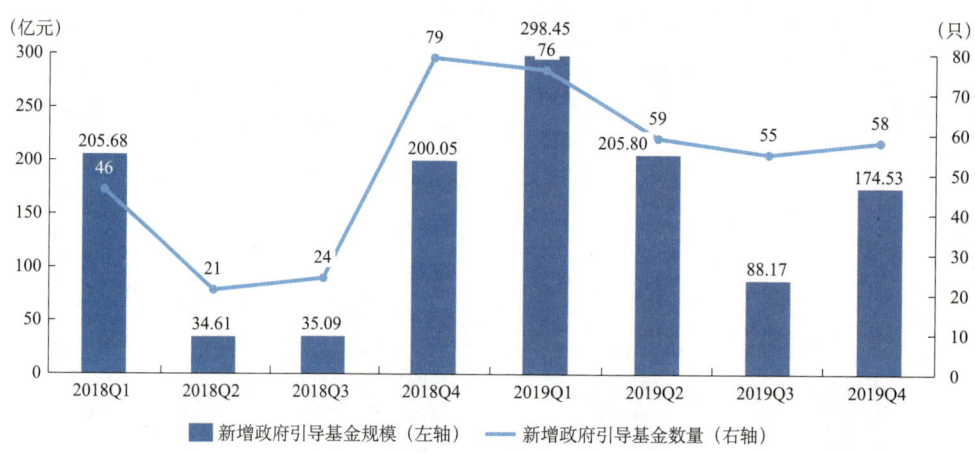

图 5.6.3　2019 年各季度政府引导基金新增数量与规模

资料来源：中国证券投资基金业协会 AMBERS 系统。

政府引导基金管理规模头部效应现象明显。管理规模在 20 亿元以下的政府引导基金数量上占比 94.35%，规模上仅占 37.73%，而管理规模在 100 亿元以上大型政府引导基金数量占比不足 1%，但管理规模占比 29.17%（见图 5.6.4）。

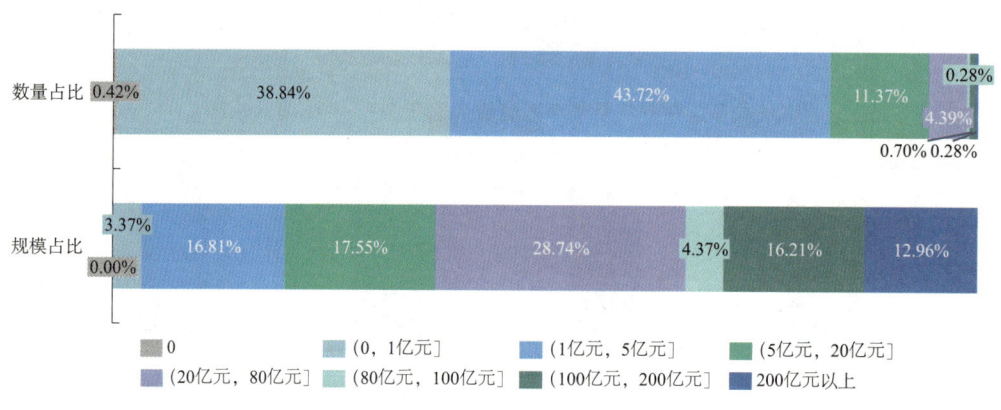

图 5.6.4　截至 2019 年末政府引导基金规模分布情况

资料来源：中国证券投资基金业协会 AMBERS 系统。

5.6.2　政府引导基金的主要出资人为企业投资者

截至 2019 年末，在协会备案的政府引导基金出资人中企业投资者出资金额占比 52.61%，资管计划和政府资金出资金额占比相当，分别为 20.70% 和 22.65%，三者合计占比 95.96%（见图 5.6.5）。从资金来源分布来看，政府引导基金通过财政资金撬动了 3.41 倍的社会资本，其中包括产业资本、国有企业资金及金融机构资金等。

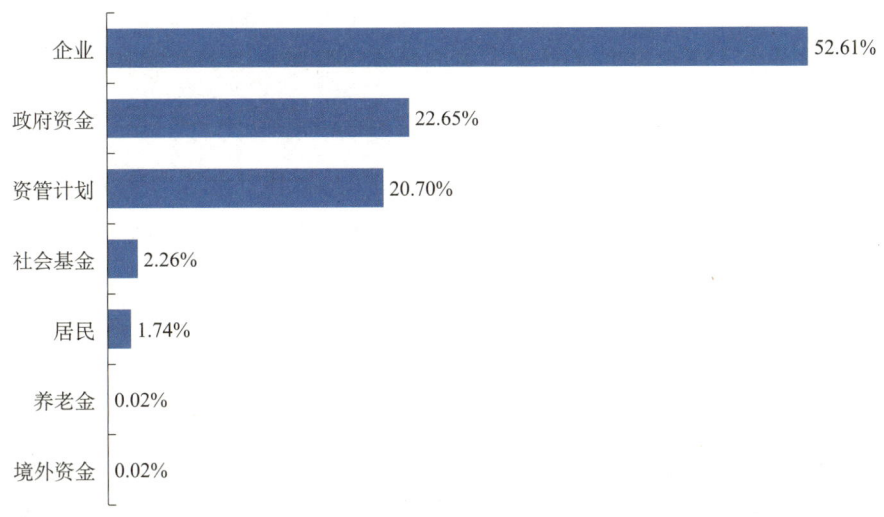

图 5.6.5　截至 2019 年末政府引导基金资金来源分布

资料来源：中国证券投资基金业协会 AMBERS 系统。

5.6.3　投资案例数量和投资规模持续上升，以投资子基金为主

2019 年政府引导基金直接投资项目 1 777 个、直投规模 870.48 亿元，投资子基金 2 275 个，投资子基金规模 1 431.65 亿元，投资子基金的投资规模是直投规模的 1.64 倍。政府引导基金对于直投项目平均出资额为 0.49 亿元，投资子基金的平均投资规模为 0.63 亿元（见图 5.6.6）。

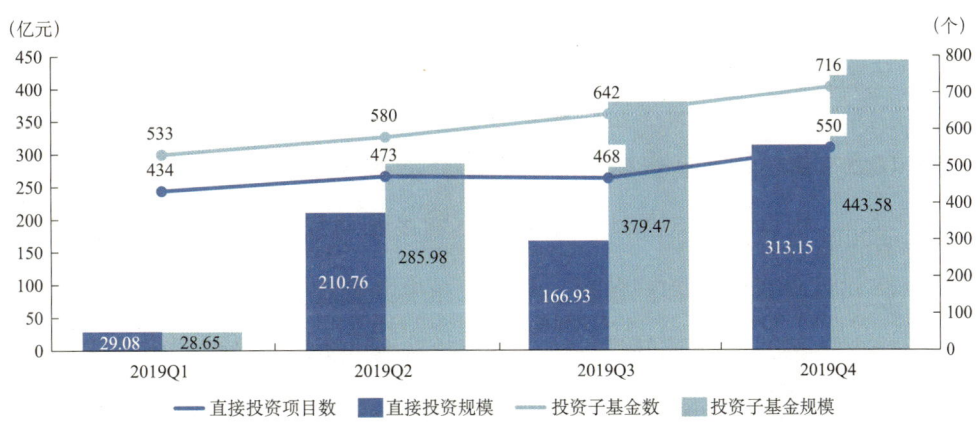

图 5.6.6　2019 年政府引导基金直投与投资子基金情况

资料来源：中国证券投资基金业协会 AMBERS 系统。

5.6.4 直投项目集中于北、上、广，投资行业兼顾新兴行业与传统行业

截至 2019 年末，在协会备案的政府引导基金直接投资的在投项目 8 702 个，在投金额超过 4 200 亿元。直接投资在投项目所属地区主要集中在广东、上海、北京、福建和江苏等地，这五大省市在投项目数量合计占比 51.79%，在投本金合计占比 53.87%（见图 5.6.7）。

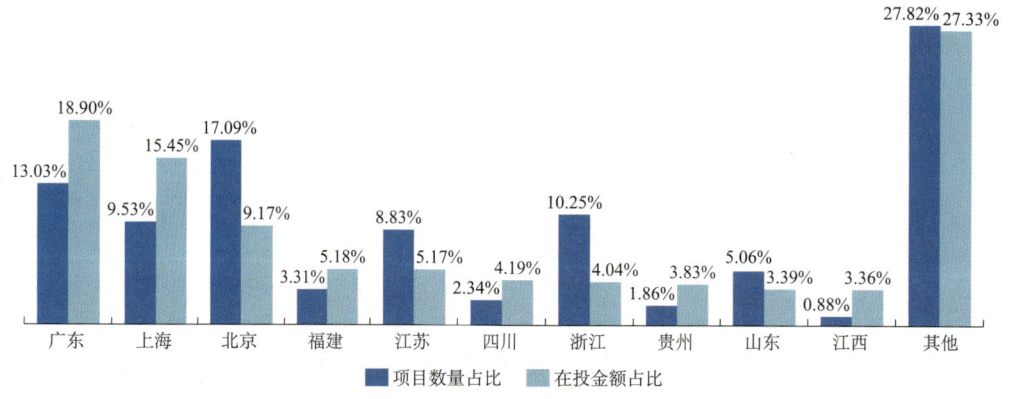

图 5.6.7　截至 2019 年末政府引导基金直投项目地域分布

资料来源：中国证券投资基金业协会 AMBERS 系统。

政府引导基金投资行业兼顾新兴行业与传统行业。截至 2019 年末，在协会备案的政府引导基金直接投资的在投项目主要集中在其他金融、资本品、交通运输、计算机运用、半导体等行业。前五大行业合计在投项目数量合计占比 51.74%，在投本金合计占比 62.31%（见图 5.6.8）。

5.6.5 政府引导基金主要投资于创投基金等，聚焦新兴产业

截至 2019 年末，从累计投资规模来看，已备案的政府引导基金所投私募股权基金中，投资其他私募股权投资基金规模占比 53.32%，投资创投基金规模占比 24.12%，投资并购基金占比 10.75%。2019 年，从当年投资规模来看，已备案的政府引导基金所投私募股权基金中，投资其他私募股权投资基金规模占比 73.63%，投资创投基金规模占比 13.06%，投资并购基金规模占比 6.12%（见图 5.6.9）。

政府引导基金所投基金的最终投向更多集中于新兴产业。截至 2019 年末，

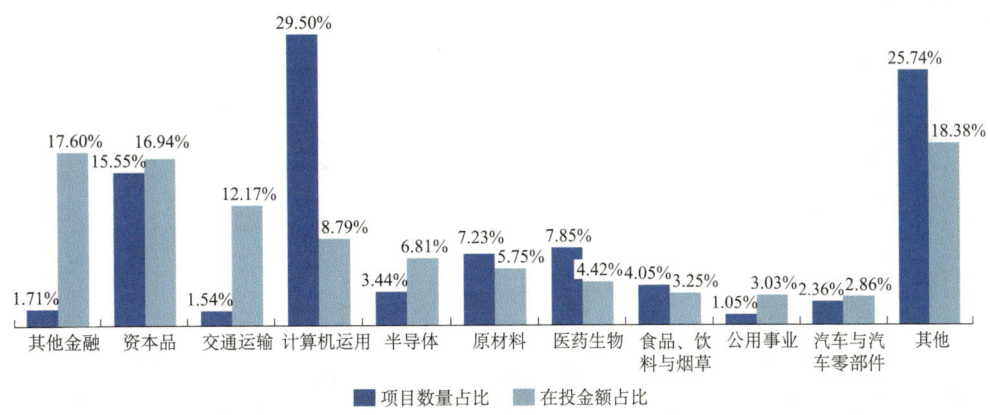

图 5.6.8　截至 2019 年末政府引导基金投资项目行业分布

资料来源：中国证券投资基金业协会 AMBERS 系统。

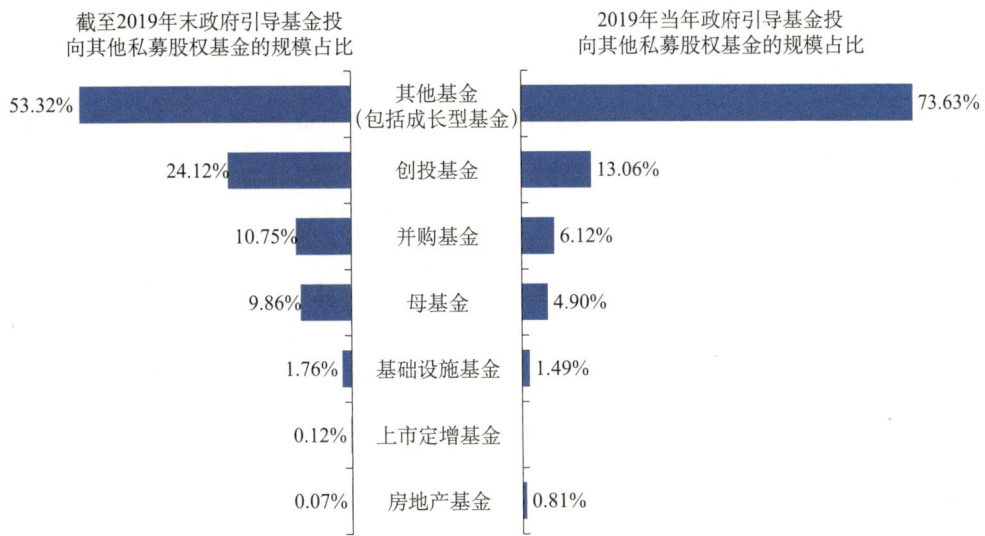

图 5.6.9　截至 2019 年末以及 2019 年当年政府引导基金所投向其他私募股权基金的规模占比

资料来源：中国证券投资基金业协会 AMBERS 系统。

已在协会备案的政府引导基金通过所投的子基金投资的项目，主要集中在半导体、计算机运用、资本品、医药生物和交通运输行业，前五大行业合计在投项目数量合计占比 56.92%，在投本金合计占比 53.92%（见图 5.6.10）。与政府引导基金直接投资的方式相比，市场化子基金因具备专业人才队伍和长期投资经验的累积，在投资半导体、医药生物等技术壁垒高的行业方面更有优势。

整体来看，政府引导基金通过投资成长型基金、创投基金支持新兴产业发展，同时通过反投机制吸引优质产业，通过私募股权投资的方式带动当地新兴产业发展。

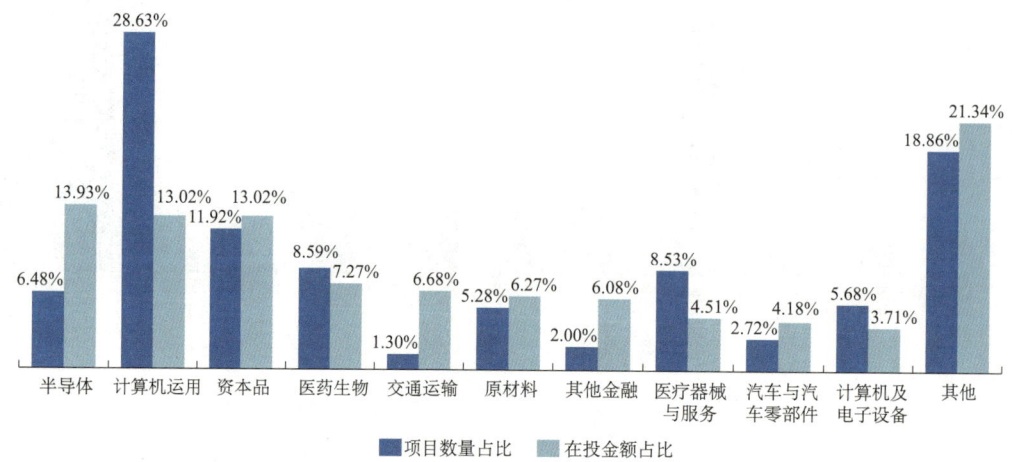

图 5.6.10　截至 2019 年末政府引导基金所投基金的投资行业分布

资料来源：中国证券投资基金业协会 AMBERS 系统。

截至 2019 年末，已统计的政府引导基金通过所投的其他私募基金投资的项目，所属地区主要集中在广东、上海、北京、江苏和浙江等地，这五大省市投资项目数量合计占比 71.40%，在投本金合计占比 59.20%（见图 5.6.11）。

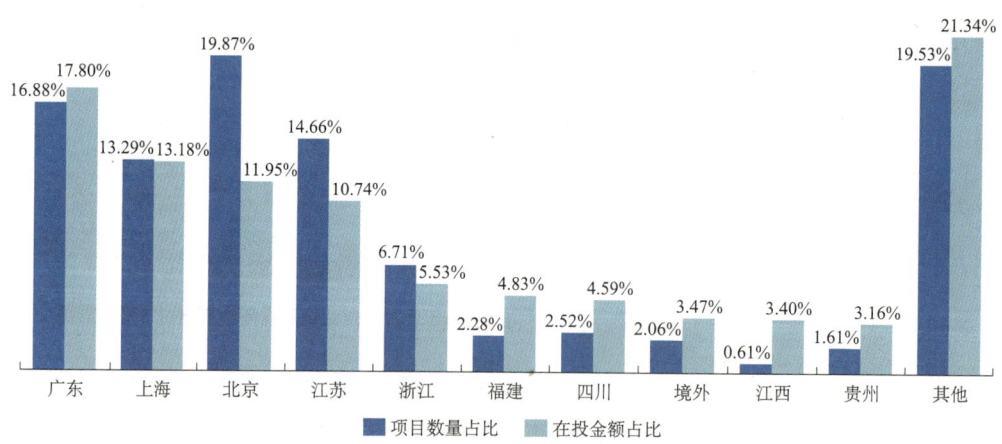

图 5.6.11　截至 2019 年末政府引导基金所投基金的投资地域分布

资料来源：中国证券投资基金业协会 AMBERS 系统。

5.6.6　政府引导基金主要退出方式是融资人还款和协议转让

截至 2019 年末，在协会备案的政府引导基金直接投资的项目发生退出 2 704

次，退出本金 538.13 亿元，实际退出金额 684.25 亿元，退出回报倍数 1.27 倍。

从退出方式上看，实际退出金额前三的方式是融资人还款、协议转让、境内上市，实际退出金额合计占比 77.80%，退出次数合计占比 48.34%。从退出倍数来看，排在前 3 位的方式是境内上市、整体收购和"新三板"挂牌，三者的退出倍数都在 1.9 倍以上（见图 5.6.12）。

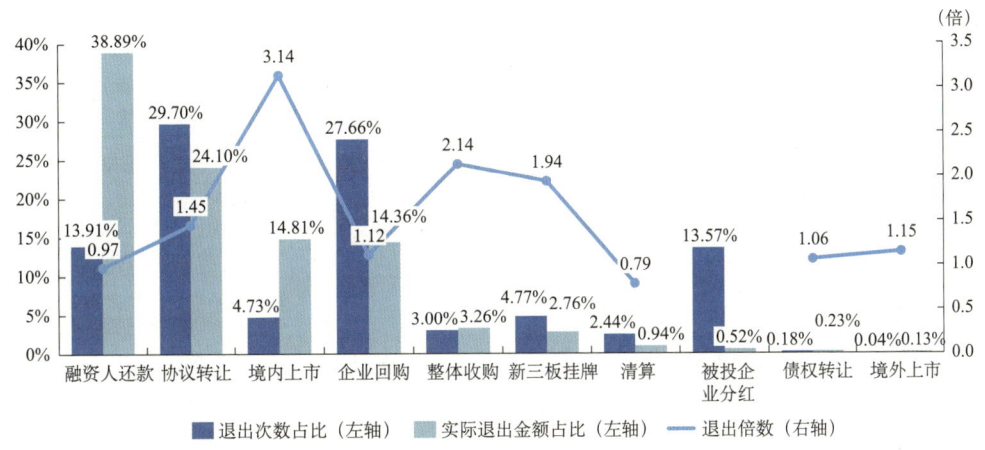

图 5.6.12　截至 2019 年末政府引导基金退出方式

资料来源：中国证券投资基金业协会 AMBERS 系统。

从退出行业来看，2019 年当年在协会备案的政府引导基金直接投资的项目退出行业中，实际退出金额占比排名前五的行业分别是计算机运用、其他金融、资本品、原材料以及医疗器械与服务，前五大行业实际退出金额合计占比 61.92%，退出次数合计占比 58.13%，退出回报倍数最高的行业是传媒，退出回报倍数为 3.64 倍。此外，计算机运用、零售业、汽车与汽车零部件退出回报倍数均在 1.5 倍以上。

第6章 私募股权投资基金行业发展特征、趋势与挑战

6.1 私募股权基金行业发展阶段性特征

6.1.1 成长型股权投资基金为主,其他资产类别尚处于发展早期

中国私募股权基金以成长型股权投资基金为主,成熟市场则以并购基金为主。协会数据显示(见图6.1.1),去除母基金后,中国其他私募股权基金(含成长型基金)在绝对数量及规模上均占据近半壁江山;创业投资基金管理规模占比由2017年的9.07%稳步提升至2019年的12.01%,年化增速37.36%;并购基金管理规模占比由2017年的19.40%提升至2019年的19.78%,年化增速20.54%,行业整体呈现"中间大、两头小"的"橄榄形"特点。根据Preqin咨询公司的数据,国际成熟市场在私募股权投资阶段呈现出"两头大、中间小"的"哑铃形"特点。以北美市场为例,2019年上半年,并购基金规模占私募市场的比例为36.07%,创业投资占比为12.30%,而成长型与其他基金占比仅为7.33%,这与国内市场正好相反。

并购基金在国内尚未得到高速发展,主要包括三方面的原因:一是可投标的以成长期投资标的为主,没有足够的适合加杠杆并购的标的,即没有现金流稳定又具备运营提升空间的成熟期企业;二是在企业治理生态方面,中国大量国有企业尚待改革、第一代民营企业控制权集中在创始人手中,职业经理人短缺,企业治理和文化并不完善,缺少控股型交易的契机;三是在金融工具方面,杠杆融资渠道较少,缺乏复杂的金融工具与金融创新空间。

虽然并购基金在国内发展的基础条件并不是很成熟,但作为资源价值再分配的重要资本工具,助力产业化并购的作用已逐步显现[①]。以A股上市公司为例,自2012年起,上市公司出资设立的并购基金数量和出资金额快速增加。

---

① 产业化并购与通过买卖价差赚取资本增值的财务型并购相区别,指围绕企业发展战略开展的横向并购、纵向并购和多元化并购。

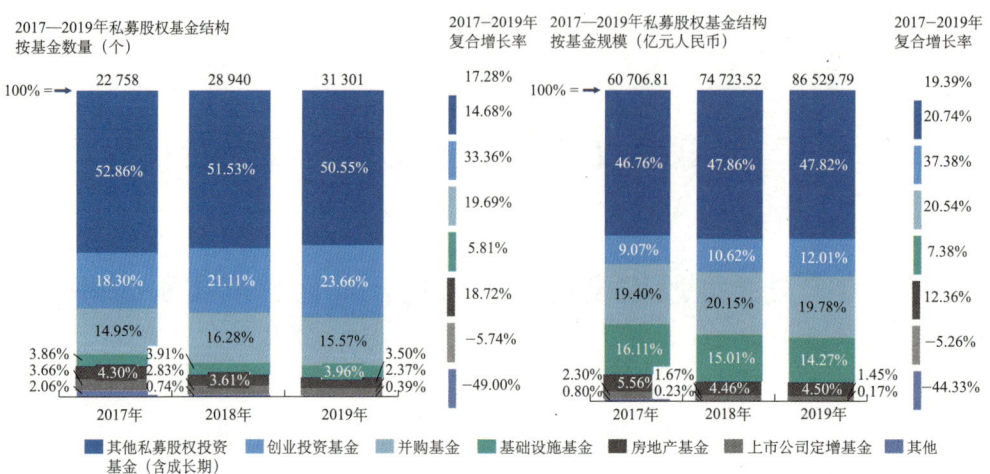

图 6.1.1 中国私募股权投资行业结构

注：为避免规模重复计算，私募股权基金结构分析不含创业投资类 FOF 基金与私募股权投资类 FOF 基金。

资料来源：中国证券投资基金业协会 AMBERS 系统。

2016 年，受资本市场并购热度上升影响，当年上市公司宣告出资设立并购基金共 566 只，出资金额达 932.99 亿元；2019 年，上市公司宣告出资设立并购基金 377 只、出资 712.54 亿元（见图 6.1.2）。同时，2013 年以来，上市公司设立并购基金的出资金额增长率远远超过上市公司并购交易金额增长率；2019 年，在整体并购交易金额同比下跌 20.08% 的情况下，上市公司设立并购基金的出资额仍然同比增长了 31.96%（见图 6.1.3）。

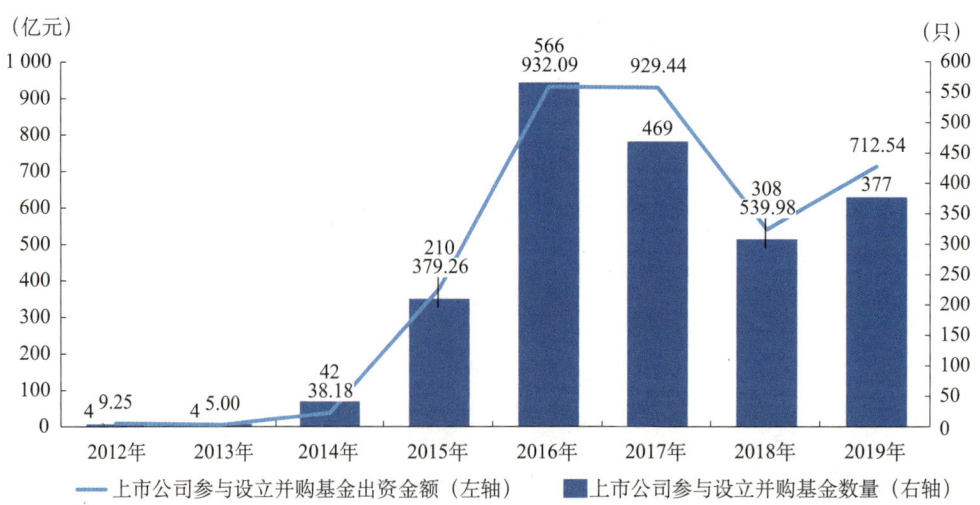

图 6.1.2　2012—2019 年当年上市公司参与设立并购基金数量及金额

资料来源：东方财富 Choice 数据，以上市公司公告日为基准。

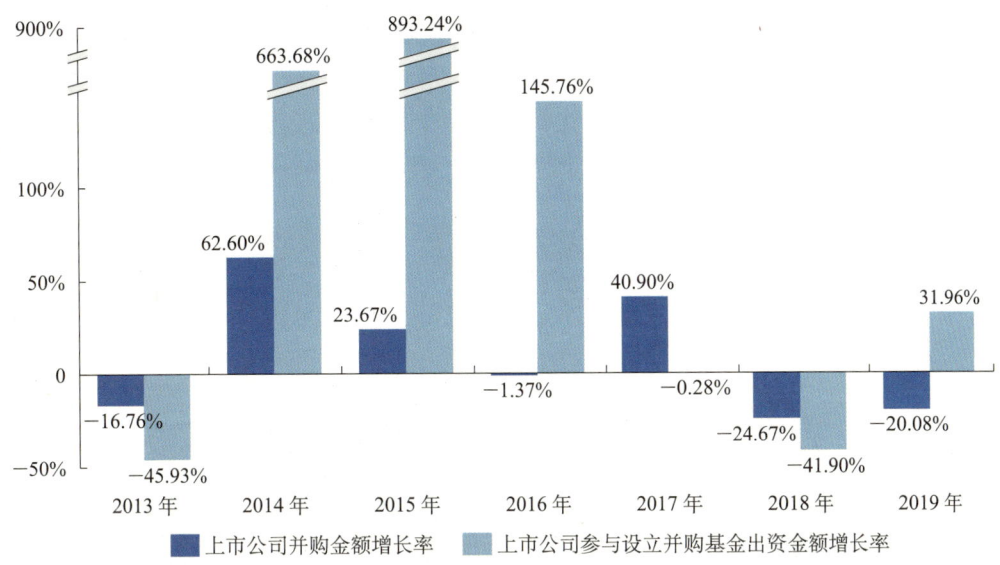

图 6.1.3　2013—2019 年上市公司并购金额及参与设立并购基金出资额增长率

资料来源：Wind 数据，东方财富 Choice 数据。

其他私募策略发展缓慢。成熟市场私募投资其他资产类别，如房地产基金、私募债、自然资源及基础设施基金，合计体量与狭义私募股权基金①体量相当，在北美洲市场合计占比 44.30%；而中国房地产基金、上市公司定增基金、基础设施基金等其他资产类别合计占比由 2017 年的 23.57% 下降到 2019 年的 20.39%。

中国房地产基金整体规模仍处于发展早期，与成熟市场相比，有单一项目投资多而公司层面投资少、物业开发类资产多而其他资产类别少、债权投资多而股权投资少等特点。原因主要有四点：一是中国房地产市场在过去 20 年均处于快速增长期，以新房销售市场为主，尚未真正经历地产的完整周期，缺少房地产基金低买高卖、利用存量物业精细化运营赚取持有收益的土壤；二是中国房地产市场租售比低，房地产基金整体收益回报中等、风险中等，在过去有高固定收益产品刚兑预期的市场环境中对于资金持有人的相对吸引力不高；三是退出渠道不畅，缺少公募房地产基金信托投资基金（REITs），目前私募化发行资产证券化产品需主体增信，制约资金使用效率；四是中国房地产融资受到严

---

① 狭义私募股权基金指传统 PEVC 类股权投资基金，投资于企业的不同成长阶段，包括创业投资、成长期、扩张期、并购投资、PEPI 上市投资、二级基金、平衡策略等（后同）。

格管控,以商业银行间接融资体系为主,对于房地产企业/项目股权投资有严格限制。

基础设施基金[①]在中国方兴未艾,受益于中国庞大的基础设施投资——过去 20 年中国基础设施支出占 GDP 的平均比例为 8.58%,为全球之最,中国基础设施基金过去数十年间蓬勃发展,存续基金规模已达万亿元以上。2017—2019 年,受政策调控影响,全国基础设施投资增速有所放缓,基础设施基金占私募股权市场整体规模的比重也从 16.11% 下降至 14.27%。

6.1.2 行业集中度进一步提升,国资控股管理人实力不断壮大

从私募股权基金管理人方面来看,行业主要特征为:大型基金私募股权基金管理人增多,12.69% 的基金(管理规模 10 亿元以上)管理着 83.84% 的资产规模,且该规模还在不断提升;国资控股的私募股权基金管理人总管理规模为 3.52 万亿元,占比 34.42%,平均管理规模为 18.44 亿元,为各类型的私募股权基金管理人的最高值,以母基金为主要运作模式。

行业集中度不断提升。从私募股权基金管理人数量看,大型私募股权基金管理人数量不断增加,尾部不断缩减:管理基金数量在 1 家或 1 家以下的基金管理人数量占比在逐年下降,从 2017 年的 66.96% 下降至 2018 年的 62.49%,再到 2019 年的 59.76%(见图 2.2.2),行业尾部机构逐步出清;管理基金数量在 5 只以上的私募股权基金管理人数量占比则从 2017 年的 9.35% 上升至 2018 年的 10.80%,再升至 2019 年的 11.81%,头部逐年增长显著。从管理规模看,行业"二八分化"显著且持续加剧,管理规模在 10 亿元及以上的私募股权基金管理人达 1 631 家,占比达到 12.62%,高于 2018 年的 11.51% 和 2017 年的 11.42%,同时管理规模达到 8.56 万亿元,占比达到 83.84%,高于 2018 年的 82.82% 和 2017 年的 82.79%(见图 2.1.7);管理规模在 0.2 亿元及以下的私募股权基金管理人则从 5 967 家下降 2.63% 至 5 810 家。

这一现象与成熟市场行业集中度未有较大变化不同,背后可能的原因为中国市场内私募股权投资机构间管理水平分化较大,导致头部私募股权基金管理

---

① 基础设施基金指设立基金,采用股权、债权,以及"债+股"混合等多种方式,投资于市政、交通、水利、能源等基础设施项目建设,通常采用直接投资或 PPP 模式参与投资。

人能够获得超额资源倾斜,在募、投、管、退多个环节均能获得优势。

国资私募股权基金管理人平均管理规模最大,母基金是主要的运作方式之一。国有控股私募股权基金管理人管理各类基金规模 3.52 万亿元,占比 34.42%,仅次于自然人及其所控制民营企业控股;按数量计,国有控股 1 907 家,占比 12.81%;平均管理规模 18.44 亿元,在各类控股主体中平均管理规模最大。自 2002 年第一只由政府出资设立的具有引导性质的基金中关村创业投资引导基金正式落地以来,政府引导基金经历了 2005—2008 年试点发展阶段、2008—2014 年快速发展阶段、进入 2014 年以来的爆发式增长阶段。由于历史政策、受限于直投专业化能力以及复杂投资决策流程等原因,目前国资平台参与中国私募股权市场仍以母基金为主要运作模式。母基金不仅能激活闲置的政府资本,而且能发挥杠杆作用撬动社会资本入市。无论是母基金还是直投模式,国资基金都可以提供一个产业化的对接与引导平台,不仅从资金上推动核心产业发展,而且能动员整合政、商、民各项资源,促进产业升级。

6.1.3 出资人考量因素更为全面,加速募资"二八"分化

从募资方面来看,行业主要特征为:以企业出资为主占 51.68%,私募基金与各类资管计划占 31.03%,缺少养老金、捐赠基金、主权财富基金等长期资金;机构投资者更为成熟,综合考量团队、过往业绩、风险控制及投资策略;募资加速向头部基金聚集,且募资集中度高于成熟市场。

中国私募股权的出资人以企业(包括国有企业、民营企业)及高净值个人理财资金为主。2019 年,各类公司出资规模占全行业总出资规模的 51.68%,而以私募基金产品、各类资管计划及个人投资者直接出资为代表的高净值个人理财资金合计占比为 42.77%(见图 6.1.4)。在成熟市场,最大的出资人依次是养老金、主权财富基金与家族办公室,分别占全球市场的 45.69%、29.70% 与 15.56%,其余较大的出资人还包括捐赠基金与保险资金。中国出资人格局与成熟市场的差异主要源于社会发展特点和居民理财习惯的不同,如中国国有企业及政府体系内有大量盈余资金,机构化养老金体系建设尚处于初期,捐赠基金尚待发展等。

出资人对基金管理的人的筛选因素更为全面,协会问卷调研数据显示(见

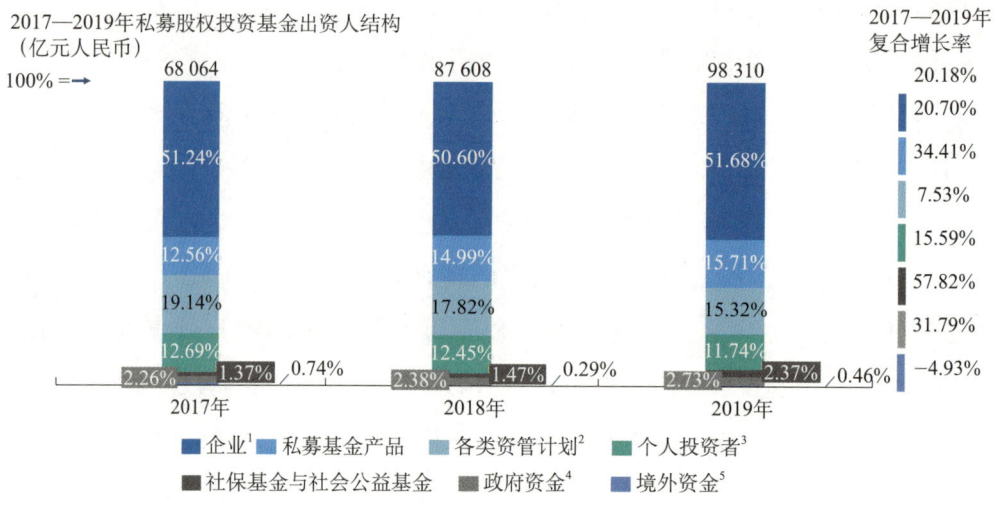

图 6.1.4　中国私募股权基金出资人结构

注 1. 此处的企业包括境内法人机构（公司类）、境内非法人机构（一般合伙企业等）、本私募股权基金管理人跟投。

2. 各类资管计划包括证券公司及其子公司资产管理计划、基金公司及其子公司资产管理计划、信托计划、商业银行理财产品及保险资产管理。

3. 个人投资者包括自然人（非员工跟投）与员工跟投。

4. 政府资金包括社保基金与社会公益基金。

5. 境外资金包括境外资金与境外机构。

资料来源：中国证券投资基金业协会 AMBERS 系统。

图 6.1.5），私募股权基金管理人团队、风险管理、投资策略及历史表现是出资人最为看重的内容，费用结构、决策机制及股东背景等因素也较为重要。

在狭义私募股权投资市场，募资加速向头部私募股权基金管理人聚集，集中度高于成熟市场。根据 Preqin 咨询公司的数据（见图 6.1.6），中国前十大私募股权基金管理人连续 5 年的募资额占比从 2015 年的 23.11% 提升至 2019 年的 29.81%；同期美国市场为 22.62% 与 25.51%。这背后的原因可能是在中国"口碑效应"更为明显，出资人更加倾向于选择有成功经验的管理团队和基金，资源加速向头部私募股权基金管理人聚集。

6.1.4　大型交易兴起，市场竞争更加激烈，领先者模式创新引领潮流

从投资方面来看，行业主要特征为：中国市场的私募股权基金管理人逐渐

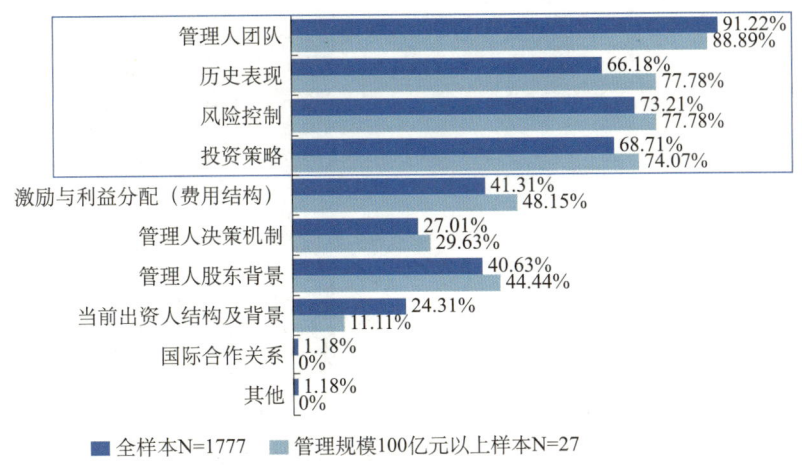

图 6.1.5　出资人最关注的内容

资料来源：中国证券投资基金业协会调查问卷。

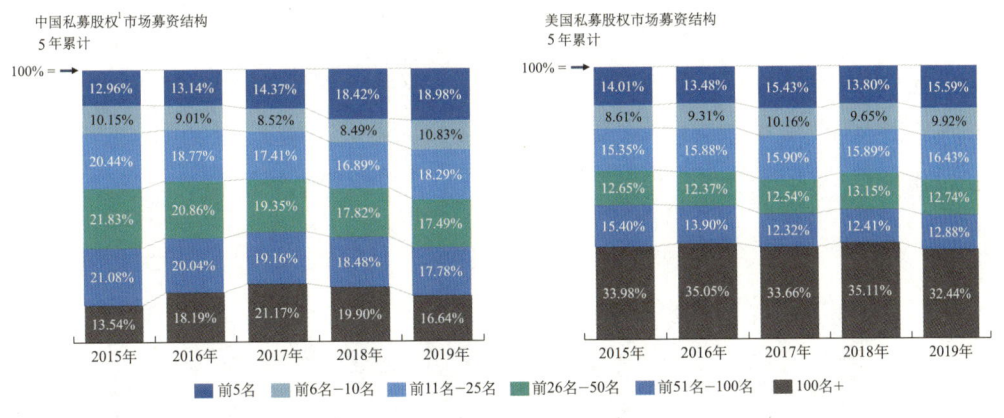

图 6.1.6　中国私募股权市场募资结构

注 1. 中国数据为包括中国大陆、香港及台湾地区的数据。

资料来源：Preqin。

从依赖风险与成长期投资向大型投资转变，积极参与国企混改和企业分拆；国有资本投资平台以及企业投资者的崛起扰动竞争格局；领先私募股权基金管理人通过模式创新建立竞争优势，如通过资产类别多元化向并购、房地产基金发展，以及提供全生命周期的解决方案型资本。

过去几年，中国市场的私募股权基金管理人依赖风险与成长期投资赢取经济增长红利。2016—2019 年，风险期与成长投资仍为主要组成部分，占全部在投金额的 3/4 以上，投资于过渡期至已上市的资本份额不及 1/5（见图 6.1.7）。

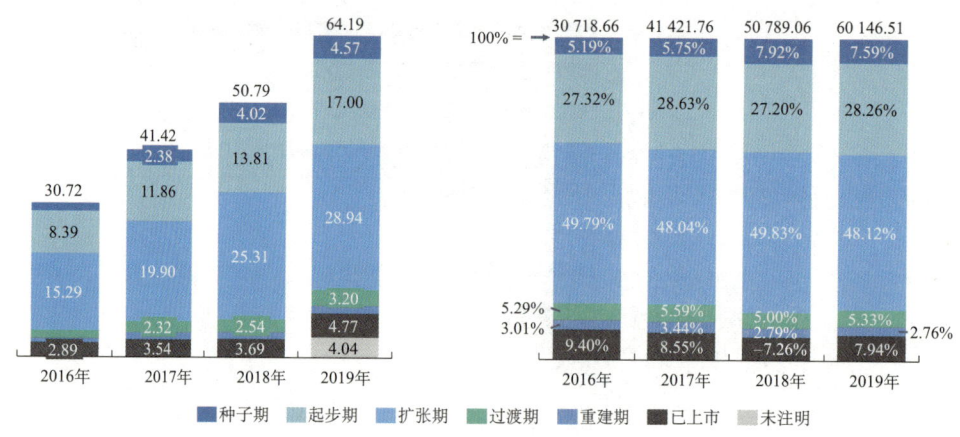

图 6.1.7　2016—2019 年中国私募股权基金投资标的类型分布

资料来源：中国证券投资基金业协会 AMBERS 系统。

近年来大型交易兴起，狭义私募股权投资交易规模呈现增长，大规模交易占比增多。中国私募股权市场投资交易的平均规模从 2009 年的 3 559 万美元增长到 2019 年的 7 453 万美元，增长超过一倍；规模大于 5 亿美元的交易占交易总数量的 2.85%，相比于 2009 年的 0.80%，增长接近 4 倍（见图 6.1.8）。

图 6.1.8　中国私募股权交易总量（按交易金额）

注 1. 该数据包括中国大陆、香港、台湾地区，不含澳门地区。

资料来源：亚洲创业投资期刊（AVCJ）。

这一趋势与国际上出现的"Late stage VC"一致，随着成熟市场长期以来的流动性宽松,以 Facebook 上市为代表,企业在私募市场即可获得数百亿至数千亿估值与巨额融资,单笔投资规模越来越大。

在中国,资产供给端一方面也出现了超大型非上市民营企业;另一方面还出现了越来越多的国企混改、大型企业分拆交易等投资机遇。持续进行的国企混改以及政府引入社会资本的意愿不断增加,给私募股权基金发展大型交易带来难得历史机遇。私募股权基金可以利用自身专长,帮助以国企为代表的存量经济逐步市场化、国际化、数字化,提质增效,推动存量经济创新改造。企业资产分拆的相关私募股权交易总额在 2009—2019 年以 21.76% 的复合年增长率增长,在 2019 年私募股权投资的 4 笔企业分拆与剥离交易总金额达到 11.77 亿美元(见图 6.1.9)。

在资金端,私募股权基金的头部选手资金体量越来越大,随着待投资金的增加,需要追求单个投资项目的规模效应,也开始出现投资向后端迁移的倾向。

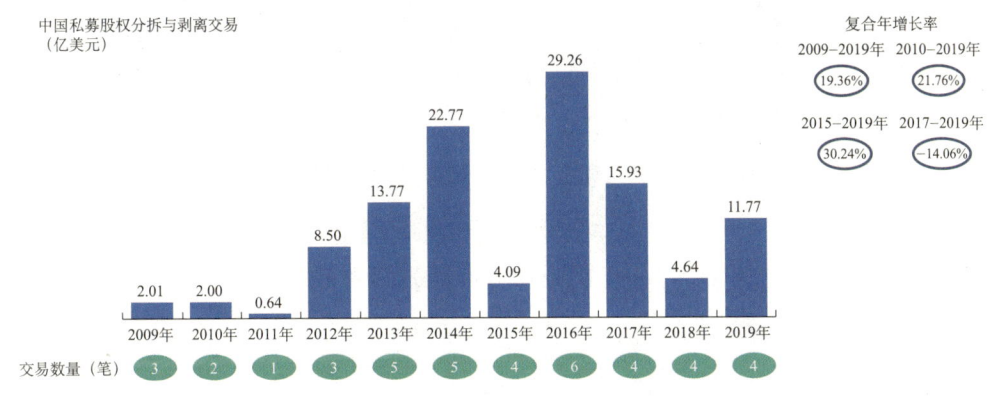

图 6.1.9 中国私募股权分析与剥离交易

注:图中数据包括中国大陆、香港、台湾和澳门地区数据。
中国私募股权分析与剥离交易包括私募股权基金参与的企业分布、集团剥离、资产剥离等交易。
资料来源:Preqin。

国有资本投资平台的兴起重塑竞争格局。与民营私募股权基金管理人相比,国有资本平台有强大的长期资金募资能力和地方政策影响力。国有资本平台的投资偏向两个领域:一是创新与孵化型投资,即通过投资早期的科技类项目孵化能带来高回报的企业;二是民生产业投资,即通过投资对当地经济发展有带动作用的基础设施、交通物流等民生相关产业达到获得回报、提振经济的作用。

然而，国有资本投资平台的成功很大程度上取决于当地的经济水平，以及机构市场化、专业化运作的水平。

企业投资者以独特的企业视角入局，加剧行业竞争。企业投资交易数量自2009年至2019年增长15倍，交易金额占比从2009年的1.30%迅速增长至2019年的33.64%。在2019年，私募股权投资市场上发生了260笔企业和企业投资者参与的交易，总金额达到33.64亿美元（见图6.1.10）。2015—2019年，在中国的15大投资者中近四成为企业投资者，包括腾讯控股（394.80亿美元）、万科集团（40.84亿美元）和阿里巴巴（39.34亿美元）等（见图6.1.11）。

图 6.1.10　按投资者类型划分的总交易额

资料来源：AVCJ。

企业投资者与传统私募股权投资者相比有三大核心竞争优势，一是企业投资者没有募资压力，用自有资金投资，且不受资金期限限制；二是投资项目类型比较灵活，从成长阶段到后期，企业投资者一级、二级投资均可以参与；三是在资源整合方面，企业投资者可利用自身的产业链资源赋能被投企业，推动进行上下游整合；四是退出渠道多元化，不再过度依赖IPO退出，而可以考虑与企业业务进行整合并购退出。但与此同时，部分企业投资者也面临三大发展挑战，一是内部的定位不明确，在财务回报与战略回报上难以平衡；二是受到业务部门掣肘，决策不够独立，投资受限多，决策流程慢；三是受制于决策机制及薪酬待遇，难以挽留最优秀的投资人才，人才流失严重。

面对此情况，传统的私募股权基金需考虑与企业投资者的差异化竞合策略。

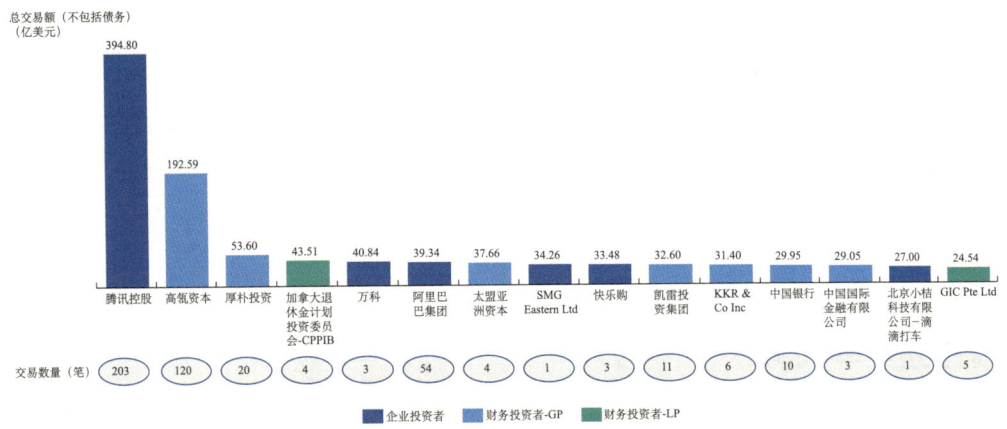

图 6.1.11　2015—2019 年前 15 大投资者的资本配置

注：数据口径定义为私募股权投资基金在大中华区（包括香港、台湾、澳门地区）参与的交易（私募股权投资基金作为买方或者卖方）；总交易额不包括债务。

资料来源：Dealogic。

第一，明确自身的价值主张（如给被投企业的独立性、行业专业性与专注的投后赋能团队等），增强对被投企业的吸引力；第二，向早期投资阶段拓展，如天使及 A 轮企业，与企业投资者错位竞争；第三，与企业战略投资者建立合作关系，在标的寻源及产业生态建设上取长补短，财务投资人可利用对行业的深耕帮助战略投资者完善产业生态、推荐投资标的，战略投资者则可利用其产业资源为被投企业提供资源整合。

行业领先者主动进行模式创新引领潮流，如多元化资产类别以及全生命周期投资。一方面，许多超过 10 年历史的私募股权基金开始追随国际领先者的脚步，探索多元化资产类别。在中国前十大私募股权基金管理人中，有 8 家已经涉猎两种或两种以上的资产策略，前六大私募股权基金管理每一家都投资了 2—6 种资产类别。另一方面，他们通过提供"全生命周期的解决方案型资本"陪伴企业成长，持续赢得成长红利。全生命周期的解决方案型资本理念是以企业家为核心，通过提供从早期到成熟期、一级到二级市场、股权与债权、资本加投后赋能的解决方案，持续陪伴优秀企业共同成长。

全生命周期投资的模式在中国的出现体现了中国市场的特色：一是中国市场新型工业化、城镇化和信息化的发展周期"三化合一"，在同一时间有处于不同阶段的优质标的可供投资；二是在当前投资生态竞争格局下，投资阶段须前移才能在早期即与企业家建立连接,获得持续加注的机会。然而,这种模式的运用要求有三个前提条件:一是要求私募股权基金管理人在募资端获得出资人的高度信任,能够募集长期限资金,且对投资阶段没有具体要求;二是要求私募股权基金管理人有过人的格局和视野,敢于做出判断与持续加注;三是要求基金投资人能够持续为被投企业创造价值,与企业家建立长期深度的合作关系。

6.1.5 投后管理实践水平有待提升,领先者已通过投后管理建立竞争优势

从投后管理方面来看,行业的主要特征为:中国私募股权基金管理人对投后管理逐步重视,但投入不足、管理的主动性与全面性还需提升;少数股权投资带来投后管理挑战,但核心问题在于未找到最佳管控模式、价值创造不足;领先的私募股权基金管理人已通过投后模式的创新建立竞争优势。

私募股权基金管理人普遍重视投后管理,但整体投入不足。根据协会问卷调研情况,56.56%的私募股权基金管理人已经设立投后部门,并有61.40%采取投资团队与投后团队共同负责管理的模式以及10.00%专职投后管理团队模式。然而,大部分私募股权基金管理人在投后管理上的投入仍比较有限,在设置投后管理团队的基金中有61.40%的机构投后团队仅1—2人(见图6.1.12)。

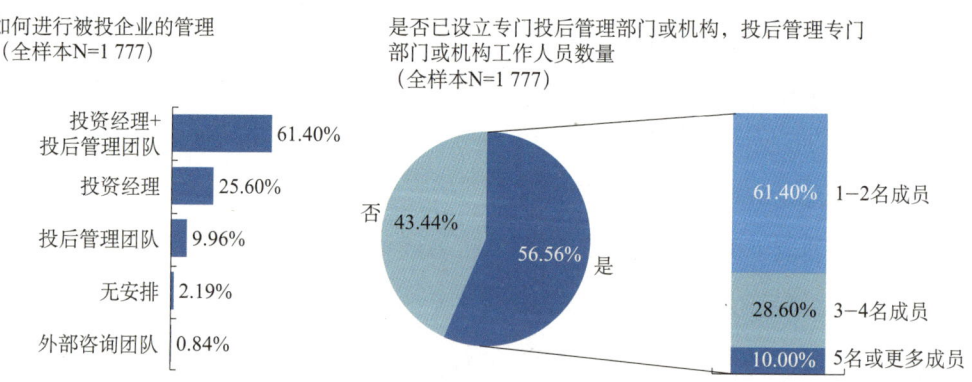

图6.1.12 中国私募股权基金投后管理模式与团队

资料来源:中国证券投资基金业协会调查问卷。

即使是大型私募股权基金管理人,与国际情况对比在投后管理方面也存在一定差距。主要表现为:

一是在投后管理团队建设方面体现为人员少、资历浅、外部资源动员不足。

在人员数量上，中国的大型基金管理人内部投后管理团队平均有 4 人，外部团队平均有 2 人，相比国际上 10 人的平均内部团队以及 15 人的外部团队，总人员数不及国际对标的 1/4。在人员资历上，相关产业企业 C 类高管（CEO、CTO、CFO 等）数量仅占中国大型基金管理人投后团队内部团队数量的 22.12%，以及外部团队数量的 35.56%，相比国际对标的 26.47% 与 44.81% 有一定的提升空间（见图 6.1.13）。在内外部团队构成上，中国大型基金管理人的外部团队人员数量约为内部团队人员数量的一半；相反，在国际上，外部团队平均人员数量为内部团队的 1.50 倍。

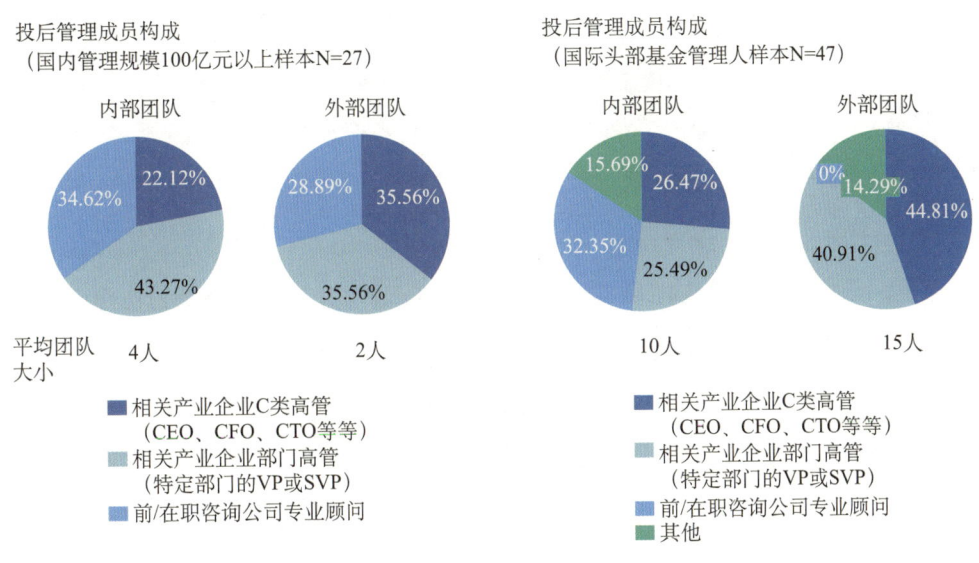

图 6.1.13 中国私募股权基金投后管理团队组成与国际对标（1）

注：国际样本包括 47 家国际头部私募股权基金管理人，单个私募股权管理人资产管理规模 10 亿美元以上，样本平均资产管理规模为 330 亿美元

资料来源：中国证券投资基金业协会调查问卷。

二是在投资时大部分私募股权基金管理人尚未将投后管理纳入决策与谈判。例如，48.15% 的受访中国大型私募股权基金管理人在投资时会为 50% 以上的被投公司制定未来与管理层的互动与参与程度规则；51.85% 的受访中国大型私募股权基金管理人会与被投公司确定接触和干预的频率和条件；29.63% 的受访中国大型私募股权基金管理人会确定被投企业 CEO/管理层与公司/董事会的汇报关系。这 3 种工作方式在国际头部私募股权基金管理人中的执行率均在 90% 以上（见图 6.1.14）。

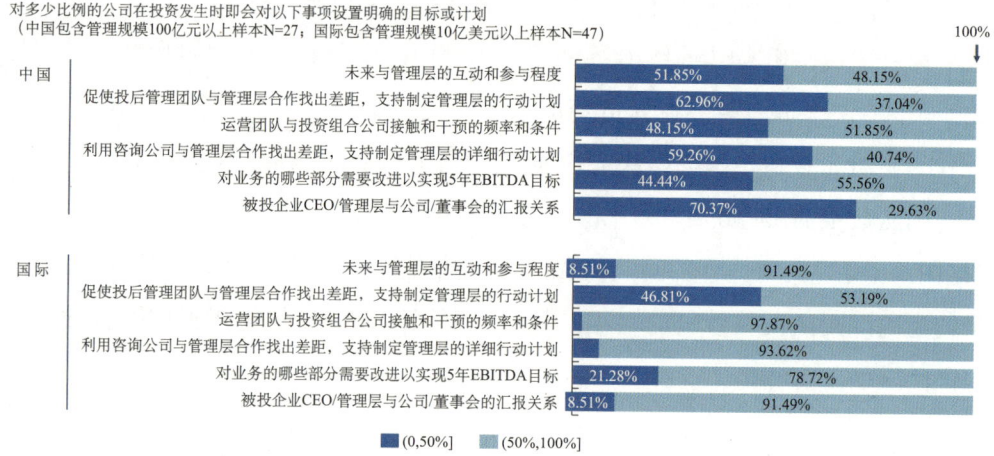

图 6.1.14 中国私募股权基金投后管理状况与国际对标（2）

注：国际样本包括 47 家国际头部私募股权基金管理人，单个私募股权管理人资产管理规模 10 亿美元以上，样本平均资产管理规模为 330 亿美元

资料来源：中国证券投资基金业协会调查问卷。

三是尚未形成投后管理体系，工作比较被动。在国际上，85.11% 的领先私募股权基金管理人在正式入股被投企业的第一年，通常会为 50% 以上的被投企业制定明确的价值改善目标（比如 KKR 的 100 天行动计划），而在中国大型私募股权基金管理人中这样执行的占比仅为 40.74%；82.98% 的国际领先私募股权基金管理人会与被投企业管理层一起定义关键绩效指标并设定绩效目标，中国相关情况占比为 44.44%；82.98% 的国际领先私募股权基金管理人会对 IT 和财务报告能力进行结构化评估，而中国相关情况占比为 29.63% 等（见图 6.1.15）。

四是对被投企业机构能力建设投入不足。例如，80.85% 的国际领先私募股权基金管理人会为超过 50% 的被投公司提供人才管理支持，而只有 41.59% 的国内私募股权基金管理人向被投公司提供人才引荐的支持；在内部管理上，65.96% 的国际领先私募股权基金管理人会为超过 50% 的被投公司提供内部管理（PMO）的技术与人才支持，而只有 18.91% 的国内私募股权基金管理人提供过此类支持。

诚然，以少数股权投资为主的机构给投后管理带来挑战，但背后实质是未找到最佳管控模式与价值创造不足。协会问卷数据显示，49.35% 的私募股权基

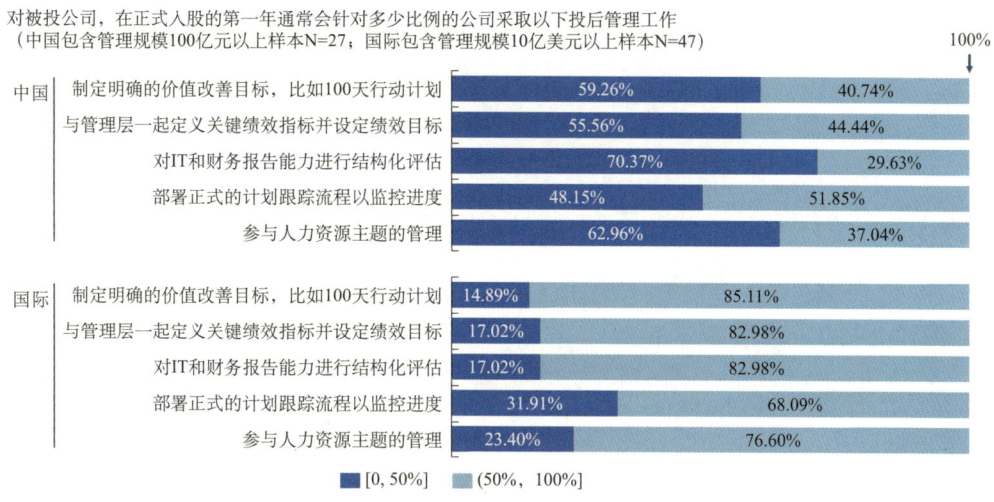

图 6.1.15 中国私募股权基金投后管理现状与国际对标（3）

注：国际样本包括 47 家国际头部私募股权基金管理人，单个私募股权基金管理人资产管理规模 10 亿美元以上，样本平均资产管理规模为 330 亿美元。

资料来源：中国证券投资基金业协会调查问卷。

金管理人认为投后管理中面临最大的挑战是在被投企业中不具备控制权，无法为企业提供价值创造的服务。然而，国际同业实践表明，非控股投资并不构成价值创造的障碍，国际上有不少非控股股权投资通过投后管理为被投企业创造价值、大幅提升投资回报率的案例。例如，淡马锡一向对被投企业采取"少而精"的管控模式，通过战略层面和对财务指标的宏观把控，同时对接资源提供投后增值服务，实现被投企业的保值增值[①]。

6.1.6 退出渠道有待完善，退出周期延长、回报下降

从退出方面来看，行业的主要特征为：企业回购及协议转让占总退出金额及退出件数的一半以上，为主要退出渠道；与国际市场相比，公开市场及同行转让成熟度不足，近 3 年来持有期限变长、退出回报下降。

协议转让和企业回购在中国私募股权基金投资项目退出中是最主要的退出渠道。2019 年，以交易笔数计算，协议转让（向第三方转让股权，包括向公司

---

① 淡马锡：《淡马锡年度报告 2019》，2019 年 7 月发布。http：//www.temasek.com.sg/content/dam/temasek-corporate/our-financials/investor-librarg/annual-review/EN-TR-PDF-2019/T019-full.pdf.

进行股份转让与同行转让）占交易总量的 30.03%、占实际退出总额的 39.07%，企业回购其次，占交易总量的 23.43% 和实际退出金额的 16.85%（见图 6.1.16）。

中国市场内企业在退出阶段触发赎回条款、采用企业回购（企业或者公司管理人员按照约定的价格将公司的股份购回）方式退出的占比显著高于成熟市场，主要原因在于公开市场及同行转让等其他市场化退出渠道受限，不得不采用回购方式以便后续资本操作。企业回购占总退出金额的比例从 2018 年的 12.45% 增长至 2019 年的 16.85%，也反映去杠杆压力下私募股权基金被迫退出回流现金。

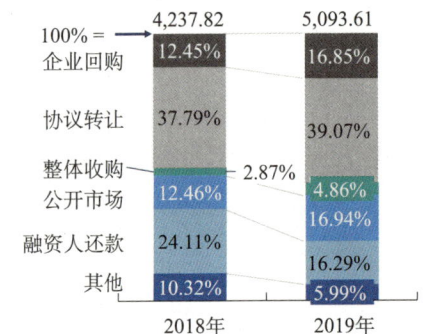 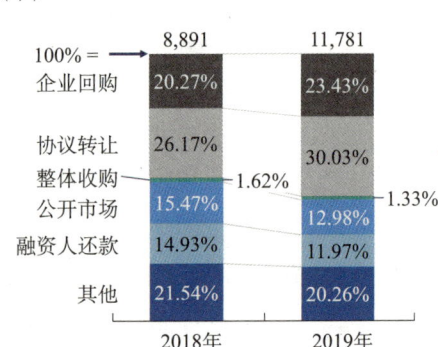

图 6.1.16 2018—2019 年中国私募股权基金项目退出方式分布

注：公开市场包括境内 IPO、境内上市（除 IPO 之外）、新三板挂牌、境外上市等；其他包括清算、被投企业分红、债权转让等。

资料来源：中国证券投资基金业协会 AMBERS 系统。

以狭义私募股权基金为例，股份转让（由企业买家并购或受让被投公司股份）是私募股权（纯股权投资）基金在中国的主要退出途径，自 2016 年以来，股份转让占退出交易价值的 80%—90%。相比之下，美国私募股权基金的退出途径更平衡，包括公开市场（IPO 上市或公开市场出售）、同行转让（将股份出售给其他私募股权投资者）、兼并和重组等，股份转让仅占美国全部退出交易价值约六成（见图 6.1.17）。

在退出渠道受限、退出难的背景下，中国私募股权基金管理人普遍延长了

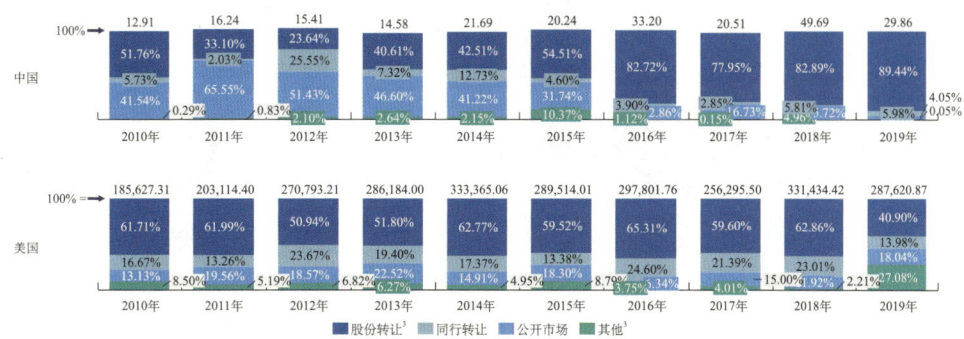

图 6.1.17　2010—2019 年中国并购基金项目退出方式分布

注 1. 该数据包括中国内地，香港、台湾、澳门地区数据。

2. 所有私募股权投资公司支持的投资组合，包括私募股权基金（纯股权投资）以及企业战略投资部门。

3. 股份转让包括将被投公司股份出售给企业买家，或由企业买家并购被投公司；二次出售包括将股份出售给 PE 或 VC 投资者；公开市场包括 IPO 上市或公开市场出售（投资组合所有者通过二级市场出售其股份）；其他方式包括股份回购、兼并重组和破产清算。

资料来源：AVCJ。

对被投企业的持有期限。45.92% 的全部私募股权基金管理人维持相对稳定的被投企业持有期限，但 28.20% 的全部私募股权基金管理人在 2019 年相比于 3 年前延长了持有期限，这部分反映了许多基金退出艰难的问题（见图 6.1.18）。从大型私募股权基金管理人问卷调研数据来看，44.44% 的大型私募股权基金管理人维持相对稳定的被投企业持有期限，48.15% 的大型私募股权基金管理人自 2016—2019 年延长了被投企业的持有期限，这印证了基金退出难的问题，同时一定程度反映了大型私募基金管理人投资策略改变、寻求更长期投资的选择。

较长的持有时间在一定程度上影响了退出回报。中国私募股权投资的退出估值自 2017 年来逐年下滑，从 2017 年的 18.18 倍 EV/EBITDA[①]，下降到 2019 年的 15.55 倍（见图 6.1.19）。

---

① EV/EBITDA 又称企业价值倍数，公司价值（EV）＝市值＋总负债－总现金＝市值＋净负债，息税折旧及摊销前利润（EBITDA）＝经营利润＋投资收益＋营业外收入－营业外支出＋以前年度损益调整＋折旧费用＋摊销费用。

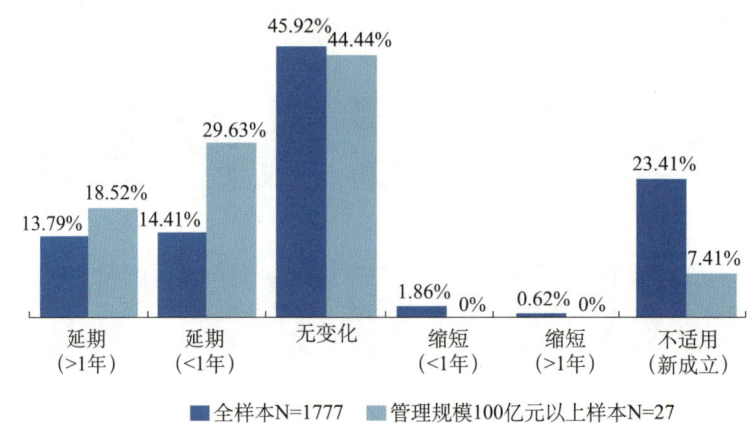

图 6.1.18 2016—2019 年中国私募股权基金对被投企业的持有期限变化

资料来源：中国证券投资基金业协会调查问卷。

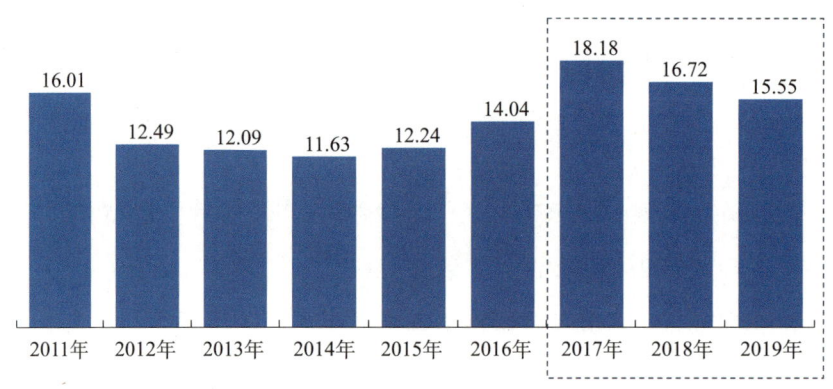

图 6.1.19 中国私募股权退出估值倍数（连续 3 年中位数）

注：估值倍数为 EV/EBITDA 倍数。

资料来源：AVCJ。

6.2 当前私募股权基金行业发展面临的主要挑战

协会问卷数据显示，当前国内私募股权基金投资市场在募资、投资、退出等环节均面临一定挑战。一是 71.07% 的受访私募股权基金管理人认为募资来源困难、缺乏长期资金为最大的挑战，且这个问题在大型私募股权基金管理人中更为显著，认同率高达 88.89%；二是超过半数的受访私募股权基金管理人认为，由于经济处于转型过程，缺乏优质项目为主要问题；三是约 1/3 的受访私募股权基金管理人遇到基金退出不畅、存续基金延期的问题；四是金融监管政策趋严影响高净值个人和金融机构资金进入，同时基金行业的税收制度有待完善等也受到私募股权基金管理人一并高度关注（见图 6.2.1）。针对调研结果，本报告将深入探讨行业面临问题背后的深层原因。

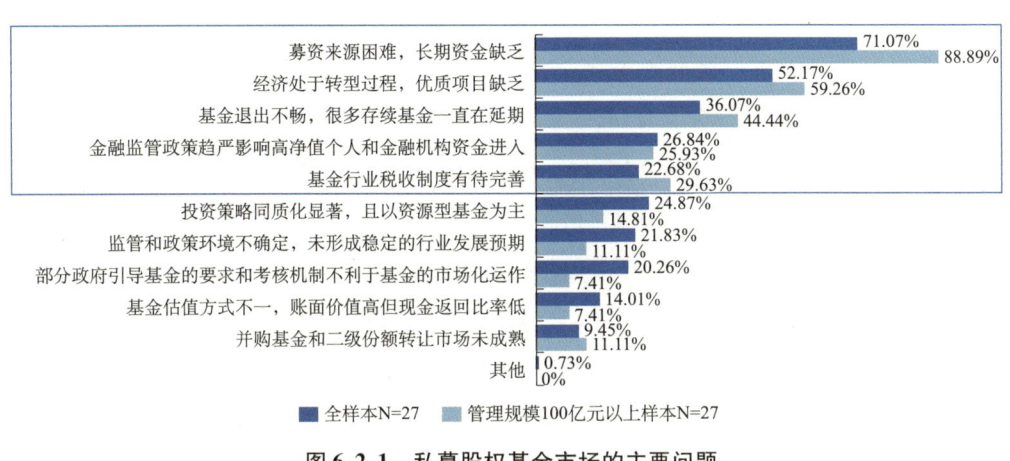

图 6.2.1　私募股权基金市场的主要问题

资料来源：中国证券投资基金业协会调查问卷。

6.2.1　长期资金缺位

中国私募股权基金存续期限普遍较短。根据协会数据，中国私募股权基金平均存续期为 6.43 年，相比之下，综合 Preqin 数据与德勤中国的研究报告，美国私募股权基金通常存续期为 10 年及以上。这也从正面揭示中国私募股权投资行业长期资金支持不足的问题，背后有两方面原因。

一是长期资金先天不足。国际上传统意义的养老金主要对应中国的养老三支柱。其中，第一支柱包括政府主导管理的城镇职工基本养老保险、社会养老保险及社会保障基金，2019 年总资产为 8.42 万亿元，但我国养老保险采取统账结合模式面临较大偿付压力，根据社科院社保研究中心发布的《中国养老金精算报告 2019—2050》，全国城镇企业职工基本养老保险基金累计结余将在 2027 年达到峰值，预计到 2035 年耗尽。第二支柱包括企业自主发展的企业年金、职业年金及团体养老保险，其中企业年金、职业年金 2019 年总资产分别为 1.79 万亿与 7 500 亿元，但整体而言，我国职业年金、企业年金覆盖度仍然很低，截至

2019年9月30日，全国共有9.34万家企业建立了企业年金，仅占全国1 857万家法人企业数量的0.50%①，职业年金仅适用于机关事业单位工作人员，虽已实现广覆盖，但惠及人口上限不足4 000万人。第三支柱指个人养老金制度，包括储蓄性养老保险及投资和商业养老保险，在中国还处于非常早期，除传统个人养老保险及年金以外，截至2019年末，养老目标基金产品总规模仅430亿元，税延养老保险试点一年多来参保人数仅4.52万人②。同时，我国社会发展还处于财富积累期，缺少以富有家族主导的各类型捐赠基金等。

二是在配置端相关政策有待完善。我国养老保险仅允许对"国有重点企业改制、上市的中央企业及其一级子公司，以及地方具有核心竞争力的行业龙头企业开展股权投资"；企业年金、职业年金仅以试点模式允许以专项养老金形式参与股权投资（如中石化销售公司股权项目和铁路发展基金优先股项目等），同时企业内部的年金管理人从考核的角度普遍以不亏损为主要考核目标、风险偏好较低，尚未建立起与负债期限匹配的投资管理体系，短期内难以开放配置私募股权；第三支柱可投范围目前仅包括公募基金、养老保险等，尚未将私募股权投资纳入可投范围，且国民投资风险偏好的培育仍需要时间。保险资金负债期限长，在国际上是私募股权基金优质的长期资金来源，但在中国市场内，2010年保险基金才首次允许进入私募股权投资市场，2018年中国银保监会颁布《保险资金投资股权管理办法（征求意见稿）》，进一步放宽了保险资金可投资的行业范围及可投基金种类，至此保险资金可投资于私募股权基金、不动产基金、创业投资基金和母基金，以及发起设立基金。但是，各保险机构大类资产配置仍有较大调整空间，从保险资金运用情况来看，目前保险资金仍以债券、银行存款和其他金融产品③为主，三者占比超过70%，配置权益资产（含股票与股权）的比例仅为15%左右④，远低于30%的投资上限。

6.2.2 行业主体发展参差不齐，专业化水平待提升

行业处于快速成长期，参与主体多而不精。在行业发展早期，监管较为宽

---

① 根据人社部、兴业证券资料得出。
② 经济参考报 http://www.xinhuanet.com/money/2020-01/16/c_1125467932.htm。
③ 金融产品投资包括债权投资计划、集合资金信托计划、商业银行理财产品、信贷资产支持证券、证券公司专项资产管理计划和项目资产支持计划等。
④ 中国保险资产管理业协会《2019—2020年保险资管业综合调研数据》。

泛、进入门槛低，导致大量参与主体涌入市场。与美国相比，中国有1.5万余家私募股权基金管理人，是美国的6倍，然而管理的资本总量仅为美国的三分之一。尽管中国私募股权基金行业正在逐步规范发展，但市场上仍有如"伪私募"等少量不合规机构扰乱行业秩序、破坏行业整体形象。

一方面，部分不合规机构出清后，许多留存的主体专业化水平仍待提升，将面临持续优胜劣汰。具体表现为投资能力专业性仍有提升空间、投后管理薄弱与机构化运作能力待提升：一是总体上看，私募股权基金管理人以往凭借经济增长的成长红利与上市高溢价的制度性红利获利，伴随经济转型和产业创新发展，管理人需更加重视和提升对创新商业模式和新技术新应用的研究能力、对并购交易的把控能力等。二是投后管理的专业性和重要性凸显。在经济下行、疫情冲击叠加影响下，许多被投企业的持续经营能力受到严峻挑战。私募股权基金管理人需不断完善投后管理工作，持续赋能被投企业，才能降低被投企业破产清算、低价变卖的风险。三是机构化运作能力不足。大部分私募股权基金管理人不具备体系化的募、投、管、退能力，即通过专业的制度流程设计、专业团队储备、管理信息系统赋能等方式来支持业务运作，机构专业化、科技化运营及风控体系建设等仍有很大发展空间。

另一方面，行业专业化人才队伍亟待壮大。一是从私募股权母基金市场来看，优秀的母基金管理人需要能精准判断GP的投资决策质量和基金运作能力，这要求母基金投资团队有丰富的直投与基金运营经验。但是，我国母基金行业发展时间较短，母基金管理人对于自身产品理解深度有限，具有丰富直投与基金管理经验的专业人才较为稀缺。二是从并购基金市场来看，目前企业重组、整合方面的专业化人才比较缺乏。协会问卷调查数据显示，有17.39%的并购基金管理人认为，目前并购基金发展的主要问题在于缺乏重组整合的专业化人才（见图6.2.2）。在控股型并购后，并购基金需要面对企业的整合，包括业务、组织架构和文化等多方面的管理，甚至涉及优质资产的注入或不良资产的剥离，这对并购基金提出了较高难度的挑战，需要并购基金在投后管理方面配备熟悉企业重组、分拆等组织结构调整的专职人员，甚至储备熟悉产业、管理的职业经理人。

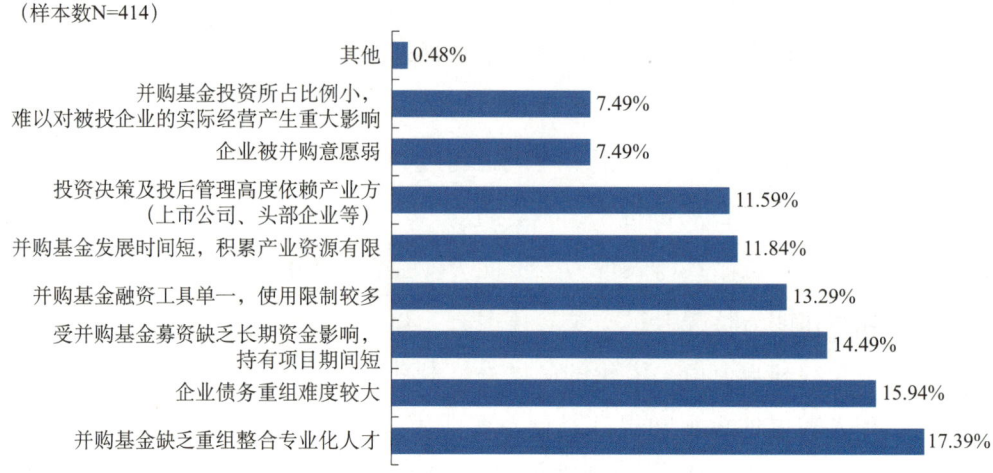

图 6.2.2　目前我国并购基金面临的主要问题

资料来源：中国证券投资基金业协会统计数据调查问卷。

6.2.3　资本市场体系尚不成熟，退出生态有待完善

国内私募股权基金的退出渠道中，公开市场和同行间转让是私募股权基金较为青睐的退出方式，但退出项目数量占比较小，主要原因如下：

一方面，沪深主板、中小板、创业板等场内市场主要服务大中型盈利企业，发行、定价、信息披露及退出等机制仍在不断修订，在上市与股东减持方面的基础制度仍需完善。A 股市场的减持制度严厉打击"清仓式"减持，要求大股东（控股股东和持股 5% 以上的股东）在二级市场减持股份需等待一年的股票锁定期，之后在集中竞价交易中，任意连续 90 个自然日内只能减持公司股份总数的 1%，且减持非公开发行股份的，在股份限制转让期间届满后 12 个月内，减持数量不可超过其持有的该次非公开发行股份的 50%；即使在大宗交易中，任意连续 90 个自然日仍不能减持超过公司股份总数的 2%，且受让方 6 个月内不得转让。2020 年，"减持新规"出台，进一步放宽了创投基金的减持要求，但总体上较美股和港股市场更为严格。

另一方面，私募股权基金同行转让市场尚未成熟。在中国，大部分私募股权基金倾向于从被投企业购买新股而非向同行购买二手股份，主要原因在于企业端与私募机构的成熟度均不足。在中国市场，首先，私募股权基金管理人与被投企业能够相对直接地建立联系，在投资合作过程中容易培养信任；其次，

当基金或份额二次转让时，就一些针对性附加条款，管理人需要与被投企业进行专门谈判；最后，私募股权基金之间的信息也并不透明，股份转让的估值和议价都成为难点。

6.2.4 以私募股权投资行业税收体系为代表的营商环境有待完善

私募股权投资行业的税收体系有待完善。我国私募股权基金有公司制、合伙制和契约型3种组织形式，以合伙制为主。纳税主体主要为投资人、私募股权基金管理人、私募股权基金等。目前，应用于我国私募股权基金行业的主要税种包括增值税、所得税与印花税等。尽管税收政策逐年优化，但我国私募股权基金在税务方面仍面临长期挑战。

一是增值税与所得税并征、所得税双重征税等不利于私募基金行业的发展壮大。在增值税上，私募股权基金管理人在基金日常管理环节与对外投资两环节都应缴纳增值税。一方面，管理费收入属销售金融服务中的"直接收费金融服务"，一般纳税人适用6%的增值税税率，小规模纳税人适用3%的增值税征税税率；另一方面，运用募集资金进行投资所获得的利息或利息性质的收入，以及金融商品转让价差也需要缴纳增值税，股息红利、非上市公司的股权转让所得则不需要缴纳。我国私募股权基金行业处于成长期，基金产品层面既征增值税，又征所得税，不利于资本形成；同时，在基金减持上市公司股权的退出环节征收增值税也有损公开市场退出方式的收益。在所得税上，合伙型基金和契约型基金的股权转让所得与股息红利所得应用"先分后税"原则，以每一个合伙人/投资人为纳税义务人缴纳所得税；但在公司型基金下，股权转让所得与股息红利所得均需在公司型基金层面及自然人投资人层面分别缴纳企业所得税及个人所得税，存在双重征税的问题。我国私募股权投资市场尚不成熟，行业总体回报较低，对于大部分私募股权基金管理人而言增值税与所得税同征、双重征税等问题压制行业活力，不利于私募股权基金行业的可持续发展。

二是应税项目与应缴税率在实践中存在争议，各地执行方式不一。如合伙型基金中自然合伙人的股权投资收益在2018年之前可按"股息红利及财产转让所得"的 20% 所得税税率或 5%—35% 的五级超额累进所得税税率征收，直到 2018 年以来财税部门强调统一按"生产经营所得"适用 5%—35% 的五级超额累进税率。由于基金投资规模较大，实际税率通常适用 35% 的税率，一些地方为鼓励股权投资，对"合伙型股权投资基金中个人投资者取得的收益"仍按"财产转让所得"征收 20% 的个人所得税，而也有一些地方税务部门追溯过往，按高税负向私募股权基金管理人追缴过往所得税，各地私募股权行业的税收制度不透明、不统一，给私募股权基金管理人造成困扰。其他争议还包括如私募股权基金管理人是否可以选择按单一投资基金核算或者按企业年度所得整体核算、合伙型私募股权基金各合伙人的实缴资本是否应该缴纳印花税等。各地对法规条例不同的解读给私募股权基金管理人及出资人带来不同的财务影响。

三是税收优惠政策适用范围窄、落地难。2018 年 5 月，财政部、国家税务总局联合印发《关于创业投资企业和天使投资个人有关税收政策的通知》，将创业投资企业和天使投资个人投向种子期、初创期科技型企业，按投资额的 70% 抵扣应纳税所得额的优惠政策推广到全国范围实施。2018 年 12 月 12 日国务院常务会议决定，从 2019 年 1 月 1 日起，依法备案的创投企业可选择按单一投资基金核算，其个人合伙人从该基金取得的股权转让和股息红利所得按 20% 税率缴纳个人所得税；或选择按创投企业年度所得整体核算，其个人合伙人从企业所得按 5%—35% 超额累进税率计算个人所得税。然而，目前所有的税收政策主要针对创业投资基金与其个人合伙人，覆盖度有待进一步提升。此外，享受政策的申请流程涉及的材料与要求较多，申请时间长、成本高，因此政策执行的覆盖程度更加有限。

四是营商环境中仍有许多方面亟待改善。首先，工商注册流程透明度需提升。私募股权基金的成立需要向工商行政管理机关申请设立登记，然而不同地区监管规则不同，流程并不透明，影响行业活力。其次，相关法律制度有待完善。中国私募股权基金的行业相关法律法规体系尚不健全，相关法规的适用范围界定不清晰。私募股权基金管理人常援引使用的条例为中国证监会于 2014 年发布的《私募投资基金监督管理暂行办法》（以下简称《暂行办法》），但《暂行办法》作为行政规章效力位阶较低，且出台时间较早，部分内容适用性有限，加之新出台的"资管新规"在私募股权基金的适用范围上也较为模糊，各方解读不一,造成监管的灰色地带。因此,需尽快推动《私募管理条例》出台,弥补《基金法》对股权投资基金约束不清晰的缺失。

6.3 私募股权基金行业未来发展趋势

尽管受到新冠肺炎疫情、国际贸易摩擦等外部环境的不确定性影响,2020年市场情况,投资相较于募资与退出环节更为乐观,大型私募股权基金管理人较行业平均水平更为乐观。有88.53%的私募股权基金管理人以及96.30%的大型私募股权基金管理人对整体行业环境持中立或偏积极态度。整体看来,在投资环节的情绪更为乐观,有28.64%的受访私募股权基金管理人表示投资环境为积极或非常积极,55.66%为中立,有37.03%的大型受访私募股权基金管理人表示投资环境积极或非常积极,48.15%为中立(见表6.3.1),反映了私募股权基金管理人对中国经济的基本面充满信心,有大量的优质企业"供应",如新兴行业龙头企业、行业重组标的、国企改革及大型企业分拆标的、家族企业代际更换出让控股权投资机遇等。

在募资环节对于小规模从业者而言2020年将更加艰难。有33.43%的受访私募股权基金管理人表示2020年的募资环境将会消极或非常消极,50.82%表示中立;大型私募股权基金管理人情绪则较为乐观,仅22.22%表示2020年的募资环境将会非常消极,66.67%表示中立。这样的趋势与前面行业整体特征,即募资加速向头部企业聚集的观察一致。疫情冲击可能会加速这一趋势,这主要是由于在危机冲击的环境下资金避险情绪更加浓厚,更倾向于选择有过成功经历、各方面实力强大的头部基金管理人进行投资,对于仅有短暂存续历史的基金而言新募资金将更为困难。

在退出环节,市场情绪较为中立,有60.89%的受访私募股权基金管理人和70.37%的受访大型私募股权基金管理人表示今年的募资环境为中性。尽管中国市场退出环境一直以来都面临较大挑战,但随着科创版、创业板注册制试点、减持新规等资本市场改革措施相继推出,市场情绪有所好转。

表 6.3.1　　　　　　　　对 2020 年中国私募股权基金行业的态度

全样本（N = 1 777）

	行业整体	募资	投资	退出
非常积极	7.32%	1.63%	2.70%	1.35%
积极	36.02%	14.12%	25.94%	14.97%
中立	45.19%	50.82%	55.66%	60.89%
消极	10.35%	28.25%	14.41%	20.54%
非常消极	1.13%	5.18%	1.29%	2.25%

管理规模 100 亿元以上样本（N = 27）

	行业整体	募资	投资	退出
非常积极	7.41%	0.00%	3.70%	0.00%
积极	48.15%	11.11%	33.33%	11.11%
中立	40.74%	66.67%	48.15%	70.37%
消极	3.70%	22.22%	14.81%	18.52%
非常消极	0.00%	0.00%	0.00%	0.00%

资料来源：中国证券投资基金业协会调查问卷。

着眼于中国私募股权基金行业未来，共有六大发展趋势：

6.3.1　房地产/基础设施、并购基金等将迎来发展机遇

根据协会问卷调研情况（见图 6.3.1），母基金、成长/扩张期投资基金及创业投资基金仍是私募股权基金管理人计划募资的基金类型首选，这一方面反映了中国市场仍有一定成长红利，另一方面也说明并购基金等进入门槛较高，主动转型有一定难度。

从中长期看，随着中国经济增长进入平稳期、私募股权投资行业也更加成熟，此前制约并购基金发展的各方面因素均有所变化，并购投资基金将迎来发展的黄金时机。一是在可投标的方面，随着中国经济与产业发展进入成熟期，将产生如大公司剥离非核心业务、传统周期性行业兼并重组的投资机遇。二是国企改革加速，各地也出现了参与混改的机遇。三是在股市动荡、美股针对中概股发起新一轮审查的背景下，预计延缓上市或考虑私有化的标的将会增加。四是在企业治理生态方面，第一代民营企业家逐渐步入退休期，职业经理人相应成为主流，对私募股权作为控股投资人的接受度提升。五是在金融工具方面，

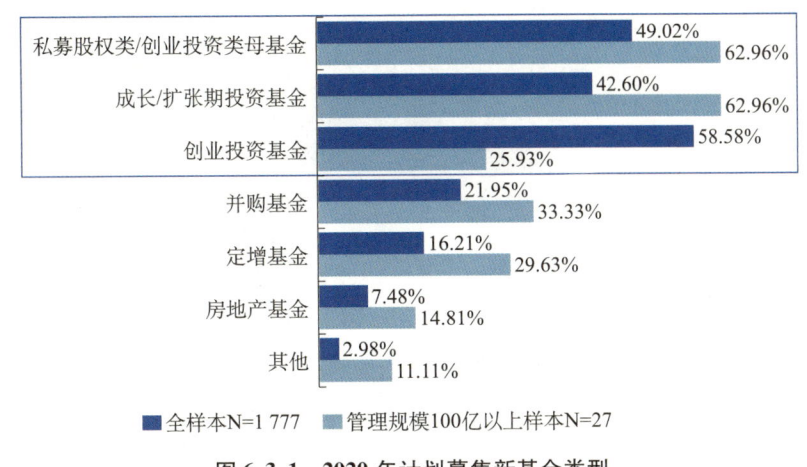

图 6.3.1　2020 年计划募集新基金类型

资料来源：中国证券投资基金业协会调查问卷。

大的利率中枢在下行，同时债市也在加速创新，如推出各类 ABS 与结构性产品利好并购收购。六是在行业专业性方面，中国的资金方、投资方及第三方专业机构也变得更加成熟，不断积累杠杆投资与利用运营提升赋能企业的经验。协会问卷调查数据显示，21.28% 和 18.12% 的受访并购基金管理人认为未来并购基金发展的主要机会来自高科技产业的快速发展，以及与高新技术与传统产业的结合升级；22.22% 的受访并购基金管理人认为未来行业内部并购整合的机会增多；10.39% 的受访并购基金管理人认为国有企业与民营企业未来重组机会增多（见图 6.3.2）。

房地产、基础设施基金也将迎来发展机遇。中国证监会与国家发展改革委在 2020 年 4 月联合发布的《关于推进基础设施领域 REIT 试点相关工作的通知》特别提出要"遵循市场原则，坚持权益导向"，意味着中国的 REITs 有望实现从债性到股性、从私募到公募的双重突破，这将有利于基础设施及房地产投资基金的发展。

市场化母基金具有资金承接的重要作用，未来将在中国资本市场改革中发挥更大作用。中国资本市场建立时间尚短，配套基础设施与体制机制存在不足，国有资本的市场化配置仍有阻碍。资本市场不断深化改革的过程中，面对国有资本的市场化配置难题，市场化母基金有望起到资金枢纽的重要作用。市场化母基金有助于解决国有资本存在的激励机制、决策机制、市场敏感性等方面的问题。但是，目前母基金的价值尚未完全体现，国有资本需要探索出一种更加

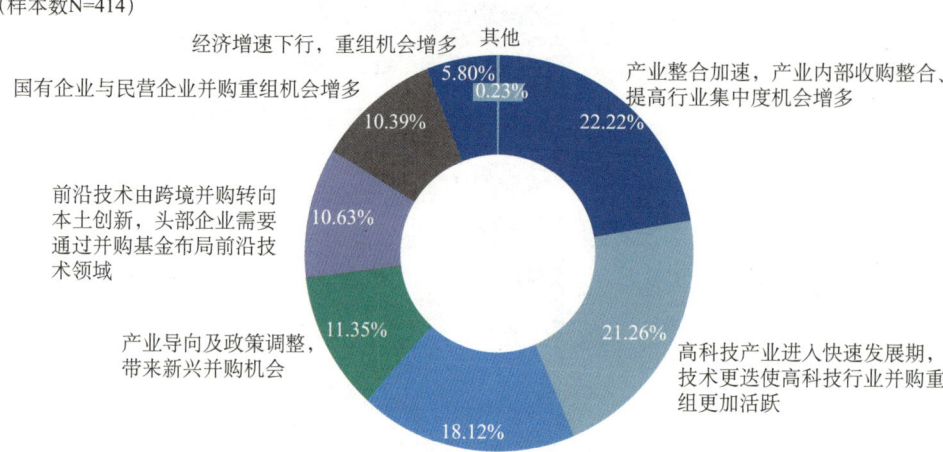

图 6.3.2 受访人认为我国并购基金未来发展存在的主要机会

资料来源：中国证券投资基金业协会统计数据调查问卷。

合理的模式参与母基金市场，基于市场引导对国有出资进行分类管理、分类考核，从而充分发挥市场化母基金的作用。

6.3.2 行业集中度持续提升、能力建设成为重中之重

规模效应在中国市场上愈发凸显。头部私募股权基金管理人在募资、投资及投后赋能环节的优势将更加明显，比如将获得更多长期资金、更容易赢得优质的投资标的等，并将通过更多的模式创新引领市场。同时，此次疫情将在更大程度上冲击小型私募股权基金管理人。一方面，疫情将影响许多被投企业的可持续性，部分小型私募股权基金管理人的投后管理能力较弱，未必能帮助被投企业度过寒冬；另一方面，疫情将降低募资来源的稳定性，以及减缓新的投资交易、退出交易的发生，多重因素都将对私募股权基金管理人的表现，甚至存续产生负面影响，预计将加速尾部私募股权基金管理人的汰换，行业集中度持续提升。

展望未来，构建机构化能力是基金管理重中之重。机构化能力包括体系性的募、投、管、退，以及风险管理、组织人才、信息科技七大方面。在募资环节，应打造专业的融资和投资者关系团队，丰富产品体系、拓展融资渠道，对目标出资方分层分类设计覆盖模式；在投资环节，要利用行业专长及与优质企

业家的长期关系深耕拓展可投标的范围，设置科学的投决流程，同时前置价值创造讨论，建设内部人才库、外部人才生态圈体系，帮助被投企业创造价值；在投后环节，强化投后管理体系建设，建设专业的内外部投后运营团队，明确管控模式，在交易整合、风险监控以及价值创造三大环节实施精细化管理方案；在退出环节，系统性规划退出计划，如在交易设计时即规划退出路径，从退出时点前1—2年开始倒排行动计划，准备好退出的精细化方案并寻求合适的买家；在风险管理方面，建设深度嵌入融投管退全流程，覆盖各种风险类型的专业化风险管理体系；在组织人才方面，建立具备市场竞争力的人才价值主张，与平台价值、文化与考核激励匹配；在信息科技方面，需要建立全流程投资管理系统，关注非传统数据应用，实现另类投资管理的线上化，同时建设数据赋能的核心能力。

对于中小型机构而言，找到特色化的发展路径是生存竞争重中之重。需要理清私募股权基金管理人对于出资人及被投企业的核心价值主张，或通过布局特定投资阶段或深耕某一赛道挖掘价值，通过专业化投资获得超额回报，产生品牌效应，或聚焦某个区域，与地方政府或产业集团合作整合资源。

6.3.3 管理人将更多制定差异化募资策略、创新合作模式

国际形势变化、疫情带来的经济冲击等将加剧募资困境。一是国际关系的调整可能使海外长期资金如养老金、捐赠基金等投资中国市场受阻；二是国内受疫情影响，企业短期内资金应侧重流向企业的日常运营，出资节奏或将放缓，而高净值个人中有大量企业家，在个人财富配置方面也将受到影响；三是资管新规即将迎来过渡期的最后期限，存量资产的化解风险依然存在，若过渡期后仍未达到新规要求，将面临强制限制处置风险。

根据协会问卷调研情况（见图6.3.3），政府引导基金及国企等国资、保险等金融机构、高净值个人仍是期望募资的主要来源。其中，头部机构侧重点更在于保险等金融机构，小规模基金侧重点更在于高净值个人与民营企业。

从出资人的发展趋势来看，出资人诉求变得更加复杂，基金收益率和关系仍然重要，但重要性在降低。对于私募股权基金管理人而言，应该结合自身禀赋选择差异化的目标出资人，同时根据不同出资人的诉求定制差异化募资策略，

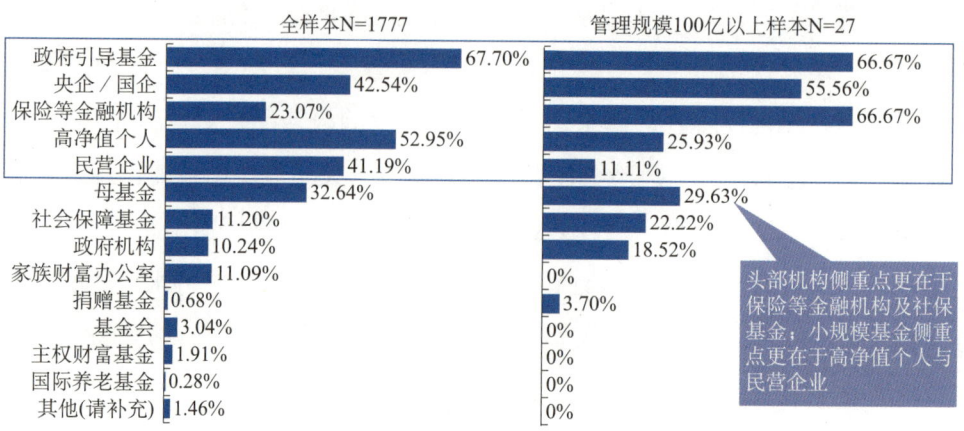

图 6.3.3　2020 年预期出资人类型

资料来源：中国证券投资基金业协会调查问卷。

积极构建机构化的募资能力。

为应对募资难挑战、满足不同类型出资人的诉求，预计未来私募股权基金管理人与出资人的合作模式将会不断创新升级。一是"跟投"再升级。针对出资人边投边学、激励内部管理团队的诉求，提供跟投选项，并在此基础上与大型机构出资人形成深度战略联盟，携手创新突围。二是国资"代运营"，即代理运营国资母基金，采用高效的市场化运作实现国有资本保值增值。三是"合作共建另类投资平台"。在大资管发展及外资进入中国市场的背景下，理财子公司及保险资管等均需要提高另类投资能力，但短期人才不足、缺乏运作经验，可以考虑在子公司层面与领先的国内外私募股权基金管理人成立合资公司，共同搭建另类投资平台。

6.3.4　私募股权基金管理人将根据环境影响调整投资地域、行业与策略

国际化投资日趋谨慎、投资更加聚焦国内。受制于疫情冲击、逆全球化趋势及日趋严格的国内外投资审查机制，海外投资遇冷，以 2020 年第一季度为例，中国在美国的投资额骤降为 2 亿美元，而 2019 年每季度平均为 20 亿美元[①]。预

---

① https://www.reuters.com/article/us-china-us-investment/chinese-investment-in-u-s-drops-pandemic-to-weigh-on-this-years-bilateral-flows-report-idUSKBN22N0EW.

计私募股权基金管理人将更加聚焦国内。根据问卷调研情况，84.97%的受访私募股权基金管理人没有海外投资计划，即使是大型私募股权基金管理人，也仅有33.33%的受访机构考虑投资海外；对于进行海外投资的机构而言，美国和亚洲发达国家等成熟市场仍是私募股权基金管理人的首选（见图6.3.4）。

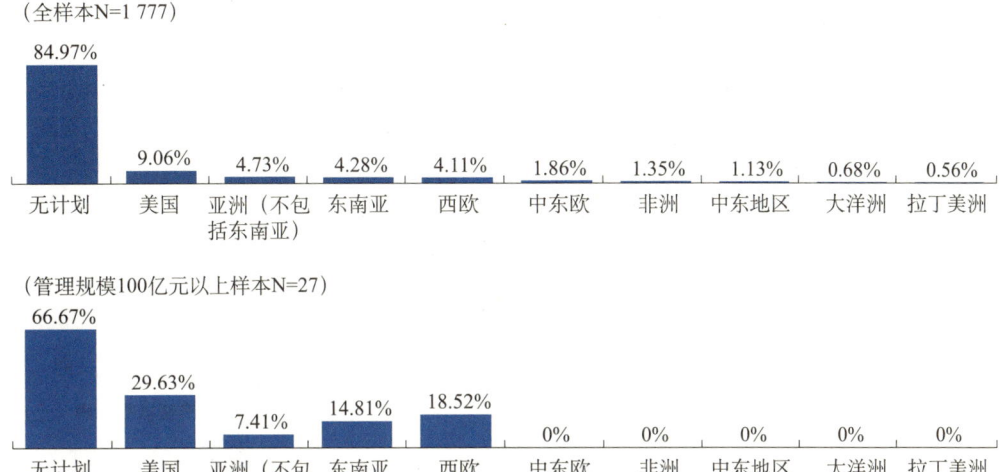

图6.3.4 2020年投资地域调研

资料来源：中国证券投资基金业协会调查问卷。

疫情冲击将医疗健康、人工智能与高端装备制造等六大重点行业被推上投资风口。根据问卷调研情况，私募股权基金管理人表示将在2020年优先考虑投资医疗健康（74.34%）、人工智能（62.80%）、高端装配制造（50.14%）、IT及信息化（48.23%）、新材料（45.81%）及新能源（35.40%）等行业（见图6.3.5）。疫情冲击下，大众的生活与工作方式发生显著改变，对健康生活、数字经济、便利环境的关注度大幅提高，刺激许多相关行业逆势上涨。

控股型交易将增多。根据问卷调研情况，在有参与控股型交易的基金中，41.53%的受访私募股权基金管理人表示在未来3年里将增加控股型投资标的的持有（见图6.3.6）。在如今经济金融环境比较复杂的时期，越来越多的私募股权基金管理人将重视控股型交易，因此将推高交易价格，产生溢价。

环境、社会和治理（ESG）要素逐渐为投资人重视。根据协会问卷调研情况，只有4.61%的受访私募股权基金管理人将ESG因素正式纳入了投资决策，尚有26.06%的受访私募股权基金管理人并无任何ESG考量，而且只有3.43%

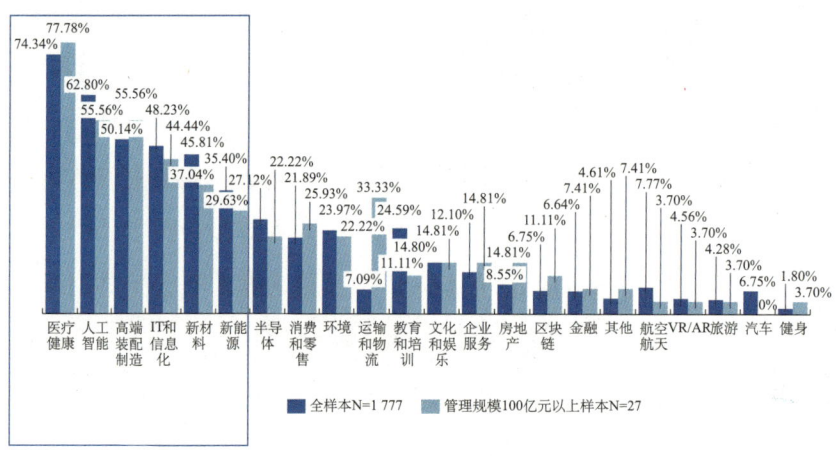

图 6.3.5　2020 年私募股权投资行业调研

资料来源：中国证券投资基金业协会调查问卷。

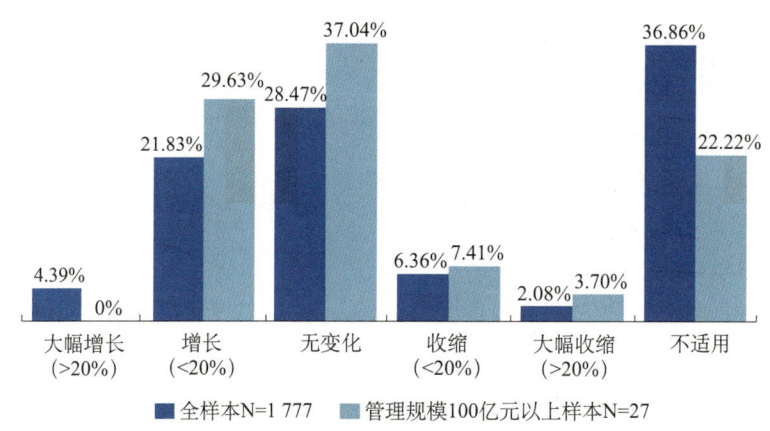

图 6.3.6　控股投资趋势

资料来源：中国证券投资基金业协会调查问卷。

已经建立了 ESG 团队。相比之下，中国的大型私募股权基金管理人先行一步，18.52% 的受访大型私募股权基金管理人将 ESG 因素正式纳入投资决策，其余大型私募股权基金管理人虽未正式建立 ESG 机制，但已经在关注、研究或考虑，只有 7.41% 尚未关注 ESG。然而，ESG 因素已逐渐进入基金管理人视野，29.83% 的受访私募股权基金管理人表示计划设立 ESG 团队（见图 6.3.7）。

同时，国际 ESG 趋势将影响中国。国际上，ESG 考量已逐渐成为主流趋势。一项涉及 2 000 个原始研究的分析表明，在将 ESG 因素纳入考量的投资中，

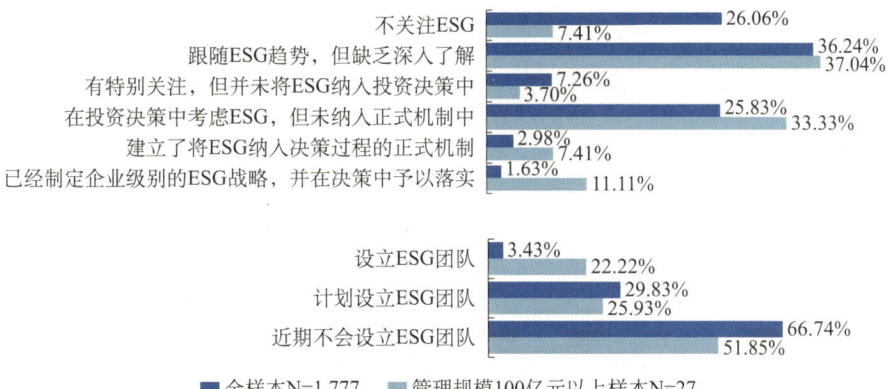

图 6.3.7　ESG 加速发展趋势

资料来源：中国证券投资基金业协会调查问卷。

62.60%的投资体现了 ESG 对于股权收益的积极影响，只有 8.00%显示了负面影响[①]。根据高瓴研究的数据，企业的 ESG 考量可以帮助其增长营收、降低成本、减少规管干预、增强员工生产力，以及优化投资与资本支出等。越来越多的有限合伙人在投资决策过程中开始要求私募股权基金管理人通过 ESG 审核，要求提高资产管理过程中 ESG 政策、流程和表现的透明度。在中国头部私募股权基金管理人的募资渠道越发国际化的背景下，更多关注和重视 ESG 成为不可避免的趋势。例如，日本的政府养老金投资基金（GPIF）、挪威的政府全球养老基金（GPFG）和荷兰养老基金（ABP）都致力于可持续投资，并在其投资决策中予以考量。

6.3.5　后疫情时代将更加凸显专业化投后管理的价值杠杆作用

疫情危机将更加体现私募股权基金管理人在投后管理中的价值创造。麦肯锡的一项调研（见图 6.3.8）自 2009 年起研究了全球 120 家募资超过 50 亿美元的私募股权基金公司后发现，具有投后管理部门的私募股权投资机构在 2009—2013 年经济危机时期的内部收益率表现比未建立投后管理部门的机构高约 5%，投后管理在危机时期的作用相对于危机前后时期更为显著[②]。因此，在经济震荡

---

①　Gunnar Friede："ESG 和财务业绩：超过 2000 项实证研究的综合证据"，《可持续金融与投资期刊》，2015年。

②　古纳尔·佛莱迪："ESG 和财务业绩：超过 2 000 项实证研究的综合数据"，《可持续金融与投资期刊》，2015。

与疫情冲击下，投后管理将更加重要。

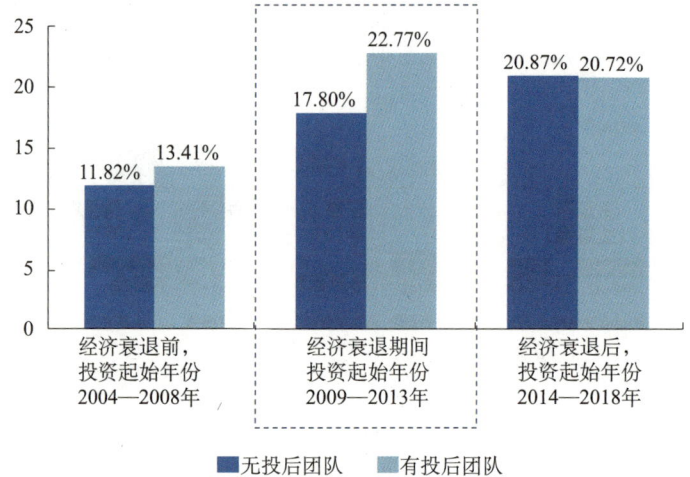

图 6.3.8　2004—2018 年私募股权公司业绩（内部收益率）

注：分析阶段公司所有基金的平均净内部收益率，N = 全球 120 家大型私募股权基金管理人。

资料来源：Preqin。

私募股权基金管理人将因势利导选择适合自身投资策略的最佳投后管理模式。基金管理人对投后管理的参与，由浅至深可逐层分为董事会影响者模式、战略支持合作方模式、业绩成长伙伴模式。现实中选择何种形式，往往与被投企业的发展阶段、私募股权投资机构的自身能力、投资策略及整体持股比例密切相关（见图 6.3.9）。

董事会影响者模式。适合投资于有吸引力的行业和具备强大管理团队的成长性公司，私募股权基金管理人通常通过影响董事会决议，侧重战略与财务控制，利用如对赌、对价协议等手段宏观把控被投企业发展。

战略支持合作方模式。通过与 CEO 合作形成价值创造的共识和长期发展愿景，影响制定并细化企业发展路径，侧重于预算和战略决策，并在特定领域提供专业化支持。私募股权基金管理人常常采用如定价策略优化、流程自动化、数字化改革、人才建设等抓手参与企业管理。

业绩成长伙伴模式。私募股权基金管理人建立清晰一致的投后管理方法论，

---

① 古纳尔·佛莱迪："ESG 和财务业绩：超过 2 000 项实证研究的综合数据"，《可持续金融与投资期刊》，2015。

与被投企业管理层共同考虑价值创造的方法，提供运营合作伙伴或咨询服务，积极推动大型转型项目建设。具体的抓手例如在被投企业全面应用零基预算法、更换领导层、优化资本结构等。

图 6.3.9　投后管理模式原型

资料来源：专家访谈，高瓴分析。

在疫情造成的危机冲击下，降本增效、注重财务健康和资本运作、数字化赋能成为投后管理的三大关键主题。麦肯锡在近期对全球超过 1 200 家上市企业在上一次全球金融危机恢复期（2007—2011 年）的表现进行了回顾，发现优秀的企业能够迅速恢复，在收入和 EBITDA 方面都比同类企业高出 20%—30%，其诀窍就在于更积极的降本措施、更稳健的财务运营和更积极的资本运作[1]。在高度数字化的今天，数字化赋能无疑也是重要的主题。一是降本增效方面，私募股权基金管理人可以协助被投企业优化供应链（包括统一材料采购、供应商管理、优化库存策略等）、精简行政队伍与流程、优化业务布局（包括整合、简化产品线等）、精益制造（包括自动化、即时制等）等，或推动企业整体降本变革，如推行零基成本法[2]、定义成本基准线发掘降本机会、尽量用变动成本替代固定成本等。二是财务健康与资本运作方面，在上一轮周期中快速复苏的公司

---

[1] Martin Hirt, Kevin Laczowski and Mihir Mysore, "Bubbles pop, downturns stop," *McKinsey Quarterly*, May 2019, https://www.mckinsey.com/business-functions/strategy-and-corporate-finance/our-insights/bubbles-pop-downturns-stop.

[2] 零基成本法指不受以往预算安排情况的影响，一切从实际需要出发，逐项审议预算年度内各项费用的内容及其开支标准，结合财力状况，在综合平衡的基础上编制预算的一种科学的现代预算编制方法。

与其他公司相比更为积极地采取降杠杆措施，私募股权基金管理人需关注被投企业的资本结构和现金管理，保持健康的现金流，同时谨慎规划资本支出；能够在危机中把握资产剥离及收购机遇的公司被证明是重要的价值杠杆。三是数字化方面，私募股权基金管理人需更注重帮助被投企业建立数字化能力，这将涵盖企业运行的方方面面，从建立远程办公的工作模式、制定线上营销战略、智能化供应链管理，到大数据分析辅助决策、转变产品与服务交付模式等，通过数字化实现业务模式创新与降本增效。

6.3.6 退出渠道将愈发多元

随着企业上市、锁定期及减持等各项改革政策陆续出台，私募股权投资机构在公开市场上的退出预计将更加顺畅。如科创板、创业板注册制试点以及后续的全面改革将进一步提高资本市场的包容性，有利于缩减被投企业的上市周期；中国证监会修订并发布《上市公司创业投资基金股东减持股份的特别规定（2020年修订）》，进一步放宽私募股权投资机构中创业投资机构所持有上市被投企业股份的减持限制，缩短退出周期，促进畅通资本正向循环机制。随着资本市场基础制度的不断完善，公开市场退出比例预计将持续提升。

基础设施领域不动产投资信托基金（REITs）的试点正式启动，作为资本市场的创新举措，公募REITs的开闸可能为房地产以及基础设施基金开启退出新渠道，直通公开市场。一系列的经济冲击则为行业调整提供良机，头部私募股权基金管理人与优秀的被投企业将积极寻找兼并与收购的价值投资机会，这也为同行转让占比的提升创造了前提条件。

私募股权二级基金市场的崛起指日可待。国际市场上私募股权二级投资是提供市场流动性的重要来源，也是重要的基金退出渠道之一。在中国，私募股权二级基金预计将迎来发展机遇，主要驱动因素为行业发展阶段到达成熟期。全行业人民币基金募集高峰期为2010—2013年，以7—10年的存续期计，预计在2020—2023年左右将迎来首次到期高峰。在中国的退出环境下，存在大量私募股权基金已到期但仍有项目未完成退出的情况，将产生新的投资机遇。此外，市场配套服务机构预计也将不断完善，如出现专业的能够为基金份额提供估值、尽调及交易结构设计服务的财务顾问机构（FA）和法律事务部。

附 录

附录1 全球私募股权市场发展现状及启示

一、全球私募股权投资市场管理规模增长较快

2019年,全球私募市场的资产管理规模再创新高,其中私募股权投资市场成绩不俗。2019年上半年,全球私募市场的资产管理规模6.47万亿美元,增速达10%,并在过去10年里累计增长4万亿美元,涨幅达170%。同时,活跃在市场上的私募基金数量也增长了1倍之多。相比之下,在过去10年里全球公募市场的资产管理规模涨幅仅约100%,而美国上市公司的数量几乎没有变化。在全球私募市场中,私募股权市场占据60%,资产管理规模达3.85万亿美元。在过去10年里,私募股权市场增速与私募市场比肩,累计增长2.3万亿美元。自2000年起,全球私募股权基金公司的净资产价值(资产管理规模-现金)涨幅达700%(见附图1)。

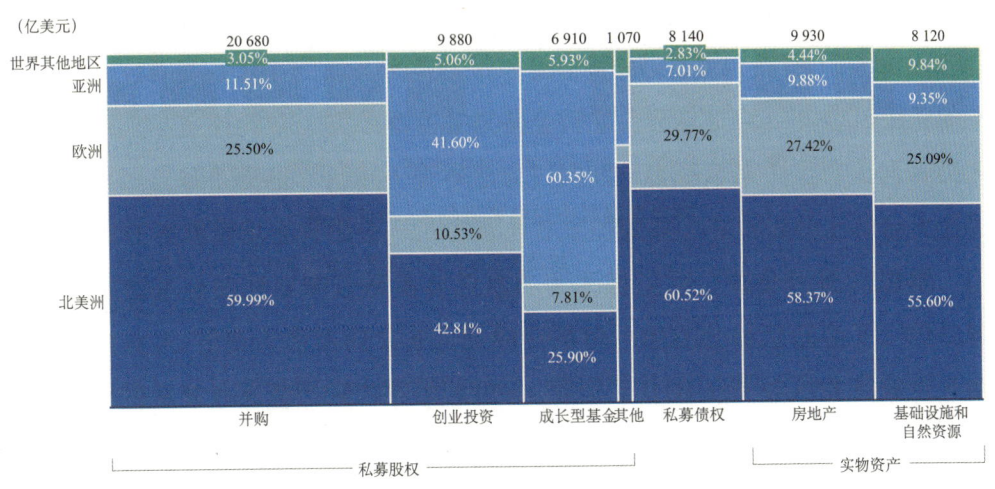

附图1 2019年上半年全球私募市场管理资产规模

资料来源:Preqin。

全球的私募股权市场发展呈现两大趋势。一方面,创业投资基金、成长型基金占比增加,同时并购基金占比下降。过去10年中,并购在私募股权资金管

理规模中的占比降低了三分之一，而在亚洲私募股权基金的推动下，创业投资基金和成长型基金出现快速增长。目前，亚洲的成长型基金规模约为北美洲成长型基金规模的 2 倍之多，而创业投资基金的规模占全球创业投资基金管理规模的比例从 2010 年的 12% 迅速增长到 40% 以上，已与北美的创业投资基金管理规模旗鼓相当。另一方面，亚洲市场资产管理规模的比重大幅增加，欧洲市场的比重下降最为显著。亚洲市场私募股权管理资产规模达 1 万亿美元左右，在全球私募股权市场中的占比从 2009 年的 9% 上升到近 30%，增长近 1 万亿美元。欧洲市场管理资产规模在全球市场中占比从 2009 年的 27% 降低至 18%，资产规模在 10 年内仅增长了 0.30 万亿美元左右。但从现状来讲，并购型基金仍然是私募股权市场的中坚力量，占市场总规模的 53%；并且北美凭借并购基金规模优势，仍是私募股权市场主力，占市场总规模近 50%。

二、大型私募股权基金管理人引领行业募资金额的增长

2019 年，全球的私募股权市场新募资金 5 550 亿美元，虽相比 2018 年略微下降 4%，但仍处在高位。其中，北美市场仍领先全球，当年募资额达到历史最高点 3 500 亿美元，占全球当年募资额的 63%。欧洲市场与亚洲相近，分别募集 990 亿美元与 940 亿美元，各占全球募资额约 15%。值得关注的是亚洲市场募资额的滞缓。2019 年，亚洲私募股权市场的当年募资额相比 2018 年降低了近 270 亿美元，其中创业投资基金和成长性基金当年募资额下跌接近 50%。

全球私募股权市场募资环节呈现五大特点：一是私募股权市场的出资主体仍主要是成熟市场的机构投资者。从主体类型上看，养老基金仍为最大资金来源，预计出资额约 6 300 亿美元，预计贡献全球募资规模的 46%，其次为主权财富基金，预计出资额约 4 100 亿美元，其他出资主体包括家族办公室，预计出资额约 2 100 亿美元；保险资金，预计出资额约 750 亿美元，捐赠及公益基金出资额 500 亿美元。从地区分布来看，北美洲募资额预期来自养老基金的占比 73.87%，募资额预期来自保险公司与家族财富管理公司的分别占 9.86% 和 7.53%。在欧洲，41.03% 的募资额预期来自家族财富管理公司，募资额预期来自养老基金和主权财富基金的分别占 33.66% 和 20.58%。在亚洲，募资额预期来自主权财富基金的占 52.69%，募资额预期来自养老基金的占 30.84%，募资

额预期来自家族财富管理公司的占 11.58%（见附图 2）。

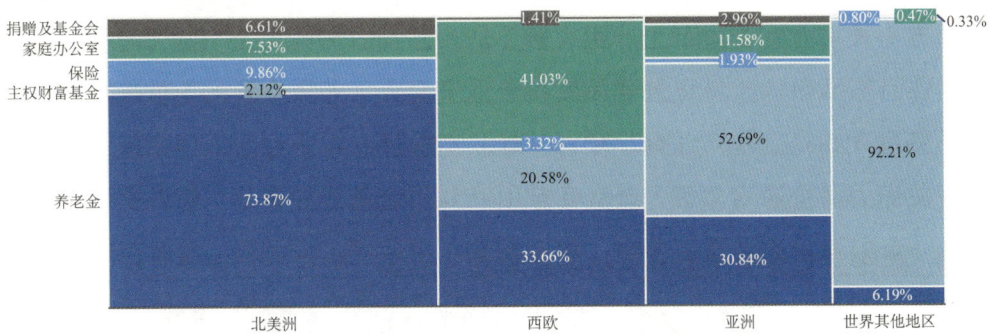

附图 2　2019 年全球私募股权市场预期募资来源分类

注：假设出资人按预期比例配置私募股权。

资料来源：主权财富基金研究所，韬睿惠悦，经合组织，高瓴分析。

二是大型私募股权基金管理人驱动市场。以并购型基金市场为例（见附图 3），管理规模在 50 亿美元及以上的超大型并购私募股权基金 2019 年募资额占到了募资总额的一半以上，而管理规模在 10 亿美元以下的并购基金占比降到了 15 年以来的低点。超大型并购基金越来越多地主导私募股权募资，逐渐成为募资端的中坚力量。

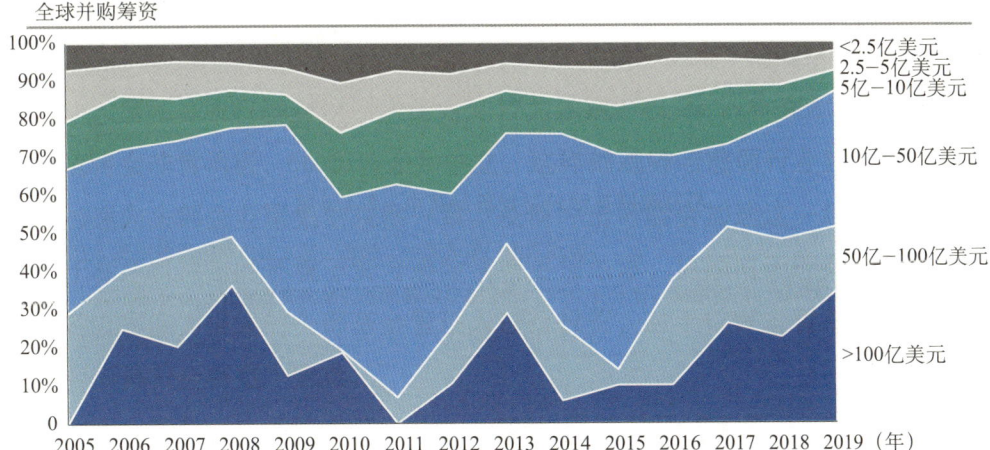

附图 3　2005—2019 年全球并购基金募资分布

注：图中数据不含二级和组合型基金（FOF），按基金规模和交易结束年份。

资料来源：Preqin。

三是行业内部结构有调整但没有快速整合，集中度并未发生明显变化。全球前十大私募股权基金管理人并无长期名单，2010年前十大私募股权基金管理人中只有5家仍在2019年的名单中。然而，2011年起，前十大募资基金管理人占总体募资额比例持续保持在14%—15%，行业前250名私募股权基金管理人占比也维持在65%左右。不过，整体私募股权基金管理人数量迅速增加，从2014年的4 100家增加至2019年的6 700家，但小型私募股权基金管理人迭代频繁，每年有4%的私募股权基金管理人退出市场（7年内没有募资记录）（见附图4）。

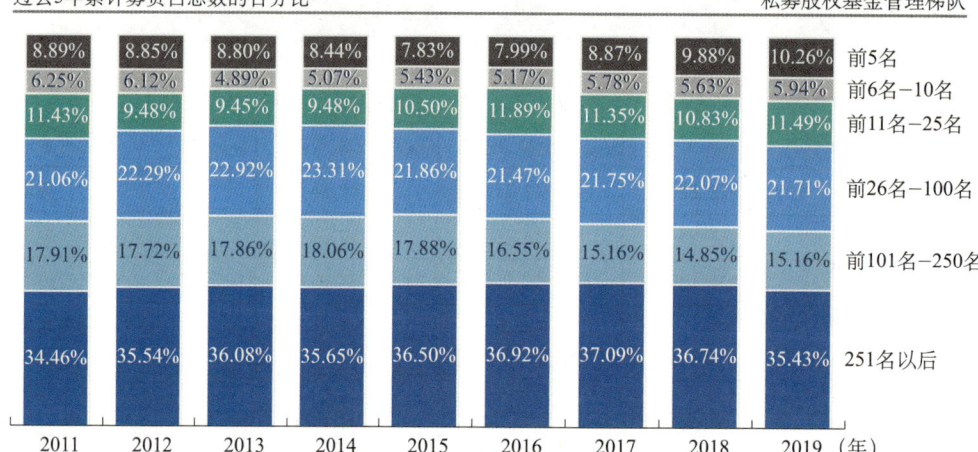

附图4　2011—2019年全球私募股权管理公司累计募资分布

注：统计值为截至当年的过去5年累计募资额。

资料来源：Preqin。

四是出资人将持续提高对私募股权市场的资金配置，行业增长趋势向好。出资人将加大对私募股权市场的配置，主要原因是市场持续提高的收益率，在过去10年里私募股权市场在多数指标上的表现都高于公开市场等价（以下简称PME）（见附图5）。截至2019年末，各大私募股权基金管理人宣布的计划融资目标总额接近3 500亿美元，超过上年年终水平。同时，从主要出资人目标配置水平来看，当前仍处于较低水平（见附图6）。

五是机构投资者参与共同投资及直接投资比例的继续提升。为了实现更高的净收益，机构投资者积极争取参与共同投资以降低基金管理费用。同时，为了增强自身共同投资的竞争力，头部机构投资者加快内部交易团队建设的步伐，与私募股权基金管理人合作完成大型交易，交易规模常常超过1亿乃至5亿美元。CEM Benchmarking的研究表明，在对私募股权投资的全球28家最大机构投

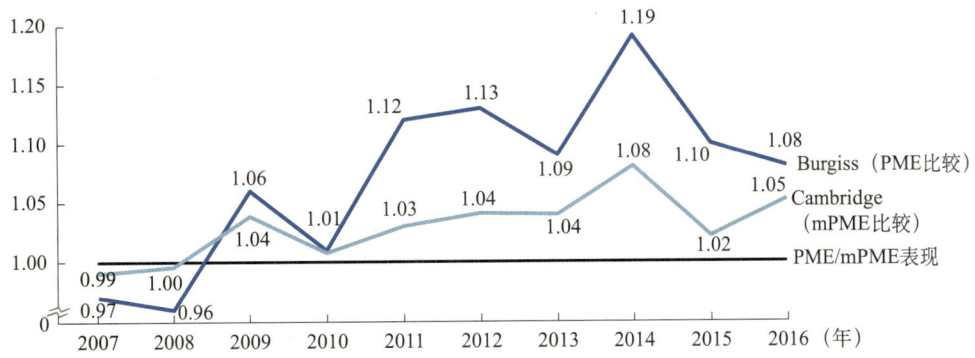

附图5　2007—2016年PME[①]和改进后公开市场等价指数（mPME）投资回报

注：标普500，按年份切分，PME/mPME = 1

资料来源：Burgiss Private IQ，康桥汇世。

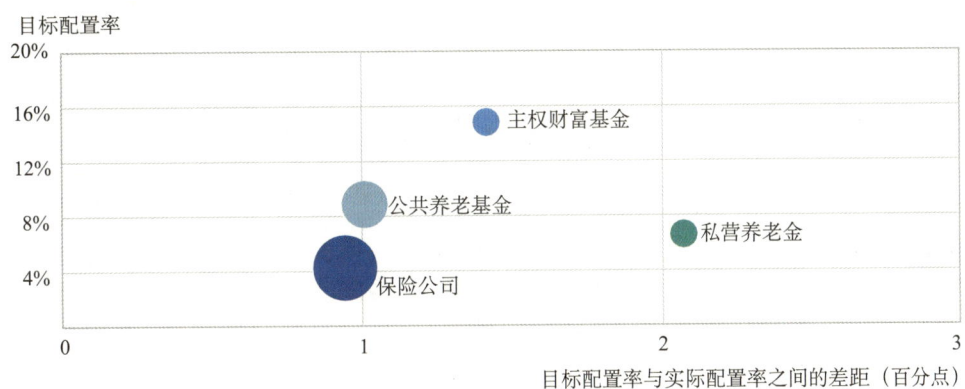

附图6　2019年各主要类型出资主体资金目标配置与实际配置情况

注：图中气泡大小表明针对私募基金的资金配置约占出资人管理资产规模的百分比。

资料来源：Preqin。

资者的调查中，持有大型共同投资和直接投资项目的投资者，每投入100美元，就有42美元是共同投资。

三、全球私募股权投资市场平均交易规模持续提升

从投资端来看，2019年私募股权投资数量缩减、平均交易规模与估值倍数持

---

① PME可以衡量同等数量的资金在同样的时期投资于非公开交易市场与投资于公开交易市场二者获利水平的比较；改进后的公共市场等价指数（mPME）在PME的基础上进行了调整，避免了PME所固有的"负资产净值"问题。

续提升,已募待投资金(Dry Powder)处于历史高点,科技相关投资仍是热点。

2019年,全球私募股权交易额与上一年基本持平。2018年私募股权投资额达到1.49万亿美元,而2019年稳定在1.47万亿美元水平(见附图7)。2013—2018年,私募股权投资额保持12%的年增速,但在2019年,除了北美地区投资额增长7%达到创纪录的8 370亿美元之外,其他地区的交易额都呈下滑趋势。欧洲交易活动回落,2019年投资额仅5 050亿美元,相比2018年下降了8%,与2014年以来欧洲交易额每年4%的增长率形成反差。同时,亚洲的交易额下跌35%,从2018年的870亿美元跌落到2019年的560亿美元,科技行业的交易疲软与当前的地缘政治紧张局势息息相关。

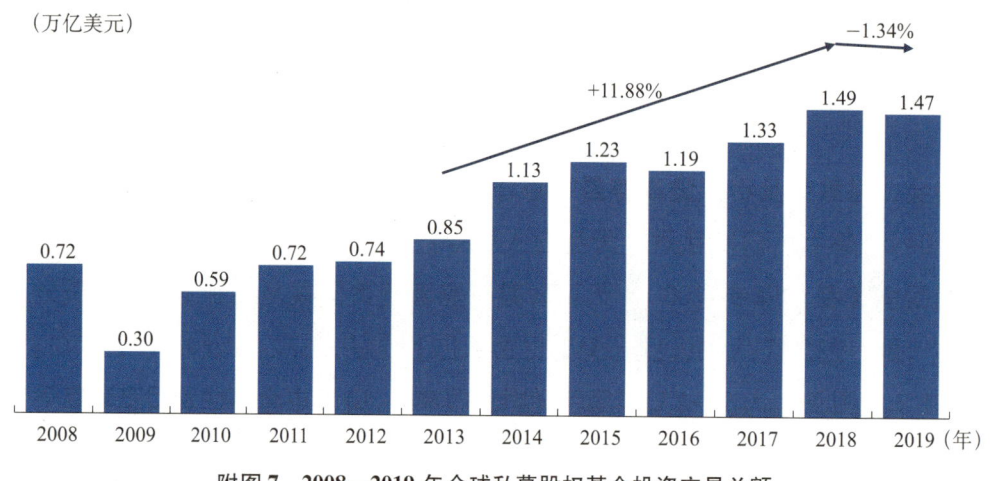

附图7　2008—2019年全球私募股权基金投资交易总额

资料来源:Pitchbook。

同时,全球交易量下降,但平均交易规模持续增长。2019年,全球交易量同比降低了13%,是2009年以来的首次回落,其中亚洲下滑势头最猛,下降了近30%,北美洲市场也遭遇了11%的下降(见附图8)。随着交易量减少但交易总额持平,2019年私募股权的平均交易额上升到1.57亿美元,比2018年增长了14%,维持了从2014年以来私募股权平均交易规模持续增长的趋势。

平均交易规模的增长可以从两方面解读:一方面,倾向于寻求大规模交易大型基金规模持续增长。2014年,管理规模在50亿美元以上的超大型基金共融到725亿美元的私募股权资本,占当年总额的20%。2019年更是达到2 190亿美元,占全年总额的39%。大型基金倾向于寻求大规模交易。另一方面,收购倍数稳步提高,过去十年呈逐年上升趋势。以美国并购基金行业为例,自2010年

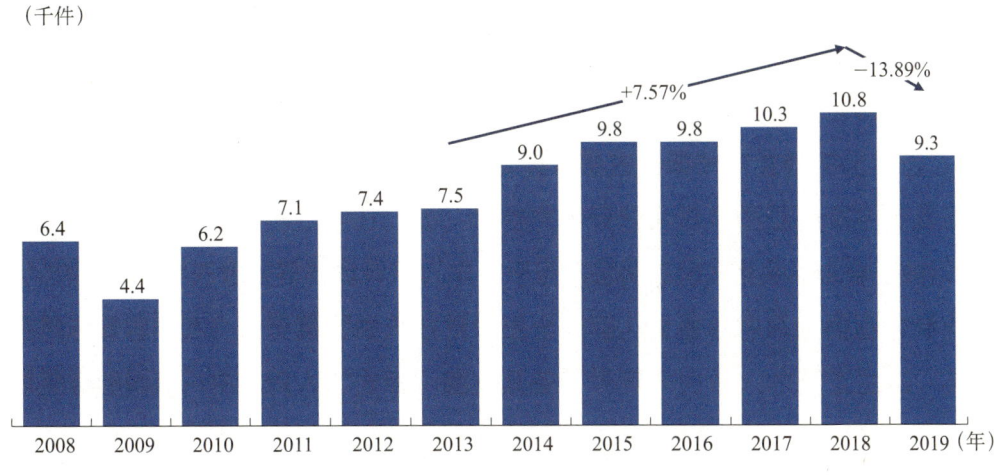

附图8　2008—2019年全球私募股权基金投资交易数量

资料来源：Pitchbook。

起，并购估值倍数从8.8倍逐渐增长至2018年的10.9倍，而2019年更是加速上升至接近12倍（见附图9）。收购同一家公司，2019年的投资者要比2010年的投资者多支付35%。

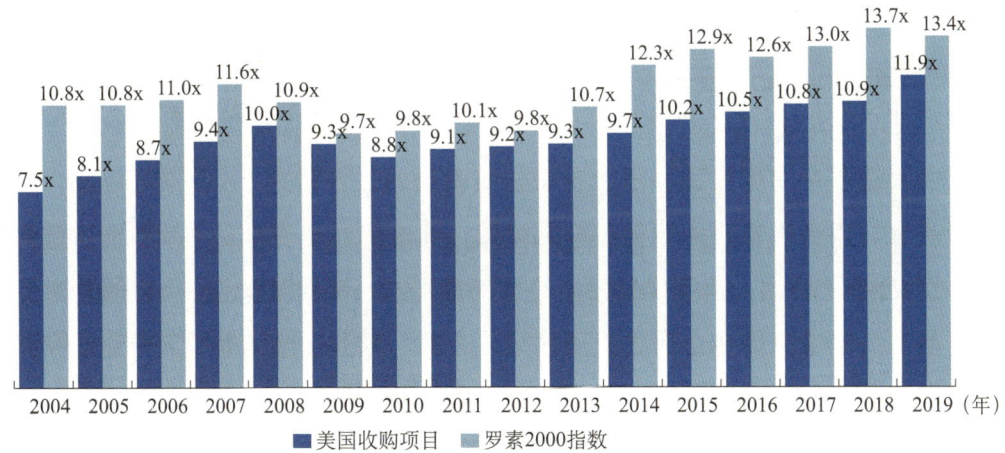

附图9　2004—2019年美国并购估值倍数

注：估值倍数采用两年滚动平均企业价值/息税折旧摊销前利润计算。

资料来源：Capital IQ，Refinitiv LPC。

然而，私募股权基金管理人手中的已募待投资金仍不断增加，投放压力增大。2019年，全球私募股权基金管理人拥有8 400亿美元的已募待投资金，相比2018年增长了14%，相比2016年增长了31%（见附图10）。考虑到收购倍数增加并且待投资金创新高，交易数量仍趋于缓和，可能表明私募股权基金管理人当前难以像过去几年一样搜寻到高利润投资机会，面临着不断增大的投放压力。

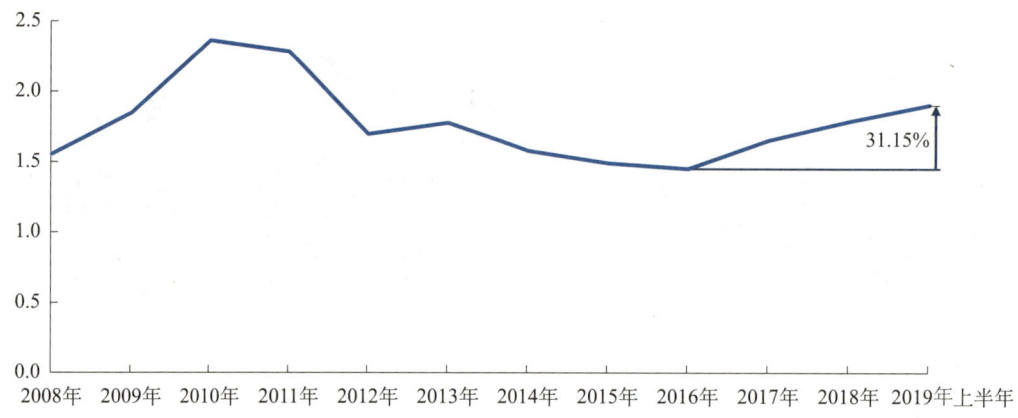

附图10　2008—2019年全球私募股权基金待投资本年数比

注："全球私募股权待投资本年数比"指已募集但未投资的私募股权资本除以3年滚动平均私募股权交易总额的值。

资料来源：Pitchbook，Preqin。

科技行业仍是私募股权基金管理人的投资热点。根据Pitchbook的数据，2019年欧洲和北美洲以科技为主的融资占到私募股权融资的20%左右。以投资科技为主的私募股权投资持续增长，传统企业越发意识到科技赋能是取得未来增长的重要选项。10年前，前十大私募股权公司没有一家明确以投资科技行业为主；到2019年，新进入前十大私募股权公司的5家公司都有很强的科技行业投资能力，其中有2家以专注投资科技公司为主。科技行业的投资回报也十分显著。根据Burgiss的数据，过去10年，以投资科技为主的私募股权基金获得的内部收益率要比投资非科技行业为主的高出6%。

回顾全球成熟私募股权基金管理人过去数十年发展历程，有6个特点值得中国市场私募股权基金管理人借鉴：

一是投资原则从机会导向变为投研导向，关注新兴行业。私募股权基金管理人不断强化专业化投资和行业聚焦型投资，不断规范投资纪律与流程。同时，着眼于科技信息、商业服务、消费零售、医疗和工业等热点私募股权投资行业，并在颠覆性技术、体验类经济、影响力投资等热点主题深入耕耘。

二是投资能力从单一到多元。国际领先私募股权公司黑石、凯雷和KKR先后从以私募股权投资为主的业务模式转变为多元化资产组合。

三是出资人结构从集中到分散、业务模式从聚焦私募向"另类+"延伸。通过零售化的形式扩展有限出资人来源,如推出政策、吸引高净值人士;向投行业务延伸带来"另类+资本市场服务"模式创新,零售化扩展资金来源带来针对高净值个人客户的"另类+财富管理"模式。

四是基金存续年限从5—7年延长至15年以上。近年来,越来越多的出资人变得更有耐心,决定将钱投资于长期基金,同时头部基金管理人议价能力加强,基金存续期逐渐变得更为长期。如KKR从2017年起,增加了募集长期持有(15年以上)且风险更低的核心股权投资。

五是投后管理成为私募股权基金管理人的核心能力。随着市场的竞争加剧及行业格局的日渐成熟,私募公司在获取项目后更注重通过投后管理来提升资产价值,这已经成为投资价值兑现的关键环节。

六是出资人与私募股权基金管理人将更加关注环保、社会和治理(ESG),多元化与数字化。行业将把ESG、人才的多元化以及数字化分析放在更重要的地位,通过在有限合伙人与基金管理人的投资决策和日常管理中纳入这些标准与流程,来提高投资质量和效率。

附录2 中国私募股权投资基金行业发展情况调查问卷

第一部分 私募股权篇（含创投基金、并购基金）

一、总体市场情况

1. 贵机构如何看待当前的私募股权投资基金市场环境？（　　）

　A. 非常积极　　　　B. 积极　　　　　　C. 中性

　D. 消极　　　　　　E. 非常消极

2. 在2020年，贵机构最关注私募股权价值链的哪个阶段？（　　）

　A. 资金募集　　　　B. 项目投资

　C. 投后管理　　　　D. 项目退出

3. 贵机构认为当前国内私募股权基金投资市场主要存在哪些问题（　　）。（选3项）

　　A. 募资来源困难，长期资金缺乏

　　B. 金融监管政策趋严影响高净值个人和金融机构资金进入

　　C. 投资策略同质化显著，且以资源型基金为主

　　D. 基金估值方式不一，账面价值高但现金返回比率低

　　E. 经济处于转型过程，优质项目缺乏

　　E. 基金退出不畅，很多存续基金一直在延期

　　F. 并购基金和PE secondary（二级份额转让市场）未成熟

　　G. 部分政府引导基金的要求和考核机制不利于基金的市场化运作

　　H. 基金行业税收制度有待完善

　　I. 监管和政策环境不确定，未形成稳定的行业发展预期

　　J. 其他_____

4. 贵机构最希望出台的政策措施为（　　）。

　　A. 完善创业投资税收优惠政策

B. 推进创业板等板块注册制试点

C. 推动长期资本配置私募股权及创投基金的政策措施

D. 更加便利的上市公司私募股权基金股东减持政策

E. 创新创业企业减税措施

F. 完善政府创业投资基金风险补偿机制

G. 其他_____

二、基金募集情况

5. 贵机构如何看待当前的募资环境？（　　）

A. 非常积极　　　　B. 积极　　　　　　C. 中性

D. 消极　　　　　　E. 非常消极

6. 贵机构认为，就整个募资周期而言，2019 年完成募集的基金，平均需要多久？（　　）（单位：月）

A.（0，3]　　　　　B.（3，6]　　　　　C.（6，9]

D.（9，12]　　　　 E.（12，16]　　　　F.（16，24]

G. 24 个月以上

H. 过去一年内没有募集资金

7. 2019 年及之前所募集资金是否如期到位？（　　）（多选）

A. 已如期到位（排他）

B. 银行等金融机构资金未能如期到位

C. 受二级市场影响高净值客户或者上市公司资金未能如期到位

D. 受宏观经济影响民营企业资金未能如期到位

E. 受市场环境影响市场化母基金资金未能如期到位

F. 无募集资金（排他）

G. 其他_____

8. 如从贵机构募资实际出发，贵机构认为哪类出资人（LP）能为出资结构做出更大贡献？（　　）（请按照预期承诺规模的增加选出前三大 LP 类型，在选项后的括号内填写顺序）

A. 高净值个人(　　)　　　　　B. 社会保障基金(　　)

C. 政府引导基金(　　)　　　　D. 捐赠基金(　　)

E. 基金会（　　）　　　　　　F. 保险等金融机构（　　）

G. 央企/国企（　　）　　　　　H. 母基金（　　）

I. 家族财富办公室（　　）　　　J. 政府机构（　　）

K. 主权财富基金（　　）　　　　L. 国际养老基金（　　）

M. 民营企业（　　）　　　　　　N. 其他（　　）

9. 在选择管理人时，贵机构认为出资人最注重什么？（　　）（多选，最多不超过5项，在选项后的括号内填写顺序）

A. 管理人团队（　　）　　　　　B. 历史表现（　　）

C. 风险控制（　　）　　　　　　D. 投资策略（　　）

E. 激励与利益分配（费用结构）（　　）

F. 管理人决策机制（　　）　　　G. 管理人股东背景（　　）

H. 当前出资人结构及背景（　　）

J. 国际合作关系（　　）　　　　K. 其他_____（　　）

10. 2020年，对于募集新基金币种，贵机构倾向于选择（　　）。

A. 人民币基金

B. 美元基金

C. 人民币与美元基金均有募集

D. 其他币种_____

11. 2020年，对于募集新基金的总规模（如非人民币基金请按当前汇率换算成人民币），贵机构倾向于（　　）。

A. 1亿元及以下　　　　　　　　B. （1亿元—10亿元］

C. （10亿元—20亿元］　　　　　D. （20亿元—50亿元］

E. （50亿元—100亿元］　　　　 F. （100亿元—200亿元］

G. 200亿元以上

12. 2020年，计划募集新基金为哪些种类？（　　）（多选）

A. 创业投资基金　　　　　　　　B. 成长/扩张期投资基金

C. 并购基金　　　　　　　　　　D. 房地产基金

E. 私募股权类/创业投资类母基金　F. 定增基金

H. 其他_____

13. 2020年，贵机构募资准入门槛（起募金额）设置在以下哪个资金段以

上?（　　）（按人民币换算）

　　A. [100—300] 万元起　　　　B. (300—500] 万元起

　　C. (500—1 000] 万元起　　　D. (1 000—5 000] 万元起

　　E. (5 000—10 000] 万元起　　F. 1 亿元以上

14. 2020 年，对于募集新人民币基金的存续期，贵机构倾向于(　　)。

　　A. 4 年及以下　　　　　　　B. 5—6 年

　　C. 7—8 年　　　　　　　　 D. 9—10 年

　　E. 11 年及以上

15. 贵机构是否有和政府引导基金合作？如已经获得政府引导基金的资金，贵机构认为政府引导基金的哪些要求会是基金投资中的难点？（　　）（可多选或只选 A）

　　A. 暂未与政府引导基金合作（排他）

　　B. 基金管理人参股或者注册要求

　　C. 子基金注册地要求　　　　D. 反投比例要求

　　E. 投资领域　　　　　　　　F. 资金结构化安排

　　G. 其他_____

16. 贵机构 2019 年新募集完成基金_____只，其中人民币基金_____只，美元基金_____只，累计认缴金额_____万元（按人民币计算）。

三、估值与投资

17. 贵机构如何看待当今的投资环境？（　　）

　　A. 非常积极　　　B. 积极　　　　　C. 中性

　　D. 消极　　　　　E. 非常消极

18. 除了中国，贵机构是否分散投资地域？最优先考虑哪些地区？（　　）（多项选择，不超过 3 项或仅选 J）

　　A. 北美　　　　　　B. 拉丁美洲　　　　C. 西欧

　　D. 中欧和东欧　　　E. 非洲　　　　　　F. 中东

　　G. 东南亚　　　　　H. 亚洲（除东南亚）　I. 大洋洲

　　J. 没有海外投资计划

19. 2020年优先考虑投资的行业是？（　　）（多选，前五名，在选项后的括号内填写顺序）

  A. 医疗健康（　　） B. IT及信息化（　　） C. 人工智能（　　）

  D. 文化传媒（　　） E. 教育培训（　　） F. 高端装备制造（　　）

  G. 半导体（　　） H. 新材料（　　） I. 环保（　　）

  J. 航空航天（　　） K. 新能源（　　） L. 金融（　　）

  M. 消费零售（　　） N. 企业服务（　　） O. 区块链（　　）

  P. 汽车行业（　　） Q. 运输物流（　　） R. 房地产（　　）

  S. 体育（　　） T. 旅游业（　　） U. VR/AR（　　）

  V. 其他（　　）

20. 在2019年，贵机构投资最多的标的是哪一类？（　　）（多选，前三名，在选项后的括号内填写顺序）

  A. 境内大型私营企业（C轮及以上）

  B. 境内民营初创企业（B轮及以内）

  C. 境内大型企业集团的分拆

  D. 境内国有企业的分拆

  E. 境内上市公司

  F. 境外大型私营企业（C轮及以上）

  G. 境外民营初创企业（B轮及以内）

  H. 境外大型企业集团的分拆

  I. 境外国有企业的分拆

  J. 境外上市公司

  K. 其他_____

21. 贵机构项目储备的来源为（　　）。（请按照重要程度选择三项，在选项后的括号内填写顺序）

  A. 主动寻找项目（　　） B. 财务顾问推荐（　　）

  C. 内部员工推荐（　　） D. 同业人员推荐（　　）

  E. 项目自荐（　　） F. 众创空间（孵化器）（　　）

  G. 科技金融服务平台（　　） H. 其他_____（　　）

22. 贵机构投资策略的最核心驱动因素是什么？（　　）

A. 高成长性　　　　　　　　　B. 扭亏为盈的机会

C. 容易退出　　　　　　　　　D. 低估值

F. 其他_____

23. 贵机构对拟投资企业最重要的判断标准是（　　）。（请按照重要程度选择三项，在选项后的括号内填写顺序）

　　A. 潜在的市场规模（　　）

　　B. 细分领域的领军或垄断地位（　　）

　　C. 产品、技术的创新性（　　）

　　D. 商业模式的创新性（　　）

　　E. 优秀的企业创始团队（　　）

　　F. 较明确的IPO/并购预期（　　）

　　G. 当前较高的收入与利润（　　）

　　H. 业绩的高成长（　　）

　　I. 行业监管政策带来的机会与风险（　　）

　　J. 新三板挂牌预期（　　）

　　K. 项目所处地区（　　）

　　L. 其他_____（　　）

24. 贵机构对于投资项目的决策机制一般是（　　）。

　　A. 合伙人一致通过，不设置一票否决权

　　B. 合伙人少数服从多数，不设置一票否决权

　　C. 合伙人一致通过，设置一票否决权

　　D. 合伙人少数服从多数，设置一票否决权

　　E. 项目综合打分高于标准线通过

　　F. 每位合伙人可选择独立项目投资

　　G. 其他_____

25. 贵机构是否允许LP机构在项目层面共同投资？（　　）

　　A. 允许　　　　　　　　　　B. 不允许

26. 贵机构最常使用以下哪种项目估值方法？（　　）

　　A. 参考最近融资价格法　　　B. 市场乘数法

　　C. 行业指标法　　　　　　　D. 现金流折现法

E. 净资产法	F. 其他估值方法_____

27. 对于当前项目估值的平均水平，贵机构倾向于以下何种观点（　　）。

A. 估值水平普遍偏高，存在一定投资风险，如_____行业

B. 估值水平普遍正常，可以接受

C. 估值水平普遍较低，存在大量投资机会

D. 各行业与企业差异较大，需要根据实际情况做出判断

28. 贵机构对于投资项目内部回报率（IRR）的预设要求一般是_____%。

29. 贵机构所投资的项目中，获得下一轮融资的项目占比为（　　）。

A. （0%，10%］　　　B. （10%，20%］　　　C. （20%，30%］

D. （30%，40%］　　　E. （40%，50%］　　　F. 50%以上

30. 贵机构选择联合投资的原因一般是（　　）。（不超过3项）

A. 资金约束	B. 风险分担

C. 专业互补	D. 与联合投资方建立联系

E. 满足被投企业不同诉求	F. 其他_____

31. 贵机构在ESG（环境、社会、企业治理）投资方面展开的工作是（　　）。

A. 没有实际需求，尚未关注ESG

B. 关注ESG，但缺少深入研究

C. 有专门研究，但未纳入投资决策流程

D. 投资决策中考虑ESG，但未形成正式体系

E. 已形成正式制度，将ESG纳入实际投资决策流程

F. 已在公司层面制定ESG战略，并贯彻到具体投资决策

32. 贵机构是否设立负责ESG投资的主管部门或岗位？（　　）

A. 有	B. 没有，近期打算设立

C. 没有，近期不打算确立

33. 从风控角度，请问贵机构投资的主要保障条款包括？（　　）（多选）

A. 对赌协议	B. 拖售权	C. 随售权

D. 股权锁定	E. 资产抵押	F. 股权质押

G. 股票质押	H. 其他_____

四、投后管理

34. 贵机构如何进行被投企业的管理？（　　）

A. 投资经理负责制

B. 投后管理专门机构负责制

C. 投资＋投后共同负责制

D. 外部管理咨询制

E. 没有特殊的投后管理安排

35. 贵机构已设立专门投后管理专门部门或机构＿＿＿＿年（填空），有＿＿＿＿人？

A. 未设置　　　　　　　　　B. 1—2 人

C. 3—4 人　　　　　　　　　D. 5 人及以上

36. 贵机构为被投企业提供的投后增值服务有哪些？（　　）。（多选）

A. 上下游客户推介　　B. 品牌推介　　C. 人才引荐

D. 企业战略规划　　　E. 企业制度搭建　F. 开拓融资渠道

G. 内部管理（如PMO）H. 退出方式指引　I. 收购整合

J. 法务咨询　　　　　K. 信息服务　　　L. 其他＿＿＿＿

37. 2020年，贵机构认为对被投企业而言下列哪个价值创造的措施最重要？（　　）（请选择认为最重要的两项）

A. 降低成本的举措　　　　　B. 新产品和服务

C. 提升管理/调整激励措施　　D. 优化产品及服务定价

E. 采购/供应链优化　　　　　F. 营运成本优化/成本支出效率

G. 再融资　　　　　　　　　H. 数字化/工业化

I. 并购整合　　　　　　　　J. 其他＿＿＿＿

38. 请填写贵机构投后管理成员构成，展望未来3年，该团队员工数将发生怎样的变化？（请在表格的"成员人数"一栏填写人数，在"未来3年变化趋势"一栏填写"ABCDE"）

A. 显著减少（>5）　　　　　B. 略微减少（1—5）

C. 保持不变　　　　　　　　D. 略微增加（1—5）

E. 显著增加（>5）

成员来源		成员人数	未来3年变化趋势
内部全职的投后管理成员	相关产业企业C类高管（CEO、CFO、CTO等等）		
	相关产业企业部门高管（特定部门的VP或SVP）		
	前咨询公司专业顾问		
根据需要聘请的外部人员担任顾问	相关产业企业C类高管（CEO、CFO、CTO等等）		
	相关产业企业部门高管（特定部门的VP或SVP）		
	咨询公司专业顾问		

39. 贵机构3年后持有的控股投资标的占公司总投资组合的百分比预计会是多少？（　　）

  A. 强势增长（＞20%） B. 增长（20%以内）

  C. 保持不变 D. 减少（20%以内）

  E. 大幅减少（＞20%） F. 不涉及此类标的

40. 贵机构对被投企业，在正式入股的第一年，通常会针对多少比例的企业，采取以下投后管理工作？（请在对应比例的表格中打"√"）

投后第一年工作	＜25%	25%—50%	51%—75%	＞76%
制定明确的价值改善目标，比如100天行动计划				
与管理层一起定义关键绩效指标并设定绩效目标				
对IT和财务报告能力进行结构化评估				
部署正式的计划跟踪流程以监控进度				
参与人力资源主题的管理				

41. 对被投企业，贵机构对多少比例的企业在投资发生时即会对以下事项设置明确的目标或计划？（请在对应比例的表格中打"√"）

	＜25%	25%—50%	51%—75%	＞76%
未来与管理层的互动和参与程度				
促使投后管理团队（内部或外部）与管理层合作，以确定运营和战略差距，并支持制定管理层的行动计划				
运营团队与投资组合公司接触和干预的频率和条件				
利用咨询公司与管理层合作，找出运营和战略差距，支持制定管理层的详细行动计划				
对业务的哪些部分需要改进以实现5年EBITDA目标				
被投企业CEO/管理层与公司/董事会的汇报关系				

42. 请说明贵机构的投后团队运营资金来源的大致百分比：

资金来源	百分比
作为向 LP 收取的管理费的一部分支付	
由被投企业作为管理/咨询费支付，以支付成本（即，分配给所有的被投企业，无论使用何种服务）	
被投企业根据具体情况按时间和材料支付特定服务费用	
被投企业根据具体情况按固定费用（例如，作为预先确定的工作说明书的一部分）支付特定服务的费用	
其他	
合计	100%

43. 贵机构认为在投后管理中遇到的最主要挑战是（　　）。

　　A. 被投企业要求高，无法满足

　　B. 机构部门间协调配合力不足

　　C. 在被投企业话语权低，对企业增值服务有限

　　D. 机构资源和精力有限，无暇顾及

　　E. 其他_____

44. 对于未来投后管理工作，贵机构倾向于做如何改变（　　）。

　　A. 新设投后管理团队或扩充现有投后管理团队

　　B. 维持现有投后管理团队规模不变并保持现有投后管理方式

　　C. 转变现有投后管理方式，投入更多人力与时间，帮助企业实现业绩与效率提升

　　D. 其他_____

五、退出与回报

45. 您如何看待当今的退出环境？

　　A. 非常积极　　　　B. 积极　　　　　　C. 中立

　　D. 消极　　　　　　E. 非常消极

46. 2019 年，贵机构在管基金年化 IRR 区间为：

　　A. (0%，5%]　　　　B. (5%，10%]　　　C. (10%，15%]

　　D. (15%，20%]　　　E. (20%，25%]　　　F. (25%，30%]

　　G. (30%，35%]　　　H. 35% 以上

47. 2019 年，贵机构实现的整体退出回报水平：

　　A. 整体退出回报水平超出预期

　　B. 整体退出回报水平与预期无明显差异

　　C. 整体退出回报水平低于预期

　　D. 2019 年未有退出项目

48. 项目退出时，贵机构所采取 GP 与 LP 之间收益分配方式一般为：

　　A. 整体分配，先回本再分利

　　B. 按单个项目分配，预留保证金

　　C. 按单个项目，并核算单个项目成本

　　D. 其他_____

49. 过去一年里，贵机构对被投企业的持有期限与三年前相比平均有何变化？

　　A. 大幅延长（>1 年）

　　B. 延长（1 年内）

　　C. 保持不变

　　D. 缩短（1 年内）

　　E. 大幅缩短（>1 年）

　　F. 不适用（机构成立不足 3 年）

50. 未来，资金退出面临的最大挑战是什么？

　　A. 找到一个有能力使公司进一步发展的买家

　　B. 确保买家愿意支付预计估价

　　C. 决定是否长期持有被投公司以实现预期增长

　　D. 选择合适的出售时间

　　E. 确定可实现的退出类型（IPO/出售给其他 GP/出售给其他企业）

　　F. 其他

六、基金管理人概况

51. 贵机构在管的基金规模为_____万元，（人民币，需换算加总），其中美元基金管理规模为_____万美元，人民币基金管理规模为_____万元（人民币）；管理基金共计_____只，其中美元基金_____只，人民币基金_____只。

52. 贵机构现在的团队结构和薪酬结构是什么样的？请填写人员数量占比（加总为100%）并选择相应的薪酬结构。

团队结构	人员数量	薪酬结构
合伙人		
投资部门人员		
募资部门人员		
投后管理及基金运营人员		
合规风控人员		
其他		
合计	100%	

  A. 基本工资   B. 绩效工资

  C. 业务奖励（如募成奖、投成奖等短期激励）

  D. Carry 分配   E. 跟投

53. 贵机构2020年有扩大团队规模的计划吗？哪些人才最需要增加？（请按需要程度选择三项）

  A. 高级投资管理人员（MD/ED）

  B. 中级投资管理人员（D/VP）

  C. 初级投资管理人员（Asso/Analyst）

  D. 投后管理及运营成员

  E. 募资/投资者关系部门成员

  F. 风控专员

  G. 法律专员

  H. 其他人才_____

  I. 我不想扩大我的队伍

  J. 我想减少雇用人数

54. 2019年，贵机构人员离职率是（ ）。

  A. 5%及以下   B.（5%，10%]   C.（10%，15%]

  D.（15%，20%]   E. 20%以上

55. 贵机构人员离职主要原因为：（ ）。（单选题）

A. 个人原因主动离职　　　　　B. 公司末位淘汰

C. 公司缩减裁员　　　　　　　D. 其他 _____

56. 贵机构给予投资团队的激励部分，一般占 GP 获得 carry 的比例是：

A. 20% 以下　　　B. 20%—30%　　　C. 30%—40%

D. 40%—50%　　　E. 50% 以上　　　F. 不适用

57. 贵机构收入来源结构占比为（单位:%）：

收入来源	2018 年	2019 年
项目退出收益		
分红收入		
管理费、咨询费收入		
其他收入		
合计	100%	100%

58. 贵机构目前开展业务类型包括(　　)。（多选）

A. 创业投资基金　　　　　　　B. 成长和扩张期投资

C. 并购基金　　　　　　　　　D. 地产金融

E. 夹层基金　　　　　　　　　F. 私募股权母基金

G. 财富管理　　　　　　　　　H. 定增业务

I. 其他 _____

第二部分　创投基金篇

本部分问卷请正在运作创业投资基金（不含 FOF）的私募股权及创业投资基金管理人填写。

一、管理机构概况

1. 贵机构产业合作现状：(　　)。（多选）

A. 无产业合作

B. 贵机构股东中涵产业背景出资人

C. 管理的创业投资基金出资人具备产业化背景

D. 管理人为企业风险投资（CVC）机构（排他）

其他_____

2. 贵机构未来是否计划引入产业背景出资人（涵盖贵机构股东及贵机构新设基金的LP）：（   ）。（单选）

    A. 已经涵盖产业背景出资人，计划增加

    B. 已经涵盖产业背景出资人，无增加计划

    C. 目前无产业背景出资人，计划增加

    D. 目前无产业背景出资人，无增加计划

二、管理机构募资情况

3. 贵机构截至2019年底募集完成的新创业投资基金所需募资平均时长为：（   ）。（单选）

    A. (0, 6个月]   B. (6个月, 12个月]

    C. (12个月, 18个月]   D. (18个月, 24个月]

    E. 24个月以上

4. 截至2019年年底，贵机构在募创业投资人民币基金为自机构成立以来的第_____只：（   ）。（单选）

    A. 第一只   B. 第二只

    C. 第三只   D. 第四只

    E. 第五只   F. 其他（请说明）_____

5. 相较于2018年，2019年创业投资基金募资难度：（   ）。（单选）

    A. 募资难度大幅增长   B. 募资难度小幅增长

    C. 募资难度基本与2018年持平   D. 募资难度有所减小

    E. 其他_____

6. 2017年后所募集创业投资基金是否如期到位？（   ）（多选或只选A）

    A. 已全部如期到位（排他）

    B. 银行资金未能如期到位

    C. 上市公司及高净值客户资金未能如期到位

    D. 民营企业资金未能如期到位

    E. 市场化母基金资金未能如期到位

    F. 无募集资金（排他）

G. 其他（请说明）_____

7. 2019 年，贵机构所募集创业投资基金的主要 LP 构成中，请选择 LP 出资的比例区间：（　　）。（表格文本题）

	0	(0, 10%]	(10%, 30%]	(30%, 50%]	(50%, 70%]	(70%, 90%]	>90%
创业投资引导基金							
产业投资引导基金							
天使引导基金							
市场化母基金							
国企/央企							
民营非上市企业							
民营上市企业							
信托							
证券							
家族财富办公室							
保险							
社保基金/养老金							
企业家							
普通高净值个人							
大学捐赠基金							
主权财富基金							
其他（请说明）							

8. 2020 年，对于人民币创业投资基金的募集，贵机构最青睐的 LP 类型（请按照重要程度选择三项）：（　　）。（多选）

  A. 创业投资引导基金 B. 产业投资引导基金

  C. 天使引导基金 D. 市场化母基金

  E. 国企/央企 F. 民营非上市企业

  G. 民营上市企业 I. 信托

  G. 证券 K. 保险

  L. 家族财富办公室 M. 社保基金/养老金

  N. 企业家 O. 普通高净值个人

  P. 大学捐赠基金 Q. 主权财富基金

  R. 其他（请说明）_____

9. 相较于2018年，2019年创业投资基金募资难度加大的原因包括（请按重要程度选择三项）：（　　）。（多选）

　　A. 社会资金（上市公司、金融机构）缺乏

　　B. 同策略基金过多，同质化显著

　　C. 资金来源端监管政策趋严

　　D. 过往基金运作业绩不达预期

　　E. 多数LP未获得实际收益回报

　　F. LP偏好发生转变

　　G. 政府引导基金资金缩紧，投资趋谨慎

　　H. 一级市场估值过高

　　I. LP与GP未有效匹配

　　J. 长期资金缺乏

　　K. 其他（请说明）_____

10. 2020年，贵机构是否计划募集新创业投资基金：（　　）。（单选）

　　A. 计划募集新创业投资基金，尚未启动

　　B. 目前正在募集新创业投资基金

　　C. 暂不考虑募集新创业投资基金

　　D. 不确定，需要根据未来形势再做判断

11. 2020年，贵机构如计划设立新创业投资基金，设立数量倾向于：（　　）。（单选）

　　A. 1只　　　　　　B. 2只　　　　　　C. 3只

　　D. 4只及以上　　　E. 暂无募集计划

12. 2020年，对于新创业投资基金募集总规模（如非人民币基金请按当前汇率换算为人民币），贵机构倾向于：（　　）。（单选）

　　A. ≤1亿元　　　B. (1亿元, 2亿元]　C. (2亿元, 3亿元]

　　D. (3亿元, 5亿元]　E. (5亿元, 10亿元]　F. (10亿元, 20亿元]

　　G. >20亿元

三、管理机构投资与估值情况

13. 相较于过往创业投资基金，2019年贵机构新设立基金在投资阶段策略方

面：（　　）。（单选题）

    A. 整体投资阶段前移

    B. 投资阶段前移，但投资数量较少

    C. 基本保持不变

    D. 整体投资阶段后移

    E. 投资阶段后移，但投资数量较少

    F. 投资阶段向早期及后期偏移

    G. 其他（请说明）_____

14. 2020 年，贵机构创业投资基金关注的行业为（请按照重要程度选择五项）。（表格文本题）

一级分类	细分赛道	打勾
新一代信息技术	半导体和集成电路	
	电子信息	
	人工智能	
	大数据	
	云计算	
	下一代信息网络	
	互联网	
	物联网和智能硬件	
高端装备制造	智能制造	
	航空航天	
	轨道交通装备	
新材料	高性能复合材料	
	前沿新材料	
新能源	清洁能源	
	新能源汽车及相关产业	
医疗大健康	生物医药	
	医疗设备及器械	
	医疗服务	
	医疗信息化	
教育	早幼教	
	K12	
	素质教育	
	职业教育	

续表

一级分类	细分赛道	打勾
	教育信息化	
大消费	餐饮	
	电商	
	生鲜	
其他（请说明）		

15. 2020 年，贵机构创业投资基金计划单笔投资规模，倾向于以下何种状况：（　　）。（单选）

A. 预计提升单笔投资规模

B. 预计单笔投资规模与往年无明显差异

C. 预计缩减单笔投资规模

D. 不确定，需要根据未来形势再作判断

16. 2020 年，贵机构创业投资基金计划投资企业的数量，倾向于以下何种状况（　　）。（单选）

1. 预计增加投资企业的数量

2. 预计投资数量与往年无明显差异

3. 预计减少投资企业的数量

4. 不确定，需要根据未来形势再作判断

17. 2019 年，贵机构对于创业投资市场项目估值的判断是：（表格文本题）（请按照不同时期及行业单项勾选）

2019 年判断					
行业分类	显著上升	略微上升	持平	略微下降	明显下降
新一代信息技术					
高端装备制造					
新材料					
新能源					
医疗大健康					
教育					
消费					
其他					

18. 2019 年，贵机构对于创投基金项目估值的平均水平，倾向于以下何种观点：（　　）。（单选）

　　A. 估值水平普遍偏高，存在一定投资风险

　　B. 估值水平普遍正常，可以接受

　　C. 估值水平普遍较低、存在大量投资机会

　　D. 各行业与企业差异较大，需要根据实际情况做出判断

19. 2019 年，对于创业投资基金项目估值中使用的市盈率倍数，贵机构认为市场处于何种水平？（表格文本题）（请按照不同时期及行业单项勾选）

2019 年市盈率水平判断						
行业分类	≤6 倍	(6, 10] 倍	(10, 15] 倍	(15, 20] 倍	(20, 25] 倍	>25 倍
新一代信息技术						
高端装备						
新材料						
新能源						
医疗大健康						
教育						
消费						
其他						

20. 受区域政策利好影响，如《粤港澳大湾区发展规划纲要》《长江三角洲区域一体化发展规划纲要》《推进京津冀协同发展 2018—2020 年行动计划》等，2020 年，贵机构将在以下哪些地区新增投资布局？（　　）（多选）

　　A. 粤港澳大湾区　　　　　　　　B. "长三角"

　　C. 京津冀　　　　　　　　　　　D. 其他

四、机构投后管理情况

21. 贵机构投后管理人员中，平均从业年限为：（　　）。（单选）

　　A. 0—3 年　　　　　B. 4—5 年　　　　　C. 6—7 年

　　D. 8—10 年　　　　E. 10 年以上

22. 贵机构针对创业投资基金的投后管理人员中，过往从业背景多为：（　　）。（单选）

A. 财务 B. 法务 C. 股权投资
D. 人力资源管理 E. 产业背景 F. 公共关系
G. 咨询/顾问 H. 金融（如银行、投行、券商）
I. 其他（请说明）

23. 目前，贵机构针对创业投资基金的投后管理内容包括（　　）。（多选）

A. 被投机构数据持续跟踪

B. 与被投企业定期沟通、定期诊断

C. 信息资料收集与归档

D. 风险监测

E. 外派"董监高"等人员管理

F. 提供多样化增值服务

G. 其他（请说明）_____

24. 贵机构在完成创投基金投资后，除被投企业定期文件报送外，与被投企业沟通频率为：（　　）。（单选）

A. 每周沟通 B. 每月沟通 C. 每季度沟通
D. 每半年沟通 E. 每年或更久 F. 不定期进行沟通

五、机构退出与回报情况

25. 2019 年，贵机构在管创业投资基金整体年化 IRR 区间为：（　　）。（单选）

A. （0，5%] B. （5%，10%] C. （10%，15%]
D. （15%，20%] E. （20%，25%] F. （25%，30%]
G. （30%，35%] H. >35%

26. 贵机构创业投资基金投资项目中，失败项目（退出金额低于投资本金）投资金额占总投资金额比例为：（　　）。（单选）

A. 暂无 B. （0，10%] C. （10%，20%]
D. （20%，30%] E. （30%，40%] F. （40%，50%]
G. （50%，60%] H. （60%，70%] I. （70%，80%]
J. 80% 以上

27. 贵机构创业投资基金 DPI 范围为：（　　）。（单选）

A. （0，1x] B. （1x，1.2x] C. （1.2x，1.4x]

D. (1.4x, 1.6x]　　　　E. (1.6x, 1.8x]　　　　F. (1.8x, 2.0x]

G. 2.0x 以上　　　　　H. 暂未向 LP 进行分配

28. 贵机构创业投资基金如有清算，原因为：（　　）。（多选）

　　A. 基金存续期到期

　　B. 基金份额持有人大会（股东大会或全体合伙人）决定进行基金清算

　　C. 全部投资项目都已退出

　　D. 法律法规规定或符合合同约定的清算条款

　　E. 其他（请说明）_____

29. 2020 年，对于投资企业的退出路径，贵机构倾向于接受以下何种选择：（　　）。（多选）

　　A. 企业回购　　　　　B. 协议转让　　　　　C. 境内 IPO

　　D. 境内上市（除 IPO）　E. 境外上市　　　　　F. 整体收购

　　G. 新三板挂牌　　　　H. 清算　　　　　　　I. PE 二级市场

　　J. 被投企业分红　　　H. 其他（请注明）_____

30. 2020 年，对于投资企业的上市退出途径，贵机构倾向于选择：（　　）。（多选）

　　A. 创业板 IPO　　　　B. 中小板 IPO　　　　C. 主板 IPO

　　D. 科创板 IPO　　　　E. A 股借壳上市　　　F. 香港交易所 IPO

　　G. 美国交易所 IPO　　H. 台湾交易所 IPO

　　I. 伦敦、新加坡、韩国、澳大利亚等国交易所

　　J. 其他（请说明）_____

31. 贵机构从事 PE 二级市场交易的情况：

　　A. 计划交易 PE 二级市场项目，尚未启动

　　B. 目前已有 PE 二级市场项目在交易过程中

　　C. 之前交易过 PE 二级市场标的，持续关注 PE 二级市场交易项目

　　D. 暂不考虑交易 PE 二级市场项目

32. 贵机构认为 LP 作为 PE 二级市场交易的卖方出售基金份额的缘由：（　　）。（多选）

　　A. 投资组合管理　　　B. 资产流动性　　　　C. 策略变换

　　D. 基金表现　　　　　E. 法规要求

F. 其他（请注明）_____

33. 贵机构倾向于参与 PE 二级市场的交易类型：

　A. 私募股权基金份额

　B. 私募股权基金中部分或所有的投资组合

　C. 复合交易（基金份额＋项目投资组合权益）

34. 贵机构认为参与 PE 二级市场交易的难点在于（如有其他请注明）：（　　）。（多选）

　A. 交易结构以及投资条款谈判复杂

　B. 估值缺乏相应标准和基准

　C. 对 PE 二级市场缺乏认可度

　D. 买卖双方市场需求暂未形成规模

　E. 无法及时获取有效交易信息

　F. 交易时间周期不易控制

　G. 交易过程中的保密性问题

　H. 缺乏专业中介机构

　I. 其他（请注明）_____

35. 2020 年，贵机构创业投资基金所投项目，通过各退出渠道，预计可实现退出数量范围为：（　　）。（请在表格的"各退出路径项目数量范围"一栏填写"ABCDEFGH"）（单选）

A. 0 个
B. 1—3 个
C. 4—5 个
D. 6—7 个
E. 8—9 个
F. 10—12 个
G. 13—15 个
H. 15 个以上

退出路径	各退出路径项目数量范围
企业回购	
协议转让	
境内 IPO	
境内上市（除 IPO）	
境外上市	

续表

整体收购	
新三板挂牌	
清算	
PE 二级市场	
被投企业分红	

36. 2020 年，对于募集新创业投资基金币种，贵机构倾向于选择(　　)。

　　A. 人民币基金　　　　　　　　B. 美元基金

　　C. 人民币与美元基金均有募集　　D. 其他币种_____

37. 贵机构对创业投资基金拟投资企业最重要的判断标准是(　　)。（请按照重要程度选择三项，在选项后的括号内填写顺序）

　　A. 潜在的市场规模(　　)　　　　B. 细分领域的领军或垄断地位(　　)

　　C. 产品、技术的创新性(　　)　　D. 商业模式的创新性(　　)

　　E. 优秀的企业创始团队(　　)　　F. 较明确的 IPO/并购预期(　　)

　　G. 当前较高的收入与利润(　　)　H. 业绩的高成长(　　)

　　I. 行业监管政策带来的机会与风险(　　)

　　J. 新三板挂牌预期(　　)　　　　K. 项目所处地区(　　)

　　L. 其他_____(　　)

第三部分　并购基金篇

本部分问卷请正在运作并购基金的私募股权及创业投资基金管理人填写。

一、管理人情况

1. 若贵机构的控股股东为非金融企业，请选择其所属行业：_____

　　A. 建筑/建材/房地产　　　　　B. 运输设备及服务

　　C. 钢铁/煤炭/有色/化工　　　　D. 消费品/传统制造

　　E. 其他传统行业　　　　　　　F. 计算机

　　G. 电子（半导体、集成电路）　H. 通信设备

　　I. 生物医药　　　　　　　　　J. 互联网

　　K. 军工　　　　　　　　　　　L. 高端制造

　　M. 无控股股东，或控股股东为金融企业/个人

二、募资情况

2. 相较于 2018 年，2019 年贵机构新并购基金募资时长_____。募资难度_____。

　　A. 大幅增加　　　　　　　B. 小幅增加

　　C. 基本持平　　　　　　　D. 小幅减少

3. 相较于 2018 年，2019 年募资难度加大的原因包括：_____。（请按重要程度选择三项，并按重要性排序）

　　A. 资金面紧张，如缺乏社会资金（上市公司、金融机构）、政府引导基金资金缩紧

　　B. 同策略基金过多，同质化显著，LP 与 GP 未有效匹配

　　C. 长期资金缺乏

　　D. 金融监管政策趋严

　　E. 一级市场估值过高

　　F. 并购重组市场热度减退，LP 偏好发生转变

　　G. 并购基金业绩不及预期，过往基金业绩差、多数 LP 未获得实际收益回报

　　H. 其他（请说明）_____

4. 贵机构预计 2020 年募资环境相较于 2019 年有_____变化。

　　A. 资金更加充足，募资预计回暖

　　B. 资金将有所小幅增加

　　C. 募资环境依然紧张，与 2019 年持平

　　D. 资金将小幅减少

　　E. 资金更加困难

　　F. 其他（请说明）_____

5. 贵机构所募集并购基金的主要 LP 构成中，请选择 LP 出资的比例区间：

	0	(0, 10%]	(10%, 30%]	(30%, 50%]	(50%, 70%]	(70%, 90%]	>90%
政府引导基金							
母基金							

续表

	0	(0, 10%]	(10%, 30%]	(30%, 50%]	(50%, 70%]	(70%, 90%]	>90%
上市国有企业							
上市民营企业							
非上市国有企业							
非上市民营企业							
信托							
证券							
家族财富办公室							
保险							
社保基金/养老金							
高净值个人							
其他（请说明）							

6. 若上一题中，2019年新募基金前5大LP中有产业方（上市公司、国有企业、民营企业），请勾选其所在行业：_____。（多选）

    A. 建筑/建材/房地产   B. 运输设备及服务

    C. 钢铁/煤炭/有色/化工   D. 消费品/传统制造

    E. 其他传统行业   F. 计算机

    G. 电子（半导体、集成电路等）   H. 通信设备

    I. 生物医药   J. 互联网

    K. 军工   L. 高端制造

7. 若上一题中，2019年新募基金前5大LP中有政府引导基金，请填写该政府引导基金所属地域（省份或填"无"）：_____该基金要求反投比例：_____。

    A. 0   B. (0, 10%]   C. (10, 20%)

    D. (20, 30%)   E. (30, 40%)   F. (40, 50%)

    G. (50, 60%)   H. (60, 100%))

三、投资情况

8. 贵机构并购基金的投资方式中，从投资数量上看，有____项目属于参股型并购（持股比例低于50%且不能对被投企业实现实际控制）；从投资金额上看，有____项目属于参股型并购（持股比例低于50%且不能对被投企业实现实

际控制）。

A.（0，10%］　　B.（10%，20%］　　C.（20%，30%］
D.（30%，40%］　E.（40%，50%］　F.（50%，60%］
G.（60%，70%］　H.（70%，80%］　I.（80%，100%］

9. 贵机构设立的跨境并购基金（开展跨境投资业务的并购基金）的投资方式中，从投资数量上看，有_____项目属于参股型并购（持股比例低于50%且不能对被投企业实现实际控制）；从投资金额上看，有_____项目属于参股型并购（持股比例低于50%且不能对被投企业实现实际控制）。

A.（0，10%］　　B.（10%，20%］　　C.（20%，30%］
D.（30%，40%］　E.（40%，50%］　F.（50%，60%］
G.（60%，70%］　H.（70%，80%］　I.（80%，100%］
J. 未设立跨境并购基金

10. 在所有参股型的并购中，贵机构联合产业投资人一起实施并购的数量占比_____，金额占比_____。其中，在跨境并购基金（开展跨境投资业务的并购基金）中，贵机构联合产业投资人一起实施并购的数量占比_____，金额占比_____。

A.（0，10%］　　B.（10%，20%］　　C.（20%，30%］
D.（30%，40%］　E.（40%，50%］　F.（50%，60%］
G.（60%，70%］　H.（70%，80%］　I.（80%，100%］
J. 未设立跨境并购基金

11. 贵机构在选择联合投资方时，最重要的三项权衡因素是：_____。（按重要性由高到低，请从下列选项中选出3项）

A. 对方对被投行业的专业度
B. 对方是否在投资领域有创业成功的经历
C. 对方的地理位置
D. 对方的资金规模
E. 对方的声誉
F. 对方过去的业绩
G. 对方的社会关系
H. 过去是否与对方合作过

I. 无联合投资方

J. 其他（请注明）

12. 评估被投资企业（筛选项目）时，贵机构最看重的前三项内容是，并按重要性按从高到低排序_____。

   A. 产业内头部企业是被投企业的股东

   B. 是否有明确的退出收购方

   C. 技术实力

   D. 现有业绩

   E. 管理水平

   F. 估值水平

   G. 行业前景

   H. 创始人团队

   I. 其他（请注明）

13. 贵机构的并购基金在投资过程中，是否配套其他金融手段：_____。

   A. 是　　　　　　　　　B. 否

   • 如有，则其他金融手段包括：_____，若有跨境并购基金，则其他金融手段包括：_____。（可多选，分别选择）

   A. 并购贷款　　　　　　B. 信托资金

   C. 结构化设计　　　　　D. 购买并购保险

   E. 其他

14. 贵机构若有跨境并购基金，之前主要投向区域为：_____。（可多选）

   A. 美国

   B. 欧洲（英、法、德、荷等）

   C. 亚洲发达国家和地区（日本、韩国、新加坡、中国台湾地区等）

   D. 东南亚发展中国家（越南、印度、菲律宾、泰国、印度尼西亚等）

   E. 非洲

   F. 南美洲

   G. 没有跨境并购基金

15. 美国、欧洲贸易摩擦对贵机构的跨境并购有多大影响（　　　）。

A. 跨境并购大大缩减

B. 跨境并购小幅缩减

C. 无显著影响

D. 没有跨境并购基金

16. 跨境并购未来看好的区域_____。（可多选）

A. 美国

B. 欧洲（英、法、德、荷等）

C. 亚洲发达国家和地区（日本、韩国、新加坡、中国台湾地区等）

D. 东南亚发展中国家（越南、印度、菲律宾、泰国、印度尼西亚等）

E. 非洲

F. 南美洲

G. 没有跨境并购策略，不适用

四、投后管理

17. 并购基金参与并购后，针对被投企业是否存在以下并购整合措施：（　　）。（可多选）

A. 改选董事会　　　　　　B. 改选监事会

C. 改换财务人员　　　　　D. 更换管理层

E. 资产注入　　　　　　　F. 资产剥离

G. 债务重组　　　　　　　H. 业务再造

I. 组织文化再造　　　　　J. 无以上措施（排他项）

K. 其他（请说明）

18. 并购基金参与并购后，针对被投企业投后增值服务内容包括（　　）。（可多选，并按重要性排序）

A. 优化资本结构（包括增加授信、注入流动性等）

B. 提升管理运营效率（包括削减开支、规范制度流程等）

C. 改善公司治理水平（包括规范公司治理制度、外派"董监高"等）

D. 调整、规划发展战略

E. 业务资源对接与整合

F. 资本运作服务

G. 无增值服务内容（排他项）

H. 其他（请说明）

19. 如有上述增值服务，请与 2018 年相比较，这些增值服务运用频率是：（   ）。

	A	B	C	D
优化资本结构	增长	降低	无变化	从未使用
提升管理运营效率	增长	降低	无变化	从未使用
改善公司治理水平	增长	降低	无变化	从未使用
调整、规划发展战略	增长	降低	无变化	从未使用
资源对接与整合	增长	降低	无变化	从未使用
资本运作服务	增长	降低	无变化	从未使用

20. 贵机构在并购企业后，被投企业的效果是：（   ）。

	A	B	C	D
企业收入	增长	降低	无变化	不清楚
企业负债率	增长	降低	无变化	不清楚
市场占有率	增长	降低	无变化	不清楚
企业估值	增长	降低	无变化	不清楚
用工人数	增长	降低	无变化	不清楚

21. 贵机构在并购企业后，对被投企业是否有激励措施：（   ）。（可多选）

A. 无

B. 对管理团队施行股权激励措施

C. 对核心员工施行股权激励措施（包括技术人员等）

D. 对管理团队施行财务激励措施（如建立在业绩基础上的薪酬奖励）

E. 其他（请说明）

五、退出情况

22. 贵机构以并购方式退出的项目中，收购方多为_____。（请选 3 项并按重要性排序）

A. 境内民营上市公司（非大型互联网公司）

B. 境外民营上市公司（非大型互联网公司）

C. 非上市民营企业

D. 国有企业

E. 创业公司

F. 大型互联网公司

F. 金融机构

G. 其他（请说明）

23. 2019 年，贵机构认为影响退出收益的主要原因是：（　　）。

A. 项目投资时估值过高

B. 市场层面流动性收紧，退出方式选择变少

C. 并购基金投后对项目价值提升有限

D. 受宏观经济影响，被投企业盈利水平下滑幅度较大

E. 其他（请说明）

六、行业问题及发展趋势

24. 贵机构认为科创板及注册制的推出对并购基金的运营影响主要在于：（　　）。（可多选）

A. 提高项目的退出效率，增强资金流动和资源配置效率

B. 重组、分拆决策、定价更市场化

C. 激发存量市场并购重组活力

D. 优质企业上市效率提升，被并购意愿降低

E. 无影响

F. 其他（请说明）

25. 贵机构认为我国并购基金业务的主要模式是：（　　）。（可多选）

A. 上市公司或其控股股东出资参与并购基金

B. 上市公司成立私募基金管理人并参与发起的并购基金

C. 私募基金管理人以控制权收购、重组改造为目标的 Buy-out 并购基金

D. 私募基金管理人以参股投资为主，并购为主要退出方式而设立的并购基金

E. 其他（请说明）

26. 贵机构认为并购基金行业发展现状主要存在哪些问题：（　　）。（请选3项，并按重要程度排序）

　　A. 企业被并购意愿弱

　　B. 企业债务重组难度较大

　　C. 并购基金缺乏重组整合专业化人才

　　D. 并购基金融资工具单一，使用限制较多

　　E. 并购基金投资所占比例小，难以对被投企业的实际经营产生重大影响

　　F. 并购基金发展时间短，积累产业资源有限

　　G. 受并购基金募资缺乏长期资金影响，持有项目期间短

　　H. 投资决策及投后管理高度依赖产业方（上市公司、头部企业等）

　　I. 其他（请说明）

27. 贵机构认为并购基金行业发展未来存在哪些机会：（　　）。（请选3项，并按重要程度排序）

　　A. 高科技产业进入快速发展期，技术更迭使高科技行业并购重组更加活跃

　　B. 传统产业转型升级，与高科技产业并购重组机会增加

　　C. 产业整合加速，产业内部收购整合、提高行业集中度机会增多

　　D. 国有企业与民营企业并购重组机会增多

　　E. 产业导向及政策调整，带来新兴并购机会

　　F. 前沿技术由跨境并购转向本土创新，头部企业需要通过并购基金布局前沿技术领域

　　G. 经济增速下行，重组机会增多

　　H. 其他（请说明）

28. 贵机构认为并购基金未来发展模式主要是：（　　）。（可多选）

　　1. 并购基金作为战略投资人，提供产业资源及公司治理增值服务

　　2. 并购基金独立对产业内企业进行并购整合、出售获利

　　3. 并购基金加头部企业明星团队平台性并购

　　4. 联合产业方，产业方布局收购，并购基金提供资本平台服务

　　5. 其他（请说明）

附录3 中国私募股权投资母基金发展情况调查问卷
（仅供参考，以问卷系统中的题目为准）

一、母基金基本信息

1. 母基金类型（可多选）

   A. 市场化母基金　　　　　　B. 政府引导基金

   C. 财富管理机构　　　　　　D. 银行母基金/私人银行

   E. 券商私募母基金　　　　　F. 外资母基金

   G. 其他（请说明）_____

2. 母基金管理人背景

   A. 银行　　　　　　　　　　B. 券商

   C. 其他金融机构　　　　　　D. 第三方财富管理

   E. 中央政府　　　　　　　　F. 地方政府

   G. 国有企业　　　　　　　　H. 民营企业

   I. 外企　　　　　　　　　　J. 其他（请说明）_____

3. 开展的基金业务类型（可多选）

   A. 私募股权 FOF　　　　　　B. 私募创投 FOF

   C. 私募股权基金　　　　　　D. 私募创投基金

二、募资情况

4. 贵公司所募基金的主要 LP 构成中，请选择 LP 所投资金的比例区间

	0%	(0, 10%)	[10%, 30%)	[30%, 50%)	[50%, 70%)	[70%, 100%)	100%
政府机构							
银行							
非银金融机构（保险、信托、证券等）							

续表

	0%	(0，10%)	[10%，30%)	[30%，50%)	[50%，70%)	[70%，100%)	100%
财富管理机构							
上市公司							
非上市企业							
社保基金/养老金							
高净值个人及富有家庭							
家族财富办公室							
管理人及员工跟投							
其他（请说明）							

5. 贵公司的 LP 的主要诉求及偏好是（可多选）

  A. 业绩回报   B. 跟投机会   C. 资源分享

  D. 招商引资   E. 资产配置   F. 产业引导

  G. 其他（请说明）_____

6. 贵公司是否有和政府引导基金合作？如已经获得政府引导基金的资金，贵公司认为政府引导基金的哪些要求会是基金投资中的难点？（可多选）

  A. 暂未与政府引导基金合作（排他）

  B. 基金管理人参股或者注册要求

  C. 子基金注册地要求

  D. 反投比例要求

  E. 投资领域

  F. 资金结构化安排

  G. 其他（请说明）_____

7. 贵公司是否有和社保、保险、企业年金合作？如已经获得社保、保险、企业年金的资金，贵公司如何评价社保、保险、企业年金？（可多选）

  A. 资金投资意愿强   B. 资金体量大

  C. 资金期限长   D. 资金回报要求高

  E. 资金使用过程中受监管限制多   F. 资金使用过程中投资领域限制多

  G. 资金使用过程中投资区域限制多   H. 其他（请说明）_____

8. 贵公司 2020 年是否有计划向社保、保险、企业年金募集资金？如有，认为募集难点在哪些方面（可多选）

    A. 无该项计划（排他）　　　　　B. 缺乏基石投资者

    C. 投资策略同该资金不匹配　　　D. 投资期限同该资金不匹配

    E. 投资标的同该资金不匹配　　　F. 监管限制

    G. 相关渠道不畅通　　　　　　　H. 其他（请说明）_____

9. 就整个募资周期而言，2019 年一期母基金的平均筹款周期变化是？

    A. 延长　　　　　　　　　　　　B. 缩短

    C. 无明显变化　　　　　　　　　D. 其他

10. 2019 年及之前所募集资金是否如期到位？（单选）

    A. 已如期到位　　　　　　　　　B. 未能如期到位

    C. 无募集资金　　　　　　　　　D. 其他（请说明）_____

11. 2019 年募资与 2018 年相比难度加大原因？（可多选）

    A. 社会资金（金融机构、上市公司等）缺乏

    B. 同策略基金过多、同质化显著

    C. 二级市场行情差

    D. 一级市场估值过高

    E. 前续基金运作业绩不达预期

    F. LP 偏好发生变化

    G. 金融监管政策趋严

    H. 国资监管政策趋严

    I. 募资没有受影响（排他）

    J. 其他（请说明）_____

12. 2020 年募资环境相对 2019 年的变化是？

    A. 相比 2019 年资金更充足

    B. 相比 2019 年资金依然紧张甚至更困难

    C. 相比 2019 年长期资金将有所增加

    D. 相比 2019 年长期资金依然缺乏

三、投资情况和投资策略

13. 贵公司通常如何获得优质私募股权投资基金管理人的信息和投资机会，并提供各渠道所获资源的比例——填空

- 团队过往积累建立的渠道，占比＿＿＿＿＿
- 根据母基金投资偏好从全市场进行筛选，占比＿＿＿＿＿
- 中介机构推荐，占比＿＿＿＿＿
- 融资会议、论坛等，占比＿＿＿＿＿
- 其他（请说明）＿＿＿＿＿，占比＿＿＿＿＿

14. 贵公司在筛选备投基金时，最重要的标准是什么？请按照重要性选 3 个（可多选）

    A. 团队背景　　　　　　　B. 所投行业及轮次

    C. 策略优势　　　　　　　D. 基金期限

    E. 基金规模　　　　　　　F. 过往业绩

    G. 利益冲突防范机制　　　H. 风控制度

    I. 交易条款　　　　　　　J. 公司治理

    K. 其他（请说明）＿＿＿＿＿

15. 贵公司在考察曾经投资团队的新募集基金时，最终不进行再次投资的原因是什么？（可多选）

    A. 过往业绩未达预期

    B. 主要管理团队发生变化

    C. 基金策略发生重大变化且未能展示出团队在该领域的优势

    D. 基金规模过大

    E. 基金投资决策机制变化

    F. 受其他投资者（如政府引导基金等）相关要求限制过多

    G. 组合里已有同策略、同类型基金

    H. 其他（请说明）＿＿＿＿＿

16. 贵公司从接触子基金到做出投资决定所用平均时间大约为多久？

    A. ［0，3 个月）　　B. ［3 个月，6 个月）　　C. ［6 个月，12 个月）

    D. ［12 个月，24 个月）　　E. 24 个月及以上

17. 贵公司在实际投资中,主要投向子基金种类?

　　A. 创投基金　　　　　　　　B. 成长型基金

　　C. 并购基金　　　　　　　　D. 母基金

　　E. 房地产基金　　　　　　　F. 基础设施基金

　　G. 自然资源基金　　　　　　H. 其他(　　　)

具体比例,创投基金_____,成长型基金_____,并购基金_____,母基金_____,房地产基金_____,基础设施基金_____,自然资源基金_____,其他基金_____。

18. 贵公司在实际投资中,直接投资项目的比例?

　　A. 0%　　　　　　　　　　　B.（0%,5%）

　　C.［5%,10%）　　　　　　　D.［10%,20%）

　　E.［20%,50%）　　　　　　　F. 其他（请说明）_____

19. 贵公司 2020 年相比 2019 年对直接投资项目的投资比例偏好变化?

　　A. 按照基金策略及合同规定保持不变

　　B. 有所上升

　　C. 有所下降

20. 据贵公司了解,在投资于子基金时,有多少比例的子基金会向母基金推荐跟投项目?

　　A. 一般不推荐项目　　　　　B. 0%

　　C.（0%,5%）　　　　　　　 D.［5%,10%）

　　E.［10%,15%）　　　　　　　F.［15%,20%）

　　G. 20% 及以上

21. 2019 年,贵公司投资的主要细分行业有哪些?（可多选,最多选择 5 个）

　　A. 医疗健康　　　　　　　　B. IT 及信息化

　　C. 人工智能　　　　　　　　D. 文化传媒

　　E. 教育培训　　　　　　　　F. 高端装备制造

　　G. 半导体　　　　　　　　　H. 新材料

　　I. 环保　　　　　　　　　　J. 航空航天

　　K. 新能源　　　　　　　　　L. 金融

　　M. 消费升级　　　　　　　　N. 企业服务

O. 区块链 P. 汽车行业

Q. 运输物流 R. 生活服务

S. 体育 T. 旅游业

U. VR/AR V. 房地产

W. 其他（请说明）_____

22. 2020 年，贵公司将重点投资的方向是什么？（可多选，最多选择 5 个）

A. 医疗健康 B. IT 及信息化

C. 人工智能 D. 文化传媒

E. 教育培训 F. 高端装备制造

G. 半导体 H. 新材料

I. 环保 J. 航空航天

K. 新能源 L. 金融

M. 消费升级 N. 企业服务

O. 区块链 P. 汽车行业

Q. 运输物流 R. 生活服务

S. 体育 T. 旅游业

U. VR/AR V. 房地产

W. 其他（请说明）_____

23. 2019 年，贵公司对私募股权市场项目的估值的判断是？

A. 相对 2018 年显著上升 B. 相对于 2018 年显著下降

C. 相对于 2018 年略微上升 D. 相对于 2018 年略微下降

E. 相对于 2018 年变化不大

24. 2020 年，贵公司对私募股权市场项目的估值判断是？

A. 相对于 2019 年将显著上升 B. 相对于 2019 年将显著下降

C. 相对于 2019 年将略微上升 D. 相对于 2019 年将略微下降

E. 相对于 2019 年将不会有太大变化

25. 贵公司 2019 年投资节奏是否放缓？放缓的原因？（可多选）

A. 新基金未募集到位 B. 基金出资人未按期到位

C. 一级市场估值调整 D. 未找到好的投资标的

E. 二级市场行情不佳 F. 退出渠道变化

G. 基金投资期结束　　　　　　　H. 未放缓（排他）

I. 投资节奏甚至加快（排他）　　J. 其他（请说明）_____

26. 贵公司 2020 年有无计划募集新一期母基金？新募母基金将采取何种投资策略（可多选或只选 A）

A. 无募集计划（排他）　　　　　B. 有，投资创投基金

C. 有，投资成长型基金　　　　　D. 有，投资并购基金

E. 有，投资二手基金份额（S 基金）F. 有，投资二级市场

G. 其他（请说明）_____

四、投后管理

27. 贵公司是否建立了信息管理系统，用于被投基金的日常监测？

A. 已经建立，自建　　B. 已经建立，外购　　C. 暂未建立

28. 贵公司对母基金参与子基金的决策持怎样的态度？

A. 不应干涉子基金的决策，给予子基金充分的决策权力

B. 应加入子基金的投资决策委员会，避免母基金利益受到损害

C. 是否干涉取决于子基金的发展情况和需求

D. 其他（请说明）_____

29. 贵公司是否跟投？（可多选）

A. 不跟投（排他）　　　　　　　B. 跟投高收益率项目

C. 跟投互补型项目　　　　　　　D. 跟投具有政策意义的项目

E. 其他（请说明）_____

30. 如果贵公司对所投子基金提供增值服务，具体包括哪些？（可多选）

A. 不提供增值服务　　　　　　　B. 开拓融资渠道

C. 项目推介　　　　　　　　　　D. 企业战略规划

E. 企业制度搭建　　　　　　　　F. 人才推介

G. 退出指导　　　　　　　　　　H. 其他（请说明）_____

五、退出方式

31. 贵公司 LP 是否有基金份额转让的需求，原因是？（可多选）

A. 资金流动性需求　　　　　　　B. 调整投资组合

C. 受政策与监管影响　　　　　　D. 其他（请说明）_____

E. 暂无基金份额转让需求（排他）

32. 贵公司基金清算退出的主要困难是？（可多选或选择 A/B）

A. 未到基金清算退出期不考虑这个问题

B. 基金清算不存在困难

C. 资本市场退出节奏不好预期

D. 减持新规等政策带来的基金上市后退出期限延长

E. 基金的投资收益及退出安排不及预期

F. 并购基金整体规模太小，并购市场活跃度有待提升

G. 其他 LP 不同意清算资产

H. 其他（请说明）_____

33. 贵公司基金是否采取/考虑采取 S 基金退出？

A. 已采取 S 基金　　　B. 考虑采取 S 基金　　　C. 不考虑 S 基金

34. 贵公司认为采取 S 基金退出主要的困难是？（可多选）

A. 不了解 S 基金

B. 市场上缺乏专业 S 基金

C. 市场信息不对称严重，缺少了解 S 基金渠道

D. 合规因素

E. 其他（请说明）_____

六、行业观点

35. 贵公司认为近年来我国私募股权母基金行业政策环境方面发生了哪些变化？这些变化对贵机构产生了怎样的影响？（诸如金融监管政策趋严影响基金募资来源、科创板的推出有利于基金退出等等）至少列举 2 点（填空）

（1）_____

（2）_____

36. 贵公司认为当前国内母基金投资市场存在哪些问题？（可多选）

A. 募资来源困难，社保、保险、企业年金等长期资金缺乏

B. 地方政府资金限制因素多，导致母基金运作市场化程度受影响

C. 金融监管政策趋严影响高净值、金融机构资金进入母基金领域

D. 子基金投资策略同质化显著，且以资源型基金为主

E. 基金估值方式不一，账面价值高但现金返回比率低

F. 基金退出不畅，很多存续基金一直在延期

G. 并购基金和 PE secondary 市场（二级份额转让市场）未成熟

H. 社会资本尤其是大机构资金对母基金配置功能未充分认知

I. 部分政府引导基金的要求和考核机制不利于基金的市场化运作

J. 基金行业税收制度有待完善，税收优惠未惠及母基金

K. 其他（请说明）_____

37. 贵公司认为未来母基金行业（投资）的发展趋势如何？（可多选）

A. 资金向头部母基金集中

B. 部分母基金出现 GP 化现象

C. 金融机构发起设立母基金

D. 各区域政府协同发起设立母基金

E. 母基金将退出管理作为重要的投后工作

F. 母基金规模在快速发展后将趋于稳定

G. S 基金（二手份额转让基金）兴起

H. 母基金投资由创投、成长型基金向大宗并购基金转型

I. 母基金投资标的多元化，逐步增加对地产基金、自然资源基金、基建基金、困境投资基金的投资

J. 其他（请说明）_____

后 记

为及时展示宣传私募股权投资基金行业发展的最新情况，分析行业发展面临的问题和趋势，在总结往年研究工作经验基础上，协会依托私募股权及并购投资基金、创业投资基金、母基金专业委员会组织编撰了《中国私募股权投资基金行业发展报告（2020）》，较为客观、全面地梳理了2019年我国私募股权投资基金行业发展状况，总结了行业发展的阶段性规律特点以及面临的主要问题，并对行业未来发展趋势进行了展望。

2020年报告是协会在开展私募股权投资基金行业各细分领域课题研究工作成果基础之上进一步统稿编撰完成。相关课题研究工作由高瓴资本、投中信息、中关村并购研究院和中金启元等市场机构牵头组建课题组承研，并得到协会各私募投资基金专业委员会委员单位、部分行业机构及高校专家的鼎力支持。在此一并表示感谢！

本报告由于编写时间仓促、水平有限，难免有疏漏或不足之处，请多提宝贵意见和建议。我们将在后续《中国私募股权投资基金行业发展报告》编写过程中不断完善。

《中国私募股权投资基金行业发展报告（2020）》编委会
2020年9月